谨以此书献给王船山先生诞辰四百周年

王船山的船和山

胡哲 聂茂 著

WANGCHUANSHAN DE
CHUAN HE SHAN

岳麓書社·长沙

图书在版编目(CIP)数据

王船山的船和山/胡哲,聂茂著. —长沙:岳麓书社,2020. 1

ISBN 978-7-5538-1179-6

Ⅰ. ①王… Ⅱ. ①胡…②聂… Ⅲ. ①王夫之(1619—1692)—生平事迹 Ⅳ. ①B249. 2

中国版本图书馆 CIP 数据核字(2019)第 215777 号

WANG CHUANSHAN DE CHUAN HE SHAN

王船山的船和山

作　　者:胡　哲　聂　茂

责任编辑:彭楚兵

责任校对:舒　舍

封面设计:风格八号

岳麓书社出版发行

地址:湖南省长沙市爱民路 47 号

直销电话:0731-88804152　0731-88885616

邮编:410006

岳麓书社网址:www. yueluhistory. com

2020 年 1 月第 1 版第 1 次印刷

开本:890mm×1240mm　1/32

印张:10

字数:233 千字

ISBN 978-7-5538-1179-6

定价:30. 00 元

承印:湖南众鑫印务有限公司

如有印装质量问题,请与本社印务部联系

电话:0731-88884129

目录

前言

船山故事的时代表达

他是一所大学

他是一座富矿

他是一脉清泉

他是一座丰碑

…………

他是湖湘儿女的精神领袖

他是百科全书式的旷世大咖

他是毛泽东眼里的“东方黑格尔”

他是《习近平用典》里的“常客”

…………

他的名字是一座山的名字

他的一生悲苦无比却坚韧不拔

他生前寂寞深深、籍籍无名却精神丰盈高贵

他死后二百年却名满天下

…………

他就是本书的主人公——王船山。

一

王船山（1619—1692），名夫之，字而农，号薑斋，湖广衡州府衡阳县（今湖南衡阳）人，明末清初伟大的思想家、哲学家、史学家、文学家、美学家，真正百科全书式学者。因在衡阳县曲兰镇的石船山下著书立说数十年，并终于此，自称“船山老人”“船山病叟”“船山老农”，后人则普遍尊称他“船山先生”。

王船山出生于明万历四十七年（1619）夏历九月一日，祖籍江苏高邮，明永乐初迁入衡阳。其祖先是一名中下级军官，至高祖才以文墨教子弟。曾祖王雍“名著楚南”，“颇为豪盛”；祖父王惟敬不善营生，“徒四壁立”；到父亲王朝聘时，“薄田但供饘粥”，家道中落得十分明显。

王朝聘有三个儿子，王船山排最末，但资质最佳。他四岁伴大哥王介之读书，七岁读完十三经，十四岁中秀才，二十岁游学岳麓书院，才气过人，先后结“行社”“匡社”，指点江山，激扬文字。

明崇祯十五年（1642），王船山赴武昌参加乡试，中第五名举人。因风起云涌的农民起义军阻断了北上入仕之路，治国平天下的梦想被无情击碎，王船山忧心忡忡。农民军领袖张献忠经过衡州，慕名邀请其入帐，王船山自毁容貌以拒之。

清顺治五年（1648）八月，王船山在南岳毅然举起“抗清复明”大旗，与好友管嗣裘、夏汝弼等人组织起义。失败后，他辗转多地，千辛万苦投奔肇庆南明朝廷，得行人司行人一职。后又因越职弹劾大臣王化澄等弄权乱国，身陷囹圄，惨遭迫害。获救后，王船山投奔桂林瞿式耜继续抗清，不久桂林又陷。南明桂王亡命缅甸，且遭吴三桂追杀，南明灭亡。

王船山为避清廷缉拿，先后避身湘西、衡山、永州、郴州、常宁等地，甚至以瑶民示人，其间辛酸，无可言说。

清顺治十七年（1660），清廷实行怀柔政策，局势稳定。王船山带着一家老小，隐居衡阳县曲兰镇湘西村，一筑“败叶庐”，继筑“观生居”，最后十七年，他在石船山下竹花园垒筑“湘西草堂”，潜心著述，再无离开，直至清康熙三十一年（1692）正月初二病逝，享年七十四岁。

二

按现在的话来讲，王船山很牛，牛得让许多在别人眼里只能仰望的巨人、大咖都认为他确实牛。

王船山究竟牛在哪？

王船山牛在他吃得苦，耐得烦，霸得蛮，牛在他上马杀敌以立功，下马读书以立言，一日三省以立德。

王船山牛在乱世之中，诸事瞬变，时势万变，但他忠心不变，信仰不变。

王船山牛在他能够忍受那些超出常人想象的孤苦、寂寞。

王船山还牛在他身处颠沛流离、生活难以为继的困境中，仍然埋首著书，写下了《周易外传》《黄书》《尚书引义》《永历实录》《春秋世论》《噩梦》《读通鉴论》《宋论》等一系列彪炳千秋的文字，而这些作品生前皆未刊行。

直到道光十九年（1839），王船山裔孙王世全与邓显鹤开始搜集散佚，刻成《船山遗书》一百五十卷（称邓显鹤刻本），王船山才像一块刚从地矿挖掘出来的金子，重见天日，熠熠生辉。

同治年间，晚清重臣曾国藩和他的弟弟曾国荃感受到王船山这块金子的灼眼光芒，开始重刻其著述，计有一百七十二卷。曾国藩一生极为推崇王船山及其著作，还曾于金陵大批刊刻《船山遗书》，使王船山的名字和著作得以广为流传。

民国后，刘人熙搜辑散佚，又有补刻本；1930年，谭延闿、胡汉民、于右任等民国大人物纷纷重刊船山遗书，并分经史子集四部，凡七十种，共三百五十八卷；1971年，台北船山学会重印《船山遗书全集》，共二十二册。

王船山如一颗璀璨的星辰，慢慢爬上浩瀚的天际。

据统计，王船山一生所写著作计有一百多部，四百余卷，共八百余万字。这正是王船山牛的底气所在，也是被众多巨人、大咖折服之所在。

如此大的体量，在明末清初那样特殊的时代，可以说，王船山以一己之力完成了一个朝代都无法完成的工作，不得不说是创造了奇迹。

八百余万字的写作是一个什么样的体量呢？当今人文社会科学的博士学位论文，一般要求是十几万字。而且，这里说的还是白话文的字数。如果用文言文来创作博士论文的话，一篇论文数千字就足够了，一万字的文言文绝对算是长论文了。

照此，王船山这八百多万字的著作，可以说相当于写了八百多篇当代社会的博士论文！

这是何等之牛！

更为重要的是，王船山的著述并非粗制滥造、以量取胜，而是既有高原，又有高峰。

他的《张子正蒙注》可以算得上是中国哲学思想上的扛鼎之作；

他的“《诗经》学三部曲”可以看成是“为往圣继绝学”的代表作；

他的“《四书》学姊妹篇”是儒学思想中站在巨人肩膀上的得意之作；

而《读通鉴论》完全有理由成为他“为万世开太平”的巅峰

之作……

王船山太牛了，牛得你用任何话语去夸他都不过分。

中国当代新儒家代表性人物之一、“新心学”的创建者贺麟认为，王船山是王阳明以后第一人，他是集心学和理学之大成者，在中国哲学史上的地位，远比同时代的顾炎武、黄宗羲高。他不仅解除了心学和理学对立之壁垒，而且消融了程朱陆王（指“程颢、程颐、朱熹、陆九渊、王阳明”——著者注）之间的矛盾。他的《读通鉴论》和《宋论》二书，“究天人之际，通古今之变，成一家之言”，将司马光的道德史观加以深刻、系统地发挥，注重夷夏之辨的《春秋》大义，以唤醒人们的民族意识，建立了独特的历史哲学、政治哲学和文化哲学，对中国历史哲学的发展居功至伟。

在贺麟看来，王船山牛，是因为他取得了以下主要贡献：

第一，因为王船山是先有了哲学的原则，然后才应用这些哲学原则为基础来观察、解释、批评历史事实，所以他有时可以说是纯自一根本原则或中心思想出发，采取以事实注理则，以理则驭事实的方法，借历史事实以说明哲学原理，将历史事实作为哲学原理的例证或证成。他用历史事实以例证或证成的根本原理，就是儒家的天道、仁和体用合一等观念。

第二，由看得见的古人的言与迹这些现象，去探求那看不见的心与道。“因言见心，因迹见道”这是王船山开启历史哲学的又一钥匙。

第三，坚持知行合一，知的方面教人虚心，设身处地，以体察古人的事迹；行的方面，求得其教训，以资自己立身处世的鉴戒。王船山用设身处地、同情了解的体验方法去得出历史结论。

谭嗣同形容王船山的牛："万物昭苏天地曙，要凭南岳一声雷。"天地交替，时代巨变，要靠王船山的思想火花去点亮，牛不牛？

梁启超更是对王船山的牛佩服得五体投地，他说："王船山有他的一贯精神，借史事来发表，有他的特别眼光，立论往往迥异流俗。"以梁启超一贯的标新立异和心高气傲的个性，要他评价别人"迥异流俗"，绝非易事。

章太炎牛不牛？当然牛。但他在评价王船山时，满是崇敬之情，道："当清之季，卓然能兴起顽懦，以成光复之绩者，独赖而农一家而已。"从章太炎口中讲出"卓然""光复"和"独赖"这三个关键词，唯王船山（字"而农"）有这样的资格。

目前，欧美发达国家学者中越来越多的人研究王船山，认为王氏是中国近五百年以来最伟大的哲学家和思想家之一。

苏联科学院哲学研究所高级研究员弗·格·布洛夫就毫不掩饰个人的推崇："研究王船山的著作是有重要意义的，因为他的学说是中世纪哲学发展的最高阶段……他是真正百科全书式的学者。"

"西方有一个黑格尔，东方有一个王船山。"一言以蔽之，王船山确实牛！

三

这是一个需要信仰的时代！

这是一个需要思想的时代！

这是一个需要榜样的时代！

这是一个需要力量的时代！

“伟大的心魂有如崇山峻岭，风雨吹荡它，云翳包围它；但人们在那里呼吸时，比别处更自由更有力。纯洁的大气可以洗涤心灵的秽浊；而当云翳破散的时候，他威临着人类了。”这是罗曼·罗兰在《米开朗琪罗传》最后写的一段话，用它来形容王船山是再恰当不过了。

2019年是船山先生诞辰四百周年。三百多年来，心忧天下的知识分子总是与他遥遥相望，扼腕击掌，发出灵魂的回响，而这如同幽谷回音，如同晨钟暮鼓，叩问着整个民族，叩问着当今时代。

“新故相推，日生不滞”“名非天造，必从其实”“理者，物之固然，事之所以然也”，等等。党的十八大以来，习近平总书记多次在公开讲话中引用王船山的诗文。这个生前颠沛流离、寂寞深深的思想家，再次被推上时代的舞台。

时间和历史再一次证明，王船山非但没有成为明日黄花，相反，他的哲学思想、他的精神境界和他的人格魅力越来越焕发出绚烂夺目的光彩。

“六经责我开生面，七尺从天乞活埋。”王船山自比屈子，始终把民族利益看得高于一切，他提出“不以一时之君臣，废古今夷夏之通义”的命题，把祸国殃民之徒斥之为妖孽、罪人。王船山逝世三百多年，人类世界已经进入了人工智能时代，他所坚持的和他所反对的，都已不复当初的模样，但他的核心价值理念在不同的时代里总是熠熠生辉，焕发出别样的光彩。

王船山作为百科全书式的学问大家、湖湘文化的优秀代表、宋明理学的批判总结者、中国早期启蒙思想家、中国古典哲学的集大成者，是当今社会重要的思想资源。王船山提倡经世致用，批判封建专制，倡导民主议政，主张改革田制，发展工商业，倡导征实、求实和务实的学风，致力克服玄之又玄的思想缺陷。他阐释和界定了“形而上”与“形而下”之分野：“形而上”是以思为中心、从可见通向不可见的当然之道，“形而下”则是以感性实践（“践下”）的方式使不可见的东西得以与可见相遇。这种思维的创新和精神的高蹈，足以让王船山在独辟蹊径、敢为人先的路上越走越远，这种思维和精神深刻地影响着湖湘文化，乃至中国传统文化。

同样，作为中国传统哲学思想的高峰，王船山影响了一代又一代中国人，至今仍然光芒万丈。不管承认还是不承认，我们的血液里都与生俱来地携带着中国传统文化的因子。中国人的性格、特征和尊严感来自于对自身文化心理的高度认同。这种高度认同不是形式意义上的点头或者举手表决，而是深深烙在民族性格中，具有相同血脉基因和价值追求，并与文化修养相匹配。

中华民族伟大复兴需要我们这个民族在性格上不断扬弃，名与实相符，学与用相适，认识到“名非天造，必从其实”，做到经世致用。脱离了这些，我们这个民族将会在浮夸的虚名中盘旋，堕入停滞甚至倒退的深渊。为了避免沉沦，王船山思想以他从不懈怠的进取精神、从不褪色的爱国情操和从不犹疑的务实品质，推动中华民族砥砺前行。王船山的务实思想从本质意义上是一种更高程度的超越，克服浮躁与虚华、缺陷与不足，去除不合实际的遐想，指引着中华民族以脚踏实地的态度克服一个又一个困难，迎接一个又一个挑战，攀登一座又一座高峰。

但国人对王船山的认识，对王船山的研究，与惊涛拍岸的时代大潮远远不相匹配，与文化自信语境下建设中国特色社会主义对传统文化认知的要求还相距甚远。

不少人不知道王船山与王夫之的关系，甚至在很多非相关领域的知识分子队伍当中，很多人不知道王船山就是王夫之，更有甚者把王船山与王阳明搞混。对王船山的名句在习近平总书记多次使用后，才匆忙借助“度娘”查找其出处。

在西方哲学研究占据绝对上风的时间里，人们对哲学家和思想家的关注主要集中在西方哲学大家身上，曾一度把笛卡儿、黑格尔、萨特、罗素等作为思想的高级形态，他们的身影甚至超出了哲学和思想界，进而辐射到其他领域，而王船山等中国优秀哲学家、思想家则被有意无意地忽略了。尤其是晚清以来愈演愈烈的对西学一味认同的倾向，也使许多人对属于“朴素唯物主义”的王船山不屑一顾。相反，当下不少中国学者对古希腊哲学家如赫拉克利特、毕达哥拉斯、苏格拉底、柏拉图、亚里士多德、阿基米德、伊壁鸠鲁等人如数家珍；对“近代哲学之父”笛卡儿了如指掌；谈及现代西方哲学家如洛克、康德、休谟、伏尔泰、卢梭、黑格尔、叔本华、尼采和萨特等人，更是眉飞色舞，滔滔不绝；至于对当代西方哲学家如哈耶克、汉娜·阿伦特、罗尔斯、诺齐克、福柯、哈贝马斯等人的了解，也都远远胜过对王船山的了解。

不少人对王船山的了解仍然停留在“天下兴亡，匹夫有责”的爱国主义情操上，而对于王船山思想包罗万象的方方面面，与之研究的深度、广度和高度都远远不够。船山思想的文化价值还未得到充分的挖掘和认识，还没有被全面、客观、正确地理解和运用。与此同时，中国传统哲学思想中某些玄之又玄的论调，严重稀释了对人类社会的指导性意义。

王船山寂寞地看着这一切，就像他生前绝大部分时间的寂寞一样。他早已习惯了这种寂寞。但历史从不拒绝寂寞，历史公正地、坚定地站在了王船山这一边。

“李杜文章在，光焰万丈长”。历史郑重地告诉这个时代：王船山思想是中国优秀文化和中国古老智慧的集中体现，影响了整个近现代中国，也不可避免地影响着世界。王船山对事理的深刻洞见始终给人以深刻的启迪和批判的指引，他不但不会死去、被人遗忘，还会不断出现在当代人面临问题和危机的思考中，他并未像有些人定义的唯物主义的低级阶段那样被遗弃，流水落花，一去不返；相反，他像黑暗中的火光，不仅活在当代，也必将活在将来。

历史已经赋予并将继续赋予王船山无法掩盖的思想光芒，以及他在中国优秀历史人物长廊中的崇高地位。随着我们的发掘，人们对王船山的了解和熟悉越来越深入，对王船山的认知、敬重和热爱也就越来越多。

习近平总书记在文艺座谈会上强调指出，新时代的艺术家们应该进行无愧于时代的文艺创造，推动中华优秀文化创造性转化、创新性发展，提高国家文化软实力。“不忘本来才能开辟未来，善于继承才能更好创新。”包括王船山思想在内的中华优秀传统文化是中华民族的“根”和“魂”，是推动国家和民族生生不息、向前发展的力量之源，是先进文化的号角和灯塔，是扎根本民族、展示文化自信的最佳窗口，是中国特色社会主义根植的沃土，是我们在世界文化激荡中站稳脚跟的桩基。

正因为此，重现王船山，研究王船山，宣传王船山，让越来越多的中国人认识、了解和热爱王船山十分重要，也十分必要。

特别是青年一代，是整个社会力量中最积极、最有生气的力量，国家的希望在青年，民族的未来在青年。他们出生在和平年代，大多没有经过血与火的洗礼，没有经过大风大浪的考验，面对网络信息时代，受各种社会思潮和多元价值观的冲击，在一些青年的灵魂深处，忠诚、信仰、主义等精神价值层面的东西少了，思想容易缺乏定力和方向，甚至被物欲和名利所束缚，患得患失、急功近利、急于求成，分析处理问题容易玻璃心、情绪化、片面化和极端化，顺风顺水的时候看不出来，一到利益关头、一有风吹浪打，便暴露无遗。

王船山对于当代青年来说，恰如一杆旗帜、一把利剑、一剂良药、一团火把、一面战鼓。但当今对王船山的宣传和研究，往往起于学术、止于学术，大多在一个封闭的小圈子里打转，枯燥晦涩，有思想性缺可读性，对于那些喜欢阅读的青年读者来说，走近王船山、了解王船山显得遥不可及，也为时间所不能及。这也充分反映了我们用当下鲜活语言讲好船山故事的紧迫性之所在。

本书承载的正是这样一种初心和使命。我们坚信，这样的写作不止是指向普通读者，指向青年一代，指向王船山，指向中国传统优秀文化，更指向脚下的这片土地，指向昨天、今天和未来。

四

一个时代有一个时代的书写，一个时代有一个时代的表达。用当下语言讲好船山故事，对作者而言，既是挑战又是考验，既是尝试更是突破。

本书取名《王船山的船和山》，书同其名，朗朗上口又形神合一。所谓“船”者，于王船山而言，装的是家与国、族与民、情与爱；装的是认识世界的方法论、改造世界的辩证法；装的是漂泊与迷离，是失落与坚守，是历九死而不悔，是书生报国的执念；装的是对天地万物的深刻体察，是命运的不屈抗争与完美展示，是生命的苦难、孤寂、隐忍以及涕泪交织、悲喜交加的一切。所谓“山”者，是王船山智慧所拥有的宽度，是灵魂所触及的广度，是对世界的认知所达到的深度，是八百万文字所铺就的厚度，是王船山用忠诚和信仰所铸就的“风景这边独好”的精神高度。这个高度，也是王船山穷其一生，用一砖一瓦、一字一句垒起的生命高度、哲学高度和思想高度，更是后人对王船山如高山仰止般无比崇敬的高度。

本书有别于严肃的学术图书或传记读物，有别于已问世的关于船山先生的其他著作。本书以独具匠心的写法让王船山褪去以往的高冷与严肃面孔，聚焦并撷取王船山一生中的重要时间节点和重大历史事件，生动展现了明末清初湖湘旷世大儒王船山跌宕起伏、平凡而又不平凡的一生。本书结合习近平总书记对青年一代的希望和嘱托，用讲故事的写法，夹叙夹议、娓娓道来，力求让年轻人从有温度、接地气的轻松阅读中，走近船山，从而了解王船山如何从衡山脚下的“熊孩子”成长为“六经责我开生面”的一代思想巨人，并从中感受其人格之高尚、思想之深邃、情怀之伟大。

全书共分“家风的亮度，可塑人”“青春的颜色，叫奋斗！”“明朝‘忠粉’王船山C位（C是英文单词Center的缩写，中央、中心的意思，C位即重要的位置。下同）出道”“王船山的硬汉柔情与生命哲学”“乱世出大咖”“‘著作等身’+‘著作等生’”“有一种治学情怀叫‘著作等心’”“王船山治学的秘诀”“王船山的朋友圈”“如果船山先生有公众号”“王船山的长寿密码”和“从湘西草堂到世界名人堂”等十二章，简要叙述了王船山少年青年时期的成长历程，包括良好家风、求学经历、交友经历、婚姻爱情等；精彩呈现了王船山的爱国故事，包括只身赴汀、投奔永历、衡山起义等生平事迹；概要梳理了王船山哲学、史学、经学、文学等方面的学术思想，阐述了其“著作等身”“著作等生”的非凡精神和“著作等心”的治学情怀。

本书的风格是轻松诙谐、寓教于乐，力求时代化、大众化、通俗化、科普化。作者不是把王船山作为历史的人物或某种冷冰冰的符号，而是作为有血有肉、有温度、有筋骨的“活着的人”进行生动具象的书写。作者致力于用最富时代精神和时代气息的鲜活语言重塑王船山，力图让王船山这个“如山”一般的严肃历史人物更加立体、多元、丰满和生动，从而去除读者与王船山之间的时空隔阂，并在情感上引发共鸣。书中朋友圈、公众号、“王怼怼”、学霸、“大心脏”等特定称谓也用在了对王船山的描写上，旨在让广大读者特别是青少年更愿意走近本书，更容易走近王船山。

诚然，轻松不意味着放低标准，幽默也不是戏谑崇高。相反，这是另一种形式的严肃和认真。作者严抠每一个章节，注重每一个情节，斟酌每一个细节，并力求用新的方式、新的表达、新的视角重构船山形象、解读船山思想、弘扬船山精神，以此成为释放时代气息、体现时代精神的一抹亮色。也唯其如此，才是对王船山最大的敬意、最好的宣传；唯其如此，才是对当代作家初心使命的最佳的诠释、最好的践行。

我们相信，每位读者都能在本书中开启一次轻松愉悦的文化之旅，并从中感知先贤的精神、感受思想的魅力、感悟哲学的力量，切实坚定“四个自信”，自觉做博大精深的中国优秀传统文化的欣赏者、承继者和传播者。

这恰恰是本书撰写的逻辑起点和价值归宿，也是对船山先生诞辰四百周年最好的纪念！

第一章

家风的亮度，可塑人

『家庭是人生的第一所学校，家长是孩子的第一任老师。』

王夫之之所以成为王船山，
王船山之所以成为后来的王船山，
与他家良好的家风和严格的家规不无关系。

王船山，名夫之，字而农，号薑斋。他埋头著书讲学凡四十年，给自己披上的“马甲”足有二十多个，如“壶道人”“双髻外史”“一瓠先生”“南岳逸老”等等。在这些个性十足的“马甲”号中，每一个都有深刻的寓意，每一个都有铭心的故事，每一个都是现实的写照。而被众人熟知的还是“船山先生”。因他晚年隐居于湘江西畔的石船山下，自称“船山老人”“船山病叟”“船山老农”，后人则普遍称他为船山先生。

“家庭是人生的第一所学校，家长是孩子的第一任老师。”确实，王夫之之所以成为王船山，王船山之所以成为后来的王船山，与他家良好的家风和严格的家规不无关系。王氏家族历十四世，家教极其严格，内外表亲、交游邻里，对王家家风都称道不已。王夫之长大以后，也频频在自己的文章中为其家风打call（网络流行词，指对某人某事的喜爱。下同）。

王夫之的成长阶段，可以说是他人生之中最幸福的时光。他深受家风熏陶，有“虎爸”和“狗叔”之谆谆教诲，有“如父”长兄和“如虹”二哥之暖心陪伴，有爱妻之红袖添香，一盏读书灯彻夜不熄。年轻的他孜孜以学，胸怀大志，期待“立德、立功、立言”之“三不朽”，对未来满怀憧憬。

一、“虎爸”在前，“狗叔”在后

在王夫之的成长过程中，有两个人起到了举足轻重的作用，那就是他的父亲王朝聘和叔父王廷聘。王朝聘秉承儒学家风，对王夫之要求非常严格，有时下所说的“虎爸”之称；王廷聘则待王夫之有如平辈的朋友，“没大没小”，无拘无束，他与侄儿形如好友、沟通自如，被人称之为“狗叔”。

王夫之既惧“虎爸”之威，又喜“狗叔”之溺，一抑一扬，一严一宽，对其成长影响深远。事实上，“虎爸”和“狗叔”的教育方式不可偏废，他们相辅相成，缺一不可。对我们当下孩子的成长教育颇有启迪之深意。

1. 家庭不是江湖

王夫之自出生之后，就接受着父亲王朝聘的严厉教导。王朝聘把家庭当作了培养他们成才的学校。儿子是学生，自己自然就是严师了。无规矩不成方圆，学校是要严格培养学生的，绝不能沾染半分江湖习气，严师才能出高徒。

王夫之年轻时，有一段时间因科举落第情绪低落而连续多日在外以酒会友、借酒浇愁。二叔王廷聘生性旷达，认为王夫之借酒宣泄情绪，此举无伤大雅，但父亲王朝聘却眉头紧皱，心中不快。

清明节那天，王夫之居然忘记清明祭祖之事，照样喝得醉醺醺地回来。酒气熏人的他，连父兄都不认得了。王朝聘登时就怒了，立刻罚他跪下，并说要将他逐出王家。眼看王朝聘要不讲情面地训斥醉态可掬、狂态毕现的王夫之，母亲和哥哥赶紧求情。王朝聘全然不理会，继续严厉训诫儿子说，家庭就是家庭，家庭不是江湖。怎能把江湖的那种放浪形骸的习气带到家庭中来呢?

见父亲真的生气了，王夫之的酒意马上吓醒了。他赶紧下跪接受惩罚，深刻反省自己的行为。他从早上一直跪到半夜，粒米未食，滴水未进。王朝聘心疼儿子，半夜里去看他，并语重心长地说道："知错能改，善莫大焉！"王夫之哭着向父亲认错，并不肯起来，整整跪了一夜。在父亲教导下，王夫之决定痛改前非，严以律己，坚决向江湖气息说不。

应当说，王夫之的个性张扬并非一朝一夕之事。

王夫之是王朝聘的幺儿、全家的"团宠"，在家中排行第三，上面还有王介之和王参之两位哥哥。明万历四十七年（1619）九月初一，王夫之在衡阳府城南回雁峰下的王家呱呱坠地。

八月三十这天，王朝聘便焦急地在产房外的天井中等待着。他双鬓斑白，双目依然炯炯有神。他的两个儿子，已长成小少年的王介之和王参之陪伴在父亲身边，同样焦急地等待着。父子三人面色凝重，一声不发。时间一分一秒地过去了，而好消息迟迟还没有传来。

一直等到了半夜里，已经是九月初一子时，正是一天之中最黑暗的时分，忽然夜空里一道极明亮的闪电倏忽而过，照耀着整个天地，紧接着就是一声炸雷！王朝聘正愕然间，便惊喜地听到一声儿啼。这情形，跟历史传说中的大人物降临，并无二致，大都是雷电交加，天人下凡。虽然王夫之晚年在自述中并无这样的描写，这与他一向的低调分不开，也与他对自身价值的认定分不开。换言之，他生前并没有达到像他的后辈曾国藩一样所拥有的影响力和知名度，他也并不觉得自己的一生是成功的。

不过，对于王朝聘来说，无论未来的儿子是否出人头地，他知命之年再得麟儿，心中之欢欣实在难以用言语表述。他急忙走进夫人房间，小心翼翼地接过孩子，抱在怀中，素来不苟言笑的脸上此刻也是喜上眉梢。王介之和王参之难得见到父亲如此高兴，也跟着欢天喜地，争着要看看初生的弟弟。一家人沉浸在新生儿降临的巨大欢喜之中。不知不觉，东方渐亮，崭新的一天又来临了。

“万物昭苏天地曙，要凭南岳一声雷。”王朝聘此时并不知道，这个襁褓之中的新生儿会成长为一代大儒，并成为湖湘文化的精神领袖。深思熟虑之后，王朝聘给幼子取名夫之。“夫”者，“丈夫也”，即天地间一大丈夫。父亲对王夫之寄予厚望，希望他将来能成为顶天立地的大丈夫，能开创一番大事业。

王夫之出生这一年，王朝聘已经五十岁了，妻子谭夫人也已经四十三岁，夫妻俩对幼子特别疼爱。但是疼爱归疼爱，王朝聘对王夫之的要求却更加严格。

王氏家族素来注重严格的家教，秉承良好的家风。王夫之也很以“延世泽”十四世的家风为傲：“吾家自骁骑公从邗上来宅于衡，十四世矣。废兴凡几而仅延世泽……乃所以能然者何也？自少峰公而上，家教之严，不但吾宗父老能言之，凡内外姻表交游邻里，皆能言之。”王夫之的先祖原本尚武，为武将出身。据王夫之在其《家世节录》中所说，王家祖上出自太原王氏，元朝末年，王氏一族从山西太原迁居到江苏高邮的打渔村。王夫之的十一世祖王仲一曾跟随明太祖朱元璋起兵而立下赫赫战功，王仲一之子王成为明成祖朱棣夺取皇位再立战功而被封为衡州卫指挥，王氏家族就此搬到衡阳，在此落地生根。不过，从六世祖王震开始，王家就开始由尚武转向崇文，以文墨教育子弟，王家于是由武官世家转为书香门第。到了曾祖父王雍的时候，王家就已经形成了以读书为重、以教育为重、以科举入仕为重的家风，满室书香，一门风雅，在衡州当地颇有口碑。

“忠厚传家久，诗书济世长”，王夫之的父亲王朝聘更是将家风发扬光大，除了读书、育人，还自己著书立说，成为名重一时的“武夷先生”。

王朝聘满腹诗书，一心向儒，严守孔孟之道。他虽然博学多才，但先后七次参加科举考试都名落孙山。他并不灰心，依然屡败屡战。明天启元年（1621），王朝聘已经五十三岁，鬓染寒霜的他依然坚持参加了乡试，这已是第八次了。这一年，王朝聘终于在乡试上取得了副贡的资格。所谓副贡，就是乡试录取名额之外的备取生员，也叫“副榜”。王朝聘学识渊博，笔落文成，行文严谨，甚有法度，主考官很是赏识，大笔一挥，准备选拔为高等，但当时“选政大坏，官以贿定”，加上王朝聘行文对策中又不小心触犯了副考官朱黄门的名讳，于是他就被副考官从中举名单里硬生生地抽了出来，仅仅置于副榜，成为“备胎”。

不过，按照当时的选拔制度，副贡也可以和贡生一样，进入明朝最高学府、京城太学——国子监求学，以取得监生出身、步入仕途的机会。

明天启六年（1626），王朝聘顺利从国子监毕业。他本以为可以由吏部遴选安排做个小官，但当时权相周延儒、温体仁当道，吏部选郎于是便按照他们的意旨向王朝聘收取贿赂。这其实是当时官场惯有的风气，不送礼就不能得到好官职。但一身正直、两袖清风的王朝聘气愤不已，他是别人为他“美言请托”都要毫不客气地拒绝的人，何况还要自己去行贿？

王朝聘斩钉截铁地说：“仕以荣亲，而赂以取辱，可乎？”入仕为官，本可以让家人脸上有光，但贿赂而求官则无异于自取其辱，这样做难道正当吗？

然而，现实就是这样，不送钱还清高，再高的才华也不得录用，更遑论重用了。王朝聘多次进京，几番等待，最终一无所得，遂心灰意冷，愤然离京，踏上回乡的路程，发誓再也不参加科考了，免得“赇吏胯下以重辱先人”。他对朝政非常失望，对官场也深深厌恶，回衡之后，从此隐居家乡，读书讲学，教育子弟，以授徒为生。凡有地方官吏、豪绅登门请见，他一概婉言谢绝，不求异于人，不屑于浮名，保有着独立的思想与人格，保持了一种超逸清高的风度。

王夫之的科举老师，德高望重的教育官员欧阳霖经过衡阳时，想见一下王朝聘，也是再三请求，王朝聘才勉强得以一见。如此耿直的性格，也确实不为官场所纳，即便违心所得，恐怕心亦不安。

王朝聘回来之后，把心思全部放在了教书育人上，对三个儿子施以极其严格的家教，似乎要把自己在官场的失落通过儿辈一代找回来，对聪明过人的王夫之尤其寄予厚望。

在王家，家庭不是江湖，而是一所要求严格的学校。长辈们的言传身教尤其是父亲的清高自守、以德为先对王夫之的处世态度有着极大的影响。王夫之就是家庭这所学校的优秀毕业生，是绵延累世的王家优良家风熏陶出了这一代辉映古今、光耀湖湘的旷世大儒。

2. “虎爸”的规矩

自彻底打消赴京候任的念头，从京城回乡之后，王朝聘的“虎爸”之威才正式上线。他也是王夫之生命中第一任真正意义上的老师。

“父兄立德威以敬其子弟，子弟凛祗载以敬其父兄。”王朝聘这种“虎爸”的教育方式是有家族基因的。他的父亲王惟恭，就极为崇尚儒学，始终执守儒者风范，在儿子们面前，王惟恭非常威严，很少有笑容。如果儿子们犯了错误，他便令其长跪终日，以示惩戒。

王朝聘的二弟王廷聘幼时有一次小有过失，王惟恭便命令他跪在门外。当时正是除夕，风雪凄迷，王朝聘手足情深，心疼弟弟，于是便悄悄地跑出来，想带弟弟回家。王廷聘引咎自责，不肯跟哥哥回去。到了第二天早上，王惟恭才开门焚香，王廷聘仍然长跪不起。王惟恭一边因儿子的严于律己而欢喜，一边却也心疼得流下泪来。

王惟恭对一切玩好华靡之物，都“不留手目”，认为会玩物丧志，耽误学习。有一次王廷聘见到一支精致的簪花，心中不禁喜爱，于是顺手把玩了一下。王惟恭看到了，非常生气，正色说道：“这岂是我的儿子所为！”王廷聘赶紧丢掉簪花，向父亲低头认错。这些发生在王家的家庭掌故，就像“传家宝”一样，已经在王家后辈身上扎下了根。

因此，王朝聘生子之后，也是如父亲王惟恭这般严格要求儿子。虽然王朝聘五十岁才得了王夫之这个幼子，却从不溺爱或放纵他。据王夫之后来记载：“先君教两兄及夫之，以方严闻于族党。”王朝聘即使是非常欢喜，也不会破颜而笑，特别生气也不会大声呵斥，始终保持着威严，儿子们到了父亲面前都有些畏惧。

王夫之童年时相当顽皮，又年少无知，常犯“口过”，王朝聘虽然不高兴，但也不疾言厉色地训斥儿子，只是十天半月不理他，问也不答。直到王夫之自己认识到错误所在，痛哭流涕地认错时才给以教导和指示。事情一旦过去，王朝聘便绝不会再提起此事，免得儿子心里不痛快。

王朝聘的教育方法值得后世借鉴，他为家长们树立了榜样。如果家长在训诫孩子的时候过于愤怒或者严厉，或者大喊大叫，不能控制自己的情绪，那么就肯定会吓到孩子，甚至会引发孩子的逆反心理。如果家长还总是提起孩子从前的错误，以此为把柄训诫孩子，很容易就会给孩子心理造成阴影和压力。王朝聘的教育方法是不管孩子犯了什么样的错，让他们自己先懂得深思与反省，如果孩子真心知错了，那么这件事就算翻过一页，从此绝口不提，这样就可以让他们轻松健康地生活，不会有任何精神压力。

不过，因为王朝聘过于严厉，有时三个儿子尚不知所措，父亲便已板起脸一语不发。这时母亲谭夫人见状，就会悄悄先向父亲问明情况，然后再告诉他们错在哪里，他们便恍然大悟，规规矩矩地向父亲认错。母亲见儿子们都知错能改，便慈爱地笑语安慰。由此可见，王家家教虽严，却并不简单粗暴，而是有交流、有互动、有尊重，不仅让孩子们能反思自己的错误，也能让他们感到严父慈母的关怀与温暖。

“父母作为孩子的第一任老师，要给孩子传人生之道、授生活之业、解成长之惑。”所谓有什么样的家庭，就有什么样的孩子；有什么样的父亲，就有什么样的儿子。父亲的言传身教，深深地影响着王家三兄弟。事实上，正是受益于这样严格的家教、和睦的家风，王夫之不仅在文学上、思想上、哲学上打下深厚的学养基础，而且在人格形成方面也受到深刻影响，特别尊崇礼仪，讲究忠孝。

值得一提的是，王朝聘口才非常好，具有出色的辩论才能，但是他从不以此炫耀。王夫之少年时，王朝聘曾和明代四大高僧之一的憨山大师进行论辩。憨山大师博闻强识，著述等身，且思维清晰、言语敏捷，在当时是名气很大的得道高僧。但王朝聘与憨山大师坐而论道，谈天说地，语藏机锋，左右逢源，竟然将憨山大师PK得无言可对。

王夫之曾经问过王朝聘，希望知道父亲与憨山大师辩论的内容，也想了解父亲当时PK（英文Playerkilling的缩写，对决的意思，下同）憨山大师的风采。但王朝聘却并不以此为傲，不像一般家长一样“好汉总提当年勇”，而是微微一笑，也并没有告诉王夫之当时的具体情形。

曾国藩曾说：“胸襟广大，宜从‘平’、‘淡’二字用功，凡人我之际须看得平，功名之际须看得淡，庶几胸怀日阔。”王朝聘淡看虚名，不慕繁华，认为儒者要静以修身，俭以养德。他虽然长于论辩，并曾于语锋中击败得道高僧，但并不把它看作多了不起的事情，只是希望王夫之能脚踏实地地读书，而不是着力于与人争辩、一较长短。正因为父亲对名利的淡泊，王夫之也是秉承“非淡泊无以明志，非宁静无以致远”这一优良传统，他晚年的传道、讲学，一直恪守着父亲的要求，低调，务实，知之是知之，不知是不知，决不虚饰、孟浪、夸张和粉言。

王夫之隐居之后，虽然勤于著述，著作等身，但是生前更多的时候是籍籍无名，这也恰恰成就了他的伟大。否则，今天去这里讲学，明天去那里布道，跟各色人士打交道，应酬，寒暄，觥筹交错，夸夸其谈，果如此，哪里会有今天的王船山？他哪里能够沉下心来，写下皇皇八百余万字的著作！正是他当年的无名，成就了他后世的耀名。事实上，直到他去世两百年后，他的著作被后人刊刻流传，王夫之这个名字方才大放光芒。

当然，王夫之并不是天然的著述家，他更愿意做一个行动家。写作，也就是“立言”，是在他“立功”而不得的情况下无奈而为之。但王夫之对自己有清醒的认知，当一件事情失败之后，他会及时抓住新的机会，进行新的尝试。他决不做一个无所事事的人。对于这一点，作为父亲的王朝聘倒是十分清楚。他希望王夫之不虚度年华，专心做对国家、对民族、对社会有益之事。

崇祯年间，王夫之因为关心时政，先后加入了“行社”和“匡社”，王朝聘知道后，以为他与友人结社交游，诗酒为乐，消磨志气，于是很不高兴，令王夫之惴惴不安。后来王夫之又曾应邀编选科举考试文选之类的文章，王朝聘听闻后大怒，说道：“这是儒者分内之事吗？”

其实在今天看来，王夫之的这些举动就相当于他学习之余参加了一些社会活动，担任了一些社会兼职，虽然有助于开阔视野增长见识，但父亲王朝聘认为这些事情有可能影响到静心读书与潜心治学，不利于一位真正儒者之身心修养，也不利于一个超一流学霸的养成，更怕王夫之误入歧途走了弯路，因此严厉批评了王夫之。

身教重于言传，王朝聘是以儒者之风来严格要求自己的，他也以身作则，同时严格要求几个儿子，对读书以外无关紧要的琐事从内心深处就要say no（英文短语，说不的意思），并尽量避免不必要的社交浪费宝贵时间。

万般皆下品，惟有读书高。王夫之认识到父亲苦心，因此在以后的岁月里，无论什么时候，他都把修身、明德、读书和学习放在第一位。

家庭不是江湖，更不是监狱，而是温馨和轻松的学校。实际上，“虎爸”不发威的时候，也还是可圈可点，可亲可爱的“萌爸”。王朝聘也不总是对孩子们板起面孔，他经历得多，感触得也多，不时发些冷幽默的感慨，儿子也能听出话外之音。有时王朝聘还会和颜悦色地和三个儿子一起饮酒谈心，既不失之苛严，又不放浪形骸，而是张弛有度，拿捏到位。

闲暇之余，母亲谭夫人还会炒上几个好菜给父子几人下酒。酒气菜香，笑语喧哗，家中一片暖意融融的温馨之意。王朝聘即使是微醉了，还不忘教给儿子们做人的道理，询问他们学习的情况，并甚至聊起自己幼年学习时的心得或趣事。在这样轻松愉快的氛围之中，儿子们也愿意跟父亲敞开心扉，多聊几句。

王朝聘对儿子虽然严厉得近乎古板，但他其实并不真的是一板一眼的老夫子，他偶尔也跟王夫之喝酒，但不像二弟王廷聘那样纵酒和爱酒。他懂得克制，懂得为长之尊。当然，他还鼓励儿子们进行正当的游戏，比如说让他们摆棋对弈，以此为乐，因为这样可以锻炼思维，身心也能得到愉悦，以达到劳逸结合的效果，有利于提高学习效率，也有利于身体健康。

不过，王夫之有些看重下棋的输赢，而王介之棋艺虽高，却对结果云淡风轻，因而更受王朝聘喜欢。王参之大都站在一旁看棋，偶尔指点一下王夫之，他不直接跟父亲PK，除非特殊情况，王朝聘直接叫他上，他才作谦谦君子状，严守父子之道，不越雷池半步。如此，王朝聘也觉得无趣。从下棋中，王朝聘能看出三个儿子的个性特点，对王夫之爱露锋芒有些担心。

下棋之余，他也鼓励儿子们舞剑。王夫之剑艺最高，对剑艺也最爱。因此，王朝聘最终把先祖留下的一把宝剑郑重地交给了王夫之。他从不许儿子们学博赛击球和游侠生事，以免玩物丧志。

说王家是一所好学校，一点不假。除了将儿子教育成才外，王朝聘还培育教导了一批湖湘优秀人才。王朝聘对学生们也是“精为研凿”，倾囊相授。据王夫之后来在自己书中的记录，早年王朝聘门生中的出色人物有王夫之的舅父谭允都孝廉，举首欧阳谨，新建县令、贵阳人马丹邻等。直到王朝聘晚年，还有不少有志青年慕名而来，通过王夫之找到老先生求学求教。

父亲潜心教学，桃李满天下，对王氏兄弟也有深刻影响。后来王夫之隐居山野，埋头著述的同时，依然不忘开门收徒，用心教学，慷慨地将智慧之光洒向每一颗求知的心灵。王介之也是如此，并且同王夫之一样，皆有所成。“虎爸”的既威又严和良苦用心，总算没有白费。

3. “狗叔”的套路

与王朝聘“虎爸”式的严厉管教相比，王夫之的二叔王廷聘则是“狗叔”式的温和教化了。狗者，忠心，灵活，通人性，不拘小节，喜爱打闹，不论贫穷富贵，皆一视同仁。王廷聘的教育方式就是这样，他对王夫之三兄弟非常疼爱，将他们当作自己的儿子一般看待，对侄子们丝毫不拿架子，鼓励他们以灵活和人性的方式治学做人。

王廷聘也是学识渊博、博古知今的一位饱学之士，但他的学问素养不像王朝聘那样专注于儒家经义，而是主要体现在诗文词章等方面，他尤其不像大哥那样对儒家之外的学说持排斥态度，而是敞开胸怀，广纳善言，厚德载物，这一点，对王夫之的学问影响深远。可以说，如果不是王廷聘的开放治学，如果不是“狗叔”一而再地推荐一些道家、禅宗等学说给他，王夫之也许就不会成为百科全书式的哲学家。

事实上，王夫之与二叔很是亲近，个性、文风乃至诗学思想都跟二叔很像。在“狗叔”面前，王夫之没有压抑，没有拘束，没有顾虑，完全是“本真”或“本我”状态。而王廷聘最喜欢的恰恰是这种real（英文单词，真实的意思）状态。他认为，作为长辈，不过是比晚辈年岁大一点而已，在人格上，人人都是平等的，犯不着搞君君臣臣父父子子那一套。

“狗叔”虽然宽容，但并不是说王夫之不尊重他，相反，他十分看重二叔的意见。许多重大事情，他都会征求二叔的意见。有时，当他觉得不便跟父亲交流的时候，他就尝试跟二叔交流。二叔如果觉得他大哥王朝聘有些地方做得不妥当，他还可以劝说。至少可以在父子之间做个调解或起个缓冲的作用吧。

王廷聘对晚辈的教育颇有针对性，用当下的话说，就是因材施教。他的教育方式耐心细致，使人如沐春风。他和侄子们相处得好像平辈的朋友一般。王夫之年少贪玩，顽皮得不行。如果不小心犯了错，父亲便对他板起脸来，他结结实实地挨了惩戒之后，有时也会觉得委屈，自己不过是个孩子嘛，顽皮一下很开心，父亲至于那么严肃吗？想不通的王夫之常常就会跑到二叔家里寻找安慰。

王廷聘见王夫之过来，知道他又受到父亲的责罚了，就会和他坐在一起，并和颜悦色地拿出酒来，叔侄二人坐下一边喝酒，一边聊天。等到王夫之心气平顺了，二叔便趁机慢慢劝诫他，告诫他为人处世要谦逊和气，远利蹈义，既不可目中无人，也不能唯利是图。叔父温和抚慰，反复叮咛，说到动情处，便潸然泪下。王夫之字字句句都听在耳中，记在心中。

有一次，王夫之又因犯了过错，被父亲王朝聘罚跪，心中颇不服气。王朝聘又和往日一样正容不语，让王夫之自己思考反省，于是王夫之便又来到二叔家求安慰。二叔王廷聘见王夫之气鼓鼓的，显然是没有领会王朝聘的苦心。为了教育他，王廷聘便牵着他长跪于庭前，并向王夫之说起祖父教育他父亲的往事。原来王朝聘成年之后，已经是当地有名的读书人，但只要有一点点过失，仍然被祖父王惟恭处罚长跪，一定要沉痛谢过之后才能起来。并且，他依然像小时候一样时常受到祖父的勉励训诫，听的时候，必定是要恭恭敬敬地垂手听之。王廷聘把王朝聘被祖父教育的故事细细告诉王夫之，以此阐明王家之优良家风，并向王夫之温语讲述祖父遗训，以致叔侄二人“至于泣下”，流泪不止。

每次在跟二叔敞开心扉，细细沟通之后，王夫之都会对自己的错误恍然大悟，乖乖吃下这枚“安利”回去，向父亲认错。二叔的用心着实良苦，满满的都是“套路”。这样的“套路沟通”，能使得孩子的心理诉求得到及时解答，心理障碍得到迅速疏导，更有利于孩子的心智成长与精神健康。

在《耐园家训跋》中，王夫之便记录了这件事情。虽然是被叔叔“套路”了，但王夫之却从这“套路”中真正明白了父亲与叔父的苦心，也懂得了家风的严格和重要。

有意思的是，王廷聘一生从未入仕。其实他本是准备参加科举考试的，但是为了兄长而放弃了，这一点，也和王夫之的二哥王参之有点相似。当年王朝聘和王廷聘一起参加省试之时，王朝聘不巧忽然生病，很快卧床不起。王廷聘挂念兄长，马上便告别同乡，陪同哥哥乘舟回了家。尽管大哥劝他留下，考完后再回去。但他放弃了这次机会，一点也不觉得可惜。

记得那次，一路上，王廷聘竭尽全力，精心照料兄长。当时正是炎暑，舟中热如蒸笼，王朝聘病势严重，王廷聘床前端茶倒水，服侍药汤，几乎整整五晚没有合眼。直到王朝聘病情好转，王廷聘才放下心来。

后来王朝聘屡试不中，王廷聘本来对科考入仕兴趣不大，又感于兄长入仕之苦，于是不再奔波科考，一心隐居于林泉之中，过着逍遥自在的生活。也正为此，他在王朝聘面前，说话的尺度就大很多。王朝聘对这个弟弟的情感也很在乎。

与此同时，王家兄弟妯娌之间的关系也很好。嫂子谭夫人和弟媳吴夫人相处得有如“闺蜜”，从青年到老年，感情都非常融洽，“白首无间言”。于是一庭之中，兄弟俩在屋外谈话，愉快地讨论着某个儒学话题或天文地理等，妯娌二人则在屋内一边闲闲地做着家务，一边亲热地共话家常。屋内屋外一片其乐融融的氛围。孩子们浸润在这种恬静美好的氛围之中，更是感觉到了爱与温馨。在父辈们的感染之下，王家的孩子们彼此之间都是重情重义、手足情深。

后来王朝聘、王廷聘兄弟俩虽然分开居住，却来往密切，如果有超过十天没有往来，两家人都会觉得惘然若失。王夫之晚年时想起昔日与叔父家人共度的这些时光与场景，还感叹“欢然忘日月之长”，意思是因为太开心了，乃至忘却了光阴是如何溜走的。

二、长兄如父，二哥如虹

王朝聘、谭夫人共生有三子，在严格的家教之下，三子长大后都各有所成：长子王介之，于明崇祯十六年（1643）乡试中考中举人；次子王参之，于明弘光元年（1645）选为贡生，没有参加朝廷考试，在明末战乱中因病早逝；三子即一代大儒王夫之。王家兄弟三人青年时期在当地就有文誉，人称“三凤”，名垂一时。

1. 王家“三凤”，长兄有样

明天启二年（1622），王夫之四岁时，与二哥王参之一起进入家塾，跟从大哥王介之学习。王介之比王夫之大了十三岁，其实自己不过也是个少年而已，却小大人一般规规矩矩带着幼弟学习，并且对他要求非常严格。

王介之受父亲王朝聘言传身教，个性端方耿直，孝顺父母，友兄恭弟，仿佛就是一个“复制+粘贴版”的王朝聘。王朝聘当年求学京城，留滞燕邸，南方人到了北方苦寒之地，水土不服，经常生病。王介之挂念父亲，只要一想到父亲在京城受苦，就食不下咽，无欢笑之容。

有一年除夕之夜，父亲留在太学没有回家，王介之侍奉母亲、照顾弟弟们睡下之后，便一个人在廊下徘徊，“宛转欷歔”，悲吟“长安一片月”之诗，一直吟到自己泪流满面。小小年纪的王夫之听到声音之后，悄悄爬起，向门外望去，看到一脸悲戚的兄长。他见兄长如此思念父亲，便懂事地上前安慰，并把这一幕令他影响深刻的场景，记载在了他后来的书本上。

母亲谭夫人有胃痛病，一发病就十天半月卧病在床。王介之自己也体弱多病，但他心疼母亲，每天都拖着病体在床前细心服侍母亲，十多天都睡不好觉，两三天粒米不进。直到母亲病情好转，王介之才松了一口气，这时，疲惫不堪的他才肯躺到床上去闭目休息一会。

因为父亲不在家里，母亲身体不佳，少年的王介之义无反顾地承担起父亲的责任，无微不至地照顾和教育着两位年幼的弟弟。王参之身体病弱，几近瘫痪，王介之全力看护，延医用药，终于费尽心力地将二弟治愈。对于年龄差距较大的幼弟王夫之，作为长兄的他更是倍加疼爱、倾尽心血，教育他比父亲更严厉。

与长兄行为性格都似严父不同，王夫之少年时也曾是个贪玩的“熊孩子”，“少负隽才，倜傥不羁”，甚至也和一般顽童一样淘气叛逆，母亲谭夫人经常为他担忧。后来他回忆自己的少年时期，也曾叹道“蚤岁之破辕毁黎也为加甚，劳吾母之忧者为加笃”。

因此，王介之为这“熊孩子”操碎了心，对他督导很严，十天半月便会用夏楚（戒尺）对他进行惩罚，而且几乎每天都要当面批评他，让“熊孩子”羞愧无言，从此不敢再犯。因父亲在他三岁时便赴京城太学求学，对于王夫之来说，幼年的他正是在长兄的严格教育下长大，对他影响至深，真正是长兄如父了。

对于长兄的严格要求，王夫之是感激在心的，对他始终恭敬尊重。后来到了晚年，王夫之“发敝齿凋”之时，依然时常记起长兄王介之的教导之恩，“未尝不刻骨酸心”。

王介之和父亲一样严于律己，正直无私。王介之和王夫之中举之后，想赴京会考，但家境贫寒，母亲谭夫人之前想尽办法费力筹钱，都给了父亲用作太学求学之资，再没有多余的钱能供他们上京。于是，有人看到了可乘之机，想利用王氏兄弟来达到某种不可告人的目的。

一日，当地一个叫金九陛的官员特地登门拜访王介之兄弟。王氏兄弟有些诧异和警觉。果然，金九陛闪烁其词，终于吐露来意。原来当地狱中有一个死囚家属愿以千金之巨，资助王介之兄弟上京，但也附有苛刻条件，便是赴京为死囚求情赦免其死罪。

按金九陛的想法说来，这是个两全其美的方法，死囚可因此免死，而介之兄弟也可成行。如此岂不美哉？

王介之略略思索，便问王夫之："何如？"王夫之毫不犹豫地拒绝了："此固不可"，这个绝对不行！王介之因为弟弟果断的回答而喜形于色："是吾心也。"

原来，两兄弟想到一块儿去了。王介之认为金九陛这个提议实在是荒唐透顶，并非常严肃地说，此人为死囚，罪大恶极，如若此人真的逃脱死刑，逍遥法外，将来必"祸延于乡党"。他怎么能够因为自己的一己之利而不顾民众之安？他宁愿不上京，也绝对不纵容这些违法犯罪之徒。

金九陛闹了个大红脸，惭愧不已，悄悄走了。

明崇祯十二年（1639）中，王介之中了乡试乙榜，奉诏入太学。崇祯十五年（1642），王介之与王夫之同时中举，两人后来便一起赴京参加会试，却因战乱不得不返回衡阳，回来不久又遭遇张献忠兵乱之祸，被强行征辟，对兄弟俩无疑是雪上加霜。于是，兄弟俩双双逃入山中避祸。

张献忠事件后，王介之决定隐居避祸。他牵念母亲谭老夫人，于是便带着母亲一起屏居于衡阳县长乐大云山麓，从此闭门不出，著书授徒。王介之还筑了一个简易的草堂以供居住，名"泥堂"，以遗民自居，令王夫之十分感佩。

王夫之也在同样的地方隐居，但兄弟俩并未居住在一起，不过住得很近，往来依然频繁，“与夫之异居，徒声闻而已”。

王介之毕生致力于经学，著有《春秋四传质》《春秋家说补》《周易本义质》《诗序参》《诗经尊序》等书，其中《春秋四传质》后被收入《四库全书》。王介之在辨析名理、“扶树教道”等方面也深深影响了王夫之，晚年他曾自题座右铭：“到老六经犹未了，及归一点不成灰。”意思是自己长年研读六圣，到老还没研究透彻，只略懂些皮毛。大哥王介之在这方面远超自己，成就非凡。

王夫之对王介之极为钦佩，为他的著作《诗传合参》作序，又为其《耐园家训》作跋，兄弟俩互有赠答诗多首。王夫之还特别为兄长作了一篇传略，称赞他“立身立教，大率皆藏密反本为用”。

2. 手足情深，二哥为伴

二哥王参之，性格温和，和王夫之年龄也更接近，与如严父一般的长兄相比，王参之更像是弟弟的同学与玩伴。小时候，王夫之和二哥一起上私塾，一起受教于大哥，一起跟学于父亲，简直形影不离，兄弟俩感情很好。

明崇祯十五年（1642），王参之原本要和王介之、王夫之一起去武昌乡试，但恰好母亲谭夫人病重，父亲已经是年过七旬的老人，无法照料母亲，自己也需要人照顾。兄弟三人都放心不下，辗转反侧。

为了侍奉父母，王参之下定决心，毅然放弃了去科考的机会，并挥泪送走了王介之和王夫之，独自在家悉心照顾二老。

王参之内心深处，当然是想参加科举考试，在考场上一展抱负，实现济世救民的儒家理想，毕竟寒窗苦读多年，洒下了多少汗水，费尽了多少心血。但是忠孝难以两全，该如何抉择？没有太多犹豫，他毅然选择了在家为父母尽孝，把科举入仕、为国尽忠的机会坦然让给了长兄与小弟。

临别时，王夫之对二哥依依不舍，他知道是二哥牺牲了他的前途，换回来自己和大哥的放心前行，心中不由得浮起了对二哥深深的歉疚之情。此时的二哥参之，在王夫之的眼中，便如雨后天边的彩虹一般，美得让人隐隐心疼。或者准确地说，二哥如虹一直相伴，平时王夫之似乎没有特别感觉到，因为虹隐藏在风中，隐藏在云中，隐藏在闪电中。但只有暴风雨降临之后，虹才显现出来。因此，王夫之强忍着泪水，没有回头，也不敢回头，生怕一回头，就会作出另一种选择，遂继续昂起头前行。他告诉自己，一定不能辜负二哥的牺牲，一定要相信前方高能，一定要考出好的成绩，金榜题名！

这次考试，王夫之与王介之果然都一举中第。接到这重磅喜讯的当天，人们纷纷向王朝聘道贺，恭喜他生了两个好儿子。

王参之很为兄弟的成功中举感到高兴。虽然他自己失去了最后一次参加科举的机会，但并不为此感到遗憾。王夫之虽然高兴，但看到二哥似乎比他还高兴，反而一下子伤心起来，他一直有一个设想：如果二哥也参考了，是不是也会高中呢？要是那样，岂不更完美？

王夫之对大哥悄悄说：

“二哥越高兴，我越想哭。”

“三弟不必自责。要责，长兄当自罚。”

王介之说完，叹了一口气，便继续安慰道：“不过，三弟有此善良，可为大事也。家母有病，终得有人照料。幸而咱俩没有辜负参之的牺牲，也没有辱没王家声望，亦为父母争了光。如果去而不中，才是憾事矣。”

虽然都是王家儿子，但各人的才情却不一样。这是事实，强求未必能得。在王参之看来，长兄与小弟的才学好比打了“高光”，他与之相比，未免黯然失色，但他从不为此感到嫉妒、焦虑或者不安。他让出考试机会、以自己的牺牲来换取兄弟俩的前途，这个举动可以说是非常无私的。如果三兄弟之中有人必定要做出牺牲来成全另外两人，王参之会是毫不犹豫地站出来的那个，这是他最为坚定的想法。一家三兄弟，不可能每个人都中状元。在王参之心里，家人安好便是晴天。后来，王夫之和王介之的成就的确远远在王参之之上，王参之为两位兄弟感到骄傲和自豪。

前文提及过，王参之身体本就孱弱，幼时几尽瘫痪，在长兄王介之精心照料之下方才好转，也成为了一名饱读诗书的才子。然而在后来的战乱之中，他屡受惊吓，辗转奔波，又牵挂父母和兄弟，病势又转严重，再加上当时疫病横行，他也受到感染，病上加病。

清顺治四年（1647）八月十四日，王参之在兵祸中病亡。

王夫之为二哥的逝去悲痛不已。

正因为与兄弟手足情深，共渡难关，王夫之一生之中十分重视兄友弟恭。中国传统文化之中，就十分重视血浓于水的手足亲情，“兄弟齐心，其利断金”。中国传统文化中的八德“孝、悌、忠、信、礼、义、廉、耻”中的“悌”，就排在“孝”之后。“悌”字从字面上看，含义也很明显，为“心”字旁，再加一个弟弟的“弟”字，表示弟弟敬爱兄长，也就是兄友弟恭之意。

父与子，兄与弟，这些关系，直接影响着王夫之自己的小家庭。王夫之共有四个儿子，两个儿子在战乱中早夭，只留下了两个同父异母的儿子王攽、王敔。王攽在伯父王介之家长大，王敔则是在王夫之身边长大，两人的母亲都去世得早，彼此的生长环境不一样，个性不一样，学术上的偏好与观点也不一样，因此不甚和睦，争吵不断。

王夫之为此感到忧虑，曾殷殷嘱咐儿子们说：“汝兄弟二人，正如我两足，虽左右异向，正以相成而不相戾。况本可无争，但以一往之气，遂各挟所怀，相为疑忌。先人孝友之风坠，则家必不长。天下人无限，逆者顺者，且付之无可如何，而徒于兄弟一言不平，一色不令，必藏之宿之乎？试俯首思之。”

对王夫之来说，两个儿子，手心是肉，手背也是肉，都是内心疼惜不已的孩子。两人个性迥异，正好相辅相成，而不是相互排斥。如果两兄弟因为一时之气而相互猜疑，水火不容，那绝不是王家家风所提倡的，也不是王夫之所希望看见的，因为这样的话“家必不长”。在王夫之的教育之下，王攽和王敔终于打开心结，兄弟俩握手言好，后来也各有所成。

给子侄们的信件中，王夫之也反复叮嘱家人之间千万不可心存嫉妒，更不可手足相残：“天下甚大，天下人甚多，富似我者，贫似我者，强似我者，弱似我者，千千万万，尚然弱者不可妒忌强者，强者不可欺凌弱者，何况自己骨肉！……不能于千人万人中出头出色，只寻著自家骨肉中相凌相忌，只便是不成人。戒之，戒之！”

这些苦口婆心，不仅仅对王家后辈在处理家里这本“难念的经”时，给出了处方，实际上，也是许多和睦家庭都应该遵循的为人处世之道。即便是三百多年后的今天，仍然言不过时、大有裨益。

三、添香的红袖，不灭的灯光

1. 婚姻是缘，知足有福

王夫之非常重视婚姻，他认为，婚姻是人伦关系的根本：“婚姻，人道之大者也。”夫妻俩只要相亲相爱、互敬互重，那么就可以白头偕老，共度一生。德为夫妻之义，良好的婚姻，需要“年齿必当”“才质必堪”。

在这里，“年齿必当”是指夫妻二人年龄相当，而“才质必堪”则包括“才”和“质”两个方面，才为“耳聪、目明、言从、动善、心睿”，是指双方彼此的怜惜懂得、知冷知热，质则主要是指人的道德品质。

王夫之曾道：“乃其为质也，均为人之质也，则既异乎草木之质、犬羊之质矣。”这是王夫之的婚姻观和家庭观。

也就是说，两个人的三观要一致，三观一致才是灵魂伴侣，才是最佳CP（英文单词，Couple的缩写，夫妻的意思。下同）。王夫之的这番论述可以说是直击婚姻之道的本质，对当下年轻人的择偶不无启迪意义。

在明末清初那样的社会环境下，婚姻其实是“父母之命，媒妁之言”，不能选择自由恋爱，因此，对于王夫之来说，他的婚姻是先婚后恋，他的父母也是如此。

王夫之的父母在婚姻方面给他作出了非常好的表率。王朝聘元配綦夫人，是宁远教谕綦公文佳的女儿，两人育有一子，可惜三岁时便夭折了，綦夫人伤心之下，亦于万历甲午年（1594）去世。后来王朝聘续娶了谭夫人，谭夫人即王夫之三兄弟的生母，为人温柔重情，待人也很真诚，与王朝聘的感情非常融洽。

王夫之曾经在《薑斋文集》中回忆自己父母的恩爱之情。王家祖上虽然是殷实人家，但传到了父亲王朝聘手上，只有几亩薄田，家徒四壁，而他又宦游四方，进京读书，家中开销很大，家庭的重担几乎都压在了母亲谭夫人身上。而谭夫人为了支持丈夫，便忍痛卖掉自己的首饰和衣物，并且精打细算，筹集钱财，以帮助他进京求学，实现理想。

谭夫人是理家的一把好手。王夫之三兄弟的书卷衣物、人情往来，以及娶妻生子这些开支费用，都是谭夫人辛勤操劳和精打细算所节余出来的。但谭夫人又绝不吝啬贪财，只要家中有剩余的钱物，谭夫人都会分给更为贫困潦倒的亲戚朋友，囊中从不留余钱，并说："奈何以有用置无用之地耶？"意思是，为什么把有用的东西搁置起来不让它发挥效用呢。谭夫人性格温和淡然，即使在晚年遭遇丧乱，也能布衣粗食，"欣然茹素"。

谭夫人还告诫儿子，存钱或者买田，并非儒者之风，钱财往往是招祸之源。因此王夫之兄弟也视金钱如粪土，颇有仗义疏财之风。王夫之后来更是慷慨解囊，把全部积蓄都拿了出来，用以起义抗清。

与王夫之交好的别峰庵长老曾在讲经时说道："天下无和峤之弊者，惟船山一汉。"和峤是西晋大臣，以吝啬著称。无和峤之弊者，自然指的是不贪财的人。别峰庵长老认为，王夫之就是这样难得的视钱财为无物的人。

其实，当时社会风气败坏，拜金主义严重。明末学者朱载堉曾在《山坡羊·钱是好汉》中写道："世间人睁眼观见，论英雄钱是好汉。有了它诸般趁意，没了它寸步也难。拐子有钱，走歪步合款。哑巴有钱，打手势好看。"朱的文章辛辣讽刺当时社会的贪财之风。而王夫之卓然傲立，成为滚滚浊流之中的一股清流。可谓难得和可贵。

谭夫人也是深受儒家思想熏陶、不慕富贵之人，王朝聘和谭夫人伉俪情深，白头偕老，还在于他们在精神上的高度契合。用现在的话说，两人三观极合。因此，他们看似平淡的爱情却经得起长久的岁月之考验。

只要两个人精神契合，即使是在“柴米油盐酱醋茶”的日常琐碎之中，爱情也不会消解或者消亡，而是拥有了持久的生命力。其中的关键是感恩，奉献，知足。

谭夫人特别勤劳，总是闲也闲不住，即使是到了老年依然忙碌如昔。王朝聘年纪大了，患有痰疾，病势转重，谭夫人便亲自煮药调食，悉心照料丈夫，不会把这件事委派给儿媳或者僮婢来做。

有一次，王朝聘病重之时，谭夫人也已经生病，羸弱不堪，但依然如平常一样强撑着病体，起早贪黑地照顾丈夫，任劳任怨。

正是因为谭夫人对丈夫不离不弃，细致体贴地关怀着他的饮食起居，无论王朝聘做了什么决定，都坚定地支持他跟随他，才使得王朝聘能够全心全意投入到教育和学术之中。

顺治四年（1647），王朝聘去世。彼时战乱，清朝入关，百姓流离失所，他也死于忧愤之中。

临终时，王朝聘嘱咐儿子，誓不降清，且要求其遗体不得过城市，避免“与腥膻相涉”。清顺治六年（1649），王夫之与友人起义抗清失败后，谭夫人尊崇王朝聘的遗志，鼓励王夫之赴肇庆投奔南明永历政权继续抗清。

谭夫人临终前，也嘱咐儿子说：“归葬先君子岳阡之右，远离城市秽土，协先君子清泉白石之志。”

意思是要儿子把自己葬在王朝聘墓旁，远离清政府已经占领的城市，以自己的追随协助成全他的清白之志。在民族大义面前，谭夫人也始终与丈夫并肩站在一起，爱惜并维护他的心志理想，二人凛凛风骨，至死不变，让人肃然起敬。

可见，在一个家庭之中，女性看似弱小实则强大，她以自身的柔情暖意全力托起了家的一方晴空。王夫之的母亲谭夫人，就是一个很好的例子。对于母亲对父亲的全力支持与默默付出，王夫之十分赞赏和感激。

婚姻是缘，知足有福。在父母身上，王夫之看到了最好的幸福，那就是两个人彼此的感恩与珍惜，是尔侬我侬、两情相悦的精神契合，是无怨无悔、不计回报的甘心付出。他也因此认为，夫妻相处之道即是互敬互爱，相互依恋。他的爱情与婚姻模式也与父亲很是相似：精神契合，相互尊重，患难与共，相濡以沫。

2. 春风十里，不如有你

王夫之一生之中先后娶了三个妻子，陶夫人、郑夫人和张夫人。王夫之与三任妻子关系都处理得非常融洽，他们之间并没有轰轰烈烈、荡气回肠的偶像剧情节，有的只是平平淡淡、温馨自然的相知相守。

婚姻之中，王夫之并不把妻子看作自己的附庸。在他眼里，妻子是他的爱人、伙伴以及知己，他们的灵魂可以平等对话，相互怜惜又懂得，也彼此知冷知热。这在当时那个年代，有这样思想的人并不多。王夫之很早就有男女平等的思想萌芽。在实际生活中，他也十分尊重女性。这一点尤其难得。

崇祯十年（1637），王夫之十九岁时，娶同县陶万梧处士之女，十六岁的陶氏夫人。陶万梧为同里首富，陶夫人实是一名秀丽端庄、娇生惯养的“白富美”，追求者一定少不了，王夫之为何能秒杀所有的追求者，而独得到陶夫人的青睐呢？是外貌吗？当然不是。典籍上没有记载王夫之年轻时相貌如何，以王夫之的个性，也不会在意自己的外貌是否英俊，这桩婚姻的促成更多的是陶夫人的父亲陶万梧看中了王家的家规家风，更看中了王夫之的才气与人品，便把美貌贤淑的女儿嫁给了他。

可见，爱情和婚姻并不是看脸，才华才是硬道理。当下耽迷于“外貌协会”的年轻人很多，其实，再美的脸孔，也经不起时间的磨损。而才华恰恰需要时间的打磨，而且越打磨，越光亮。

小夫妻年少相知，情意深厚。陶夫人虽然出身富家，但是为人善良贤淑，从未有过嫌贫爱富之心，而是体贴丈夫，孝顺公婆，勤俭持家，安贫乐道地忙于柴米油盐酱醋茶的日常生活，将小家庭经营得井井有条、其乐融融。虽然没有富足的物质生活，但因为两个人无限温存的相依相守，夫妻同心，让平凡的日子也在尘埃中开出花来了。

王夫之读书勤奋，一直要读到深夜，依然手不释卷。陶夫人便默默陪伴，或与他剪烛送茶，或坐在他身边静做女红。两人偶尔抬头，目光相碰，便相视一笑，温馨无限。

有一次，王夫之读书累了，便走到庭院之中放松闲步，见夜空上月影偏西，星光闪烁，而厨房里依然亮着光。他走近了一看，原来是勤劳体贴的陶夫人依然默默在灶下忙碌，不由得心生暖意，遂生出“得妻如此，夫复何求”之感。

还有一次，王夫之读书读到晚了，竟然忘记了睡觉，通宵达旦，彻夜不眠，直到听到鸡鸣之声，他才揉揉困倦的眼睛，抬头望向窗外，方知东方渐白，天已拂晓。而陶夫人虽然疲累不已，但丈夫不睡下，也就一直强撑着陪着他不睡，让他大为感动。

王夫之喜欢买书藏书，但家中贫寒，并无太多余钱买书，有时也免不了囊中羞涩，望书兴叹。陶夫人看在眼里，疼在心里。为了支持丈夫买书，陶夫人不惜典当了自己的首饰。

女子本来就爱美，陶夫人又出身于富贵人家，首饰都是精致贵重，是她心中钟爱之物，但是为了丈夫的精神食粮，陶氏忍痛割爱，以首饰换得买书之资。只要丈夫看到新书的展颜一笑，她也便跟着心生欢喜。

王夫之是一位体恤妻子的好丈夫、一枚十足的暖男。对于陶夫人的付出，他一点一滴都记在心中，从来不曾遗忘。他也从来不疾言厉色对陶夫人说话，总是温言以对，对妻子的辛劳十分心疼。虽然他从不像现代人一样将“爱”字挂到嘴边，但他以自己的实际行动表达着对妻子的爱与感恩，并把他记忆中的闪光细节写进诗里，以作为对陶夫人的纪念。

清顺治四年（1647）十一月初四，陶夫人因父母兄弟都在战乱中亡故，过于悲痛，一病不起，不久便去世了，年仅二十五岁，后葬于王衙山。

两人少年便结发为夫妻，岂知只共同生活了仅仅九年，陶夫人便离王夫之而去。王夫之为陶夫人之死悲痛不已，作《陶孺人像赞》，并请刘明遇为陶夫人作墓志铭，铭云：“陶孺人产衡阳千亩侯，赀累巨玩，作合于青灯布缕之孝廉，而不挟富以骄其夫家。家常则膏沐盥漱，闻鸡戒旦；乱则抱形负影，生死相怜，女中之有须眉气，有铁石心者也。”字里行间流淌着王夫之的深情厚谊。

在后来的岁月中，王夫之常常都会怀念起陶夫人，思念那个在“千亩侯”的富贵之家娇生惯养，然而一嫁过来便洗尽铅华、洗手作羹汤的贤惠女子。即使是在陶夫人死去十年之后，王夫之想起早逝的结发妻子，依然悲不自胜，作下《悼亡四首》，以抒发对妻子的思念与不舍，前两首为：

十年前此晓霜天，惊破晨钟梦亦仙。一断藕丝无续处，寒风落叶洒新阡。

读书帷底夜闻鸡，茶灶松声月影西。闲福易销成旧憾，单衾愁绝晓禽啼。

第一首诗中，王夫之先是回忆十年前，也是在这么一个霜天拂晓，妻子陶夫人撒手人寰，她的去世带给自己无限的悲伤与震惊。人说藕断丝连，可是与妻子的深情却再难延续了。她长眠于地下，如今寒风吹拂，落叶洒满了新修葺的坟墓。

第二首诗里，王夫之感念起妻子点点滴滴的好，感怀起她的陪伴与照顾。他叹当时并不知道自己是最有福之人，而如今只能感叹彩云易散，闲福易销，无限遗憾。自己独守空床，悲伤欲绝，就这样眼睁睁地思念着妻子，一夜无眠，直到清晨鸡鸣。

他还在诗中称自己是“残帏断帐空留得，四海无家一腐儒”，残帏断帐，四望凄然，茫茫人世间仿佛只有他一人茕茕独立。如此伤心之语，可见他对妻子用情之深。无情未必真豪杰，怜子如何不丈夫。王夫之对妻子的深情缱绻，使得他这样一位以理性严谨、刚烈耿直著称的大哲学家、大思想家显得更加有温度。

3. 灵魂伴侣，最佳CP

清顺治七年（1650）二月，王夫之继娶襄阳郑仪珂之女郑夫人为妻，这时王夫之已经三十二岁。人到中年，又再续弦，王夫之对这段婚姻加倍珍惜。他并没有因为与陶夫人情深意笃而把上次婚姻的影子带到这次婚姻上来，更没有把陶夫人和郑夫人大作比较、处处挑剔，或是把郑夫人当作陶夫人的替代品、聊作安慰，而是对郑夫人更加体贴和尊重，不给她造成任何心理负担或者压力，且更为珍惜与她相处的点点滴滴。

郑夫人知书达理，性格温柔，又善解人意。她如陶夫人一般勤俭持家，将柴米油盐酱醋茶的家庭琐事打理得井井有条，对王夫之嘘寒问暖、知冷知热。

但和小家碧玉的陶夫人不同的是，郑夫人更加精通文墨，且见识过人，她知道王夫之并非寻常人物，深深理解丈夫的爱国情怀，对他的理想和抱负都非常支持，从而被王夫之引为志同道合的人生伴侣与灵魂知己。

在相依相伴的岁月里，为了抗清复明的事业，郑夫人义无反顾地陪着王夫之一起出生入死、历尽艰辛。顺治七年（1650）冬，王夫之无法追随永历帝南行，一度被幽困广西永福水砦中，夫妻俩一起绝食了整整四天。后夫妻俩商量返家，又遇到大雨倾盆，大雨整整持续了六十日，无路可走。二人甚至做好了一同赴死殉国的打算。

王夫之于是口诵记录故国之思的诗给妻子听，两人流着泪相互勉励。后来王夫之在《哀雨四诗》和《续哀雨四诗》中记录了这件事。诗序中写道：“庚寅冬，余作桂山哀雨四诗，其时幽困永福水砦，不得南奔，卧而绝食者四日。亡室乃与予谋间道归楚，顾自桂城溃陷淫雨六十日，不能取道，已旦夕作同死计矣。因苦吟以将南枝之恋，诵示亡室，破涕相勉。”这里“亡室”指的就是郑夫人。

在《续哀雨四诗》中，王夫之也曾写道：“寒烟扑地湿云飞，犹记余生雪窖归。泥浊水深天险道，北罗南网地危机。”写的也是这次与郑夫人一同返乡时所面对的困境。

但无论日子有多么困难，郑夫人始终无怨无悔，坚定地站在丈夫身边，做他生活上乃至精神上最有力的支撑。无论生活多么艰辛，她对他始终不离不弃，而他对她则是充满爱与感激，他们用爱情把艰苦的岁月过成了闪亮的日子。

王夫之的儿子王敔曾回忆自己的母亲郑夫人：“通文辞而不拈笔墨，体孱弱而躬亲釜臼，播迁与先子以节义共矢，栖迟与先子以薇蕨共甘。”在儿子笔下，郑夫人亦能诗文，但因为忙碌，自己却从不拈笔墨，心甘情愿为王夫之，为这个家庭奉献与付出。她身体孱弱，却亲自操持家务，不假手于人，事事做得细致熨帖。她与王夫之一起颠沛流离，一起避世隐居，一起誓守节义，在山野间同采薇蕨为食。日子过得再苦，她也举重若轻、甘之如饴。

清顺治十八年（1661）六月，郑夫人病卒，年仅二十九岁。

而王夫之彼时四十三岁，他们相知相伴竟然也只有十一年的时光。悲恸之下，王夫之于泪光中放眼望去，天地间仿佛全部失掉了颜色，只见一片灰暗，只有枯枝败叶。

于是，王夫之在山野之间，又搭建了一个草舍，取名叫作“败叶庐”。一半是纪念郑夫人，一半是表达郑夫人在他心目中的分量。没有郑夫人的日子，他眼前的一切，都是枯枝“败叶”，这是何等的深情。

不仅如此，郑夫人去世之后，王夫之一共写了十四首诗来悼念她，其情真意切处，令人哽咽，不忍多读。他还在《来时路·悼亡》之一中叹道：“来时苦大难，寒雨飞瀼瀼。今者复何日，秋原称叶黄。”失去妻子之后，他心中的悲伤，便如这淅沥寒雨，飘飞黄叶。

多年之后，他依然会为她的逝去而悲伤，认为她是他生命中难得的知音，写下“一万五千三百三，愁丝日日缠春蚕。天涯地窟知音绝，新剪牛衣对雨谈”。日日思念，未尝消减，然而知音已逝，再难得到。

王夫之悼念郑夫人的词中，除了深切的相思之意，也融入了苍凉的家国情怀。如《扫地花·忆旧》：“微霜碾玉，记日射檐光，小窗初透，夜寒深否？问素罗新裁，熨须铜斗。闲揽书帷，笑指砚冰，蹙皱香篝。有黄熟篆销，芳膏结纽。

自惹闲愁后，对莲岳云压，苔潭珠溅，炉烟孤瘦。叹渺渺京华，不堪回首。碧海人归，雄剑谁怜孤吼！空凝望，绕湘流，暮云荒岫。”

这首词之上阕，写的是与郑夫人一同生活时的温馨片段，点点滴滴，宛若就在眼前，词之下阕则是抒发家国之思，故土之恋，悲怆豪迈，令人深思感叹。

众所周知，封建社会的伦理观念认为“男尊女卑”“夫为妻纲”，要求女性遵循“三从四德”，使得她们完全失去自我，沦为男性社会的附属物。在这种不平等的关系中，夫妻二人难有爱情可言。而王夫之并非大男子主义者，他对妻子既敬且爱，重情重义，平日生活里举案齐眉、恩爱有加，在诗词中更是细致而温情地刻画出妻子作为中国传统女性贤淑坚韧、知书达理之美，并为此发出由衷的赞美之声。

在那个时代，王夫之对妻子的这种尊重和爱护对家庭中的女性来说非常重要和难得。

建设好家庭才能成就“第一所学校”。王夫之认为，家教家风靠夫妻共同扶持，只要夫妻同心，和睦共处，便可情投意合，心心相印，则虽然贫穷却可甘之如饴。

爱是一道光，可照亮彼此的灵魂，温暖各自的心境。

王夫之在《寄弟侄书》中也曾写道：“和睦之道，勿以言语之失，礼节之失，心生芥蒂，如有不是，何妨面责，慎勿藏之于心，以积怨恨。”对于与人相处之道，他认为就是如果内心深处生出意见或者不满的话，必须随时沟通，及时理解并消除误会，不能一味藏在心中以生芥蒂或积怨恨。

夫妻相处之道也无外乎此。

儒家文化历来重视家庭问题：“欲治其国者，先齐其家。”

一直有“修身、齐家、治国、平天下”之说。《礼记·大学》中道：“古之欲明明德于天下者，先治其国；欲治其国者，先齐其家；欲齐其家者，先修其身；欲修其身者，先正其心；欲正其心者，先诚其意；欲诚其意者，先致其知，致知在格物。物格而后知至，知至而后意诚，意诚而后心正，心正而后身修，身修而后家齐，家齐而后国治，国治而后天下平。”

这段大家常引用的话，说的就是古代想在天下弘扬光明正大之品德的人，就要先治理整个国家；想要治理整个国家的人，就先要管理好整个家族；想要管理好整个家族的人，先要修养自身；想要修养自身的人，先要端正自己的品性；想要端正自己品性的人，先要使自己意念真诚；想要使自己意念真诚的人，先要达到让自己认识明确；想要让自己认识明确的方法就在于探究事物的原理，通过对万物万事的研究，才能获得知识；获得知识后，意念才能真诚；意念真诚后，品性才能端正；品性端正后，才能修养自身；自身修养后，才能管理好家族；家族管理好了，才能治理好国家；治理好国家后，天下才能太平。

身处朝代更迭的乱世，王夫之把齐家与治国、忠孝与爱国紧密联系，秉承“清风有意难留我，明月无心自照人”之志，一生忠于故国，并道：“齐家之教，要于老老、长长、恤孤，而可推此以教国矣”，即“正己齐家而忧社稷”。

正是家庭关系的融洽以及妻子的理解与支持，使得王夫之能够得以安心埋头于他的学术与创作，在云谲波诡的乱世之中依然写下体量庞大的著述，最终成为一代大儒。

第二章

青春的颜色，叫奋斗！

青春是一生中最宝贵的时光，如初生之日光、乍绽之小荷，

充满了新鲜、活力以及无限可能。

如此美好的青春，应该怎样度过呢？

王夫之给出的答案，也是绝不做佛系青年，

一定要奋斗！奋斗！再奋斗！

青春是人一生中最宝贵的时光，如初生之日光、乍绽之小荷，充满了新鲜、活力以及无限可能。如此美好的青春，它的意义在哪里？应该怎样度过才会变得更有意义呢？

马克思曾说："青春的光辉，理想的钥匙，生命的意义，乃至人类的生存、发展全包含在这两个字之中，奋斗！只有奋斗，才能治愈过去的创伤；只有奋斗，才是我们民族的希望和光明所在。"

王夫之给出的答案，也是绝不做佛系青年，一定要奋斗！奋斗！再奋斗！他马不停蹄地读书、思考、前行，须臾不肯虚度年华浪费光阴。

一、学霸进化史：从诗词歌赋到天地雄心

1. 练好内功，打好基础

王家以儒学传家，家学渊源，一门风雅。父亲王朝聘精研儒学，曾入国子监攻读；二叔王廷聘既醉心儒学，更雅好老庄，诗文尤其出色。王家子弟也大多承习诗书，琴棋书画无一不精。

王夫之小时候，曾在父亲王朝聘的书柜之中，见到了曾祖父王雍的试论手稿。王雍为人纯懿宽厚，推重伦辈，从小便醉心儒学，埋头苦读，他曾下过一番苦功深入钻研儒家经典，还写过一系列儒学研究的文论。

王雍参加过明穆宗隆庆四年（1570）的乡试，但没有考中，于是回家乡做了衡州州学的训导，又做了江西南城的教谕，以儒学教导子弟，成了一名出色的教育官员，并"以文名著南楚"，

在湘南一带颇具文名。

王夫之看到手稿之后，便拣起来饶有兴趣地读着，一读就深深入迷了。长大之后，他已经忘记上面写的具体内容是什么了，只隐约记得文章“清健朴亮”，其中有“论留侯用四皓争太子，非大臣礼”之句，从中可见曾祖父的文章给他留下的深刻记忆。

这里的留侯指的是张良。张良是汉高祖刘邦的谋臣，汉朝的开国元勋之一，被封为留侯。汉朝初年，汉高祖想废掉吕后的儿子刘盈的太子之位，改立戚夫人的儿子如意为太子。吕后情急之下，求助于张良，张良于是便出了个主意，让吕后请出当时最著名的贤人隐士商山四皓出来辅佐太子。

果然，刘邦见到太子身边的商山四皓，认为太子羽翼已成，就打消了改立太子的念头。王雍对此发表评论，认为张良利用商山四皓来帮助刘盈对抗刘邦改立太子，有违大臣之礼，不符儒家之道。

王夫之对曾祖父留下的这个帖子深感赞同，甚至想“跟帖”“顶帖”，为他打call，并以为曾祖父的这个判断可以补充宋代朱熹《资治通鉴纲目》的不足。虽然王夫之出世时王雍已经不在人世，但是他所遗留下来的手稿却对王夫之有着重大影响，使得他对儒学、对历史的兴趣更为浓郁。

王夫之本就天资颖悟，在父亲和兄长的悉心教育下，从小就接受了严格的正统儒学教育，手不释卷，勤于思考，十分好学。因此，他的学业非常出色，很快就在学霸成长之路上“小荷才露尖尖角”，成为了名副其实的“别人家的孩子”。他七岁时便读毕十三经；十岁时便得父亲教授经书经义，阅经义亦数万首；十四岁时中了秀才；十六岁应试，取得衡郡一等第一名；二十四岁登湖广壬午科《春秋》第一……

这样坚持不懈地努力学习，到了青年时代，王夫之已经是妥妥的真学霸一枚了。当然到了中老年时代，王夫之就是当之无愧的顶尖学者，可以说是领一代风骚的学术大咖了，其著作引得后世无数人点赞并折腰。

明天启二年（1622），四岁的王夫之开始跟随长兄王介之入塾问学，学习十三经。十三经指的是儒家的十三部经书，即《易》《书》《诗》《周礼》《仪礼》《礼记》《春秋左传》《春秋公羊传》《春秋穀梁传》《论语》《孝经》《尔雅》《孟子》。这些经书内蕴哲理，博大精深，是儒家思想文化的源头与主干。

年幼的王夫之虽然还并不能完全懂得经书深意，但随着王介之诵之不绝、用心记忆。三年过后，还是七龄孩童的他便已初步通读并牢牢记诵了十三经，为后来的儒学研究打下了坚实的基础。

王夫之也因此深刻认识到启蒙教育的重要性，他后来提出：“人之初生，不食则死；人之幼稚，不学则愚。”这句话的意思是说，人初生之时，不吃任何东西，肯定就死了，而人童稚之时，不做任何学习，头脑肯定就愚钝了，因此一定要重视启蒙教育，养成良好的学习习惯，有利于开发智力。王夫之后来读书时“一目十行俱下，一字不遗，过目成诵”，以至于胸有丘壑，下笔万言，应该是得益于他幼年时期成功的启蒙教育。可见，启蒙教育对于一个人心智开发的重要性。

那一年，父亲王朝聘从京城太学南归时，王夫之才九岁。王朝聘回家之后，便亲自指导儿子的学习，王夫之于是跟着父亲遍读经书经义及大量古代哲学和史学典籍。跟着兄长这位小大人一样的小老师学习时，王夫之以大量的阅读与背诵为主，而跟着父亲这位饱学宿儒学习时，王夫之则是细致研读并理解了儒家经典的精要精义。王夫之如果有迷惑不解之处，父亲略一点拨，他便豁然开朗。

于是，王夫之脚踩风火轮，一日千里，进步比之前更为显著，可以说是光芒初绽，想低调都难。

王夫之成年之后，写下了一系列经学阐释类著作，包括对《周易》《尚书》《诗经》《礼记》《春秋》以及四书等的经典阐述，不得不说是依赖于少年从父读书时所打下的深厚经学经义之基础。

2. 海纳百川，兼容并包

王朝聘所教授王夫之的学习范畴，可不仅仅只是儒家经典。王朝聘少年时从本乡大儒伍定相学习，不仅研究儒学，只要是有益民生的实学如天文、地理、人官、物曲、兵农、水利之书无所不读，广泛涉猎各类书籍，他胸中所储备的知识，夸张一点说，是渊博如海，为平常人所难及，是伍定相所有学生之中最为突出者。

更难能可贵的是，王朝聘并非泛泛而读，而是深研典籍，“究极天性物理”，且“斟酌古今，务发抒心得之实”，立足于古为今用，求真求实，并且注重实践，“以真知实践为学”。因此王夫之随父读书，并不仅仅局限于科考应举的功利性阅读，阅读视野相当广泛且深入。

“立身以立学为先，立学以读书为本”，王夫之的家可以算得上一座私人图书馆。父亲本来就是藏书达人，而他长大之后更是嗜书如命，书籍是这个家中最宝贵的财富。

宋代文学家苏轼曾道：“孔子圣人，其学必始于观书。”连孔子的学习也是始于阅读，王夫之自然也是如此，他一头扎进书堆，不断“观书”，仔细阅读，潜心学习，孜孜不倦地埋头汲取着各种知识，日积月累，沉淀了非常深厚的文化素养，终于成为一名“才如大海”的青年学霸。

除了在家中手不释卷、读遍了所有父亲的藏书之外，王夫之还经常来到同窗好友的家中，读遍好友家中的书籍。他年龄小，精力足，注意力极为集中，之前又养成了良好的学习习惯，因此看书的速度也是相当迅速，一目十行，过目不忘，其记忆速度与能力堪称是一个“移动人形数据库”。

王夫之受父亲读书方式的教育和启发，他读书也并不是浮光掠影、囫囵吞枣地贪多贪快，而是每次读完之后，总会详加品悟、反复思考，像老牛食草一般将所读到的文字细细反刍，直到将书中内容融会贯通，真正化为自己思想的一部分，方才觉得自己是真正读进去了。

后来，王夫之在《四书训义》之中，便提出“学非有碍于思，而学愈博则思愈远；思正有功于学，而思之困则学必勤”。学习并不妨碍思考，学问越是渊博，思考问题就越发深远；正确的思考对于学习很有功效，而思考遇到困惑则会促使学习更加勤奋。其实关于“学”与“思”在先秦时期便已经是一对相辅相成的概念，《论语》就曾道：“学而不思则罔，思而不学则殆”，王夫之身体力行，将它们之间的联系阐述得更为细致。

王夫之对书本知识是批判性地汲取书中的精华，从不迷信书本，认为“尽信书不如无书”，读书时有自己独立的见解与深入的分析，甚至大开脑洞，而不是大包大揽、全盘接受。比如，在读史书的时候，读到三国时期蜀汉丞相诸葛亮北伐之事，他就认为，诸葛亮北伐存在战略上的方向错误，魏延从子午谷取长安才有可行性。

诸葛亮是历史上著名的军事家、政治家，更是在民间传说中已经神化了的人物，但王夫之并不对书本顶礼膜拜，也绝不戴上粉丝滤镜对已被神化的人物所发的帖子一味跟帖跪舔，而是保持着自己独到而深入的思考。后来，他在史学方面也著述颇丰，著下《读通鉴论》《宋论》《永历实录》等书，成为史学大家。

在哲学思想上，王夫之也深受父亲影响。在伍定相之后，父亲王朝聘又得遇名师，拜于江西邹德溥门下，邹德溥为邹守益之孙，而邹守益又是王阳明的学生。王阳明是明代著名的思想家、文学家、哲学家、军事家，他的成就冠绝有明一代，其学说思想被称为王学（阳明学），是明代影响最大的哲学思想。

因此，王朝聘年轻时也曾受到阳明理学的熏陶。邹守益先宗程朱理学，后师事王阳明，故学主折衷，兢兢于“戒惧慎独”。王朝聘受到启迪，对王阳明学说的流弊有所反省，于是就把自家的书房题名为“武夷”。因为朱熹曾在武夷山下长期讲学，所以王朝聘题名“武夷”意思是说明自己就是以朱子理学为宗旨，“以真知实践为学”，注重“存诚慎独”。也因为这个题名，王朝聘被尊称为“武夷先生”，并以此为荣。

王夫之兼容并包地吸收了父亲这些哲学思想的精华，再结合于岳麓书院求学时之所学，总结性地提出了一套超越前人、自成体系的哲学思想。在他博大精深的整个思想体系之中，占据最大分量的就是在经学、理学等方面。学者余英时曾道：“王夫之无论在经学或者理学方面都是最博大、最精深的学人，经学是他的根本，所以他自诩为‘六经责我开生面’。”

《诗经》是我国古代诗歌的开端之作，最早的一部诗歌总集。王朝聘对《诗经》研究颇有心得，王夫之受父亲影响，对《诗经》的研究也十分深入，撰有《诗经稗疏》《诗广传》《诗译》等直接研究《诗经》的著作。

同时，王夫之对历代诗人诗作都有自己精辟的见解，撰有《古诗评选》《唐诗评选》《明诗评选》《夕堂永日绪论》等一系列诗学著作。他本人原是诗人，写了不少诗作，因而在诗歌阐释上很有自己的创见，而不同于一些学究型的“迂腐子”，只知道拼凑和剪抄，化而为己，偷而称王。王夫之对这样的“学术大咖”是不屑一顾的。

王朝聘还醉心研究《春秋》，并形成了自己独有的历史观、政治观、伦理观。但因为春秋学较为精深，他没有在王夫之小时候便将春秋学的精义传授给他。清顺治三年（1646），王夫之二十八岁时，王朝聘已经年近八十。他感到自己大限将至，于是把自己对《春秋》研读的心得体会毫无保留地传给了王夫之，并殷殷嘱咐王夫之撰写《春秋家说》一书。

第二年，王朝聘便去世了。王夫之牢记父亲教诲，历时二十二年，锲而不舍，终于完成了这本博大精深的著作，圆满完成了父亲的遗愿。对于《春秋》的精到把握，不仅是王夫之进行经学研究的重要环节，也是他进行历史哲学研究的重要基础。

明崇祯五年（1632），王夫之中了秀才，这时他才十四岁。湖广提学佥事王志坚欣赏王夫之才能，推荐他进入衡州州学。入学后，王夫之年年名列前茅，因成绩特别优秀而备受老师的夸赞。

王夫之埋头苦读，孜孜不倦，仅仅用了两年时间，竟然读遍了州学之中的所有藏书，时人惊叹。明崇祯七年（1634），王夫之被湖广前后两任提学佥事水佳胤、王澄川列为岁试一等的第一名。

3. 诗文词曲，各有风骚

王朝聘虽然能诗文，却不好作诗。偶然作得诗篇，便尽数毁去，不想让它流传于世，怕自己被浮名所累，说到底，王朝聘其实就是不想红，生怕自己火了，不利于潜心治学。或者说，他天生傲骨，看透了浮名，不愿投入当时社会的染缸中。但父亲毕竟是文化学养深厚的名师，在他的指导之下，王夫之很早就开始咏诗作对，通晓文辞。王朝聘知道儿子私下填词咏诗，但儿子没有拿出来，他便装作不知道，所以也就谈不上指点。

因此，王夫之真正学得作诗的技巧还是在擅长诗文的叔父王廷聘那里。在叔父教导之下，他“善诗文，会词曲，论诗多独到见解”。十六岁时，王夫之便正式跟从叔父王廷聘学诗，习得了许多作诗的技巧与方法。王廷聘的浪漫博学和自由洒脱的天性，似乎也更与诗人的本真更接近，也更受王夫之的喜爱。

短短两年时间里，王夫之一头扎进古诗词的汪洋大海之中忘情遨游，如饥似渴地诵读前人诗作，共读下《离骚》《乐府》等历代名家名作不下十万首，其学习的热情和毅力着实令人惊佩。

“熟读唐诗三百首，不会吟诗也会吟”，对诗歌的广泛诵读让王夫之有了一肚子的文墨，他渐渐可以作出比较成熟的诗作，并和二叔进行诗歌唱和。

明崇祯八年（1635），王夫之十七岁时，就曾作诗《中秋里人张灯敬和叔父牧石先生》与叔父王廷聘唱和，其中有诗句“鸾回碧汉临明镜，龙向江天护宝珠”，对仗工整，颇有气势，受到王廷聘的嘉许，认为侄子有如此诗才，将来必成大器。

值得一提的是，王廷聘非常不喜欢“竟陵体”诗，每当看到这类诗句，一定会皱眉说道：“何为作此儿女嚅唲！”原来，

"竟陵体"是晚明钟惺、谭元春所创的一种诗体，以"幽深孤峭"为主要风格特点，文字刻意雕琢，风格艰深隐晦。这种诗风为王廷聘所不取。在明末公安派、竟陵派哀思之音歆动海内、成为当时的"流量担当"时，王廷聘却并未追随潮流，而是独有所好，依然继承弘扬盛唐开元时代的豪迈诗风及天宝年间的苍凉之音，拒绝姝媚淫逸的靡靡之音，喜好深厚昂扬的诗歌作品。

王廷聘在古体诗和近体诗方面都有佳作，王夫之认为叔父的诗歌水平不在明代"复古派"诗人之下。可惜后逢战乱，王廷聘的诗文并没有保存流传下来。

早年，王夫之跟从二叔学会如何作诗以后，因为年轻好奇，他也有着自己的偏好，并不禀承于父亲宗法"王、储"或二叔宗法"黄建""开天"，而是对竟陵派钟惺等诗人诗作表现出相当的兴趣，甚至被流量所影响，学习竟陵诗风，即从"竟陵时响"。他特别同情和理解严酷的"文字狱"条件下所作诗文的前辈们，而这种同情和理解也为日后自己诗作的晦涩难懂打下了基础。或者说，是生活本身教会他如何写作，如何自保，如何以春秋笔法和隐晦的手法把自己的喜怒哀乐真实地表达出来。而他又曾学宋代苏轼、秦观之词风，喜欢作杂体诗词以炫技，从而标新立异，彰显自己的与众不同。

王夫之的这些举动，都让"深不喜竟陵"的叔父很不高兴，并为此训诲王夫之。于是，王夫之后来便放弃竟陵体，转为雅好唐音，崇尚汉魏，以慷慨昂扬之笔，营造一种苍凉辽远之诗境，从而回归到诗学正道上来。

王廷聘虽然受儒家教育，但是却偏好庄子，他的性格也受道家影响，生性洒脱不羁、豪爽旷达，喜欢旅游和交友。到了晚年，王廷聘还在正屋外盖了一间小房子，取名“曳涂居”，作为自己的读书室。“曳”者，漂泊不定，不拘一格也；“涂”者，自由自在，兴之所至也。从这个取名中，可以看出王廷聘的人生态度。王廷聘还在房外做了小亭，挖了一个小池，在池子里注满清水，并在亭旁池边都栽满了鲜花和果蔬，作为自己的世外桃源，很有道家隐士的逍遥情怀。

因此，受父亲和二叔影响的王夫之，既有父亲一心向儒的主流文化心态，又有向往二叔那样优游林泉的潇洒风度。除了醉心儒家学说，他也雅好老庄，对庄子有自己的一番心得体会。后来他在家治学，又曾模仿二叔的“曳涂居”建构一座颇具浪漫主义色彩的草舍“漧涛园”。“漧”者，干爽也；“涛”者，碧浪也，两者合在一起，既有干爽又有碧浪，表达了自己海纳百川的包容态度。

再后来，王夫之更是将在父兄那里积极吸收的儒家美学思想与在叔父那里学到的道家美学思想之精华融会贯通，再融合佛家美学思想，结合诗论、乐论等，形成了一个集儒道释为一体、充满辩证精神的思想体系，成为一代思想大家。

4. 从天才少年到青年学霸

王夫之跟随父兄广泛涉猎儒家经义，又跟随叔父学得满腹诗书以及老庄之学，渐渐形成自己独有的诗学观念与哲学思想，从诗词歌赋到人生哲学，从儒家经义到道家思想，他通通hold（英文单词，控制、掌握的意思）住，可谓“十八般武艺”样样精通。

王夫之认为：“天下之术，皆生于好。”即天下所有的技艺，最初都产生于爱好。兴趣是最好的老师。他也是从小因父兄引导，而对阅读与研学产生了浓厚兴趣的。正因为有了浓厚兴趣，学习才能持久。他读书从不浅尝辄止，而是深入钻研，因视野广泛，他很早便具有了博采众家的思想。对于外来文化的交融，王夫之也表现出开放、开明的态度，积极汲取其中精华。

可以说，不拘一格和兼容并包的治学思路与读书方法对王夫之后来博大精深的思想学术体系之形成，打下了坚实深厚的基础。

在治学态度上，王夫之深受家风学风影响，养成了不求闻达、不慕浮名的学者风范。他认为：“明珠良玉，万年不改其光辉。”正是桃李不言，下自成蹊，那些明珠美玉，虽然静默无语，但是万年之后，它们依然静静流转着熠熠光辉。也只有宁静淡泊，方能潜心治学，诗书传家。

不过，王夫之并不是一开始就养成了良好的读书习惯。幼年时的王夫之虽然天资聪颖、敏慧过人，已经彰显出神童气质，却调皮捣蛋、口无遮拦，让人头痛不已，他后来的文章里也曾说自己“早岁披猖”，“常犯口过”，经常让母亲为此难过，并且受到父亲处罚。但是因为父亲、叔父以及兄长的严格教育，更因为王夫之自己的孜孜以学，读书不止，他终于实现了从天才少年到青年学霸这样一个华丽转身，到了晚年更是成了一个胸藏万卷、笔掀波澜的学者型作家。

读书可以开启智慧，滋养浩然之气。年少的王夫之已经深深明白，是读书改变了自己的一切。他极为珍惜时间，只要有闲暇时间他便全部用在了读书上，每日都静心读书，静心思考。于是，他的心智与精神被书香之气尽情滋养，渐渐有了脱胎换骨之感。他已经不再是当年的那个顽童了。

在这期间，王夫之也暗暗立下了“立德、立功、立言”的志向。这也是儒家为人处世之最高标准，又称“三不朽”，“立德”指遵守道德操守，日日修炼自己；“立功”指上马杀敌，建立事功业绩；而“立言”指下马读书，著书立说，传于后世。

王夫之二十五岁之后，正逢“天崩地解”的朝代更替，他的人生充满了苦难，说起来都是泪，但王夫之却超越了所有的苦难，一生之中，奋勇拼搏，用生命的实践，坚持不懈去追求“三不朽”。

“立德”自不待言，王夫之在良好家风的影响下，从小就是德的践行者；“立功”虽然努力过，却因身逢乱世未能实现；而“立言”则尤其是他隐居之后所孜孜不倦的目标。王夫之后来颠沛流离，历经磨难，最终选择隐居山野，静心著书立说，成为真正著作等身的大学者。

纵观王夫之一生，读书七十年，著书四十载，成书百余种，“码字”八百万，内容涉及哲学、政治、法律、军事、历史、文学、教育、伦理、文字、天文、历算及至佛道等，均独辟蹊径，不落窠臼，除了提出自己的独到见解之外，也修复前人学说之bug（英文单词，漏洞的意思），查重率低到百分之几，创新点比比皆是。他的思想历经四百年沧桑时光，至今仍闪烁着睿智之光。

后人称赞道："先生于学则无所不窥，于道则无所不彻，于义则无所不严，于行则无所不正。故终经百难，志不稍屈；每当饥寒交迫，贫病相煎，富贵相诱，生死当前之际，仍能砥砺节操，巍然卓立于天壤间！"

正因为王夫之深受读书之益，后来他教导子侄辈也要安分和睦、静心读书。王夫之曾以诗体写就一篇《示子侄》，阐述了他"志在学先""学者以正志为本"的教育观念，这篇《示子侄》也被王氏后人视为"家训"："立志之始，在脱习气。习气薰人，不醪而醉。其始无端，其终无谓。袖中挥拳，针尖竞利。狂在须臾，九牛莫制……"

这篇家训开篇即言明立志即树立理想信念的重要性，又指出立志之初需首先摆脱不良习气，要志存高远，追求理想，不要被物欲钱财所累而迷失自己，要养成良好的学习习惯，要具有丰富深邃的精神境界。

王夫之还认为立志是人区别于禽兽的一大标志："人之所以异于禽者。唯志而已矣，不守其志，不充其量，则人何以异于禽哉！"只有脚踏实地多读书，读好书，才能以各种知识来支撑理想信念的实现。王夫之的家训之中，告诫子侄的便是这个道理。

得益于这种教育，王夫之的后代也卓尔不群。王夫之的两个儿子长大后皆成为当地大儒。其长子王攽“与弟齐名，著有《诗经释略》”；次子王敔“学问渊博，操履高洁，时艺尤有盛名”，系“楚南四家”之一，又有“楚南三王”之誉，他主讲石鼓书院，还撰有《船山公行述》，并修《衡阳县志》。

二、以梦为马，指点江山

1. 麓山湘水，少年心事当拿云

明崇祯十年（1637），王夫之与陶夫人成婚。新婚燕尔，总免不了花前月下浓情蜜意，将其他事情暂时抛之脑后，王夫之享受新婚喜悦的同时，却并没有消磨心志。他挥笔作下《新初婚，牧石先生示诗有“日成博议几千行”之句敬和》：“闲心不向锦屏开，日日孤山只弄梅。冷蕊疏枝吟未稳，愧无博议续东莱。”以表示自己的鸿鹄之志。

之前，为了庆祝王夫之新婚之喜，二叔王廷聘写了一首诗送给王夫之，诗中有“日成博议几千行”之句，东莱指的是南宋著名理学家、文学家吕祖谦，博议指的是吕祖谦所著的《春秋左氏传博议》。叔父的意思是希望王夫之能潜心家学，为吕祖谦《春秋左氏传博议》作续。

年轻的王夫之在诗中以隐士林逋自喻，表示自己既有林泉之思，有吟咏之兴，更重要的，也有“续东莱”之志，所以答二叔有“愧无博议续东莱”之句，含有自己将继续向东莱学习的意愿。后来，随着年龄的增长，王夫之对儒学的钻研越来越专注和深入，再加上二十八岁时被父亲授以春秋学精义，在五十岁前后著成《续春秋左氏传博议》，终于实现了早年“续东莱”的志向。

成婚的次年，即明崇祯十一年（1638年），二十岁的王夫之依依不舍地告别了妻子，毅然离开家乡，求学于麓山湘水间的岳麓书院。

岳麓书院是当时湖南的最高学府，位于长沙市湘江西岸的岳麓山东面山下，是中国历史上著名的四大书院之一。北宋宋太祖开宝九年（976），官府捐资兴建了岳麓书院，此后历经各代，都是当时的著名学堂。

早在南宋乾道三年（1167），理学界的两名学术大咖朱熹和张栻就曾在这里进行思想碰撞，就《中庸》展开会讲，历时两个多月。大咖自然有强大的号召力，一时间前来听讲的学子接踵摩肩，时人描绘“一时舆马之众，饮池水立涸”，由此开创出“传道济民”的湖湘气象，后世称这次盛会为“朱张会讲”。

张栻曾主教岳麓书院，特别著有《岳麓书院记》一文。文中指出，办学不是为了群居清谈，不是为了功名利禄，也不是为了缀辑文辞，而是为了培养经世致用的人才，传道济民。

后来，王阳明及其弟子也曾来岳麓书院讲学。王阳明的到来，标志着岳麓书院又一个学术繁荣期的到来。自王阳明讲学之后，又有他的弟子和再传弟子王乔龄、季本、罗洪先、张元汴、邹元标等先后来岳麓书院讲学。

曾经大咖云集的岳麓书院在王夫之心里，无疑是求学的圣地。他第一次离开家乡，来到陌生的长沙，怀着憧憬与喜悦，在绿荫匝地的幽幽书院里徘徊又徘徊，感受着书院里的植物芬芳与书香气息，仿佛耳畔还传来昔日大儒们的讲学之声。

在岳麓书院，王夫之师从山长吴道行。吴道行为学“以朱（熹）张（栻）为宗”，一生以讲学授徒为业，是个学究百家、注重务实的学者。王夫之拜在这样的名师门下，一时间如鱼得水，十分欢喜。

吴道行对弟子绝不藏私，毫无保留地将自己所学倾心传授。王夫之勤奋好学，思路活跃，吴道行对他颇为喜爱，常悉心指点，更以经世致用之学教导王夫之。师生之间常常就一个哲学问题辩论甚久，相谈甚欢。

在书院之中，王夫之尽情沐浴着前代大师的思想之光，如饥似渴地阅读着经史子集，孔孟程朱，也孜孜不倦地捧读着老庄学说，道家经典，一任心灵遨游于天地之中，思想穿梭于儒释道之中，并将各种学说融会贯通。

除了阅读儒道释的各种经典典籍之外，王夫之还热衷于读史书，读注疏，读山川地理，读各种政治经济制度沿革的书。沉浸在学习中的他感受到了极大的精神喜悦，如一尾鱼遨游于哲学之海，如一只鹿徜徉在知识之林，不觉时光流逝，不知今夕何夕。

有时候王夫之也会和学友们一起去打卡岳麓山。站在巍巍岳麓山的山顶，王夫之俯瞰整个长沙城，眼见这壮丽江山，胸中油然而生骄傲自豪之感。“登山则情满于山，观海则意溢于海。”

凝望着辉煌朝阳，他心中又不由得想起了书中哲人那丰富而又博大的精神境界，求知之欲更浓，禁不住低低念诵荀子的《劝学篇》：“吾尝终日而思矣，不如须臾之所学也。吾尝跂而望矣，不如登高之博见也。登高而招，臂非加长也，而见者远；顺风而呼，声非加疾也，而闻者彰……”意思是，独思不如博学，攀附不如登高，逆风不如顺势。这是对生活的深刻洞察，也是深切感悟，对当下年轻人很有启迪意义。

国学大师王国维有个著名论断，他认为读书有三种境界，即“悬思、苦索、顿悟”，并用三句脍炙人口的词句来表述这三种境界。第一境界为“昨夜西风凋碧树。独上高楼，望尽天涯路”，出自北宋晏殊的《蝶恋花》；第二境界为“衣带渐宽终不悔，为伊消得人憔悴”，出自北宋柳永的《蝶恋花》；第三境界为“众里寻他千百度，蓦然回首，那人却在，灯火阑珊处”，出自南宋辛弃疾的《青玉案·元夕》。王国维的三种境界，后人也时时引用，但真正能够做到的少而又少。

王夫之少年时随父亲、叔父、兄长读书，越读越多，越读越深，经历的是前两重境界，也就是读书的“量变”时期；而到了青年时期，他读书已渐渐进入第三重境界，经常有豁然开朗、大见光明之感，实现顿悟的“质变”。

所谓拨云见日，峰回路转，柳暗花明又一村是也。

这大概是王夫之生命之中最好的时光，朝气蓬勃的青春浸润在书卷之中，在不断的阅读与持续的思考之中，王夫之的思想得到了飞扬与超越。他的知识越来越渊博，思想也越来越深刻，尽管才二十岁的年纪，但隐然已是一支“潜力股”“绩优股”，双目璨璨生光，气质沉稳。

从那时起，湖湘学派所强调的经世致用与实事求是的品格，也深深镌刻在了王夫之的性格之中。他关心时政，心忧天下。他后来结社议政，又起义抗清，直至隐居山中，潜心著述，无一不是“经世致用”的精神之体现。

比如，王夫之对历史的探究就源于他的经世致用之思想，他在《读通鉴论》中曾道：“所贵乎史者，述往以为来者师也。为史者纪载徒繁，而经世之大略不著，后人欲得其得失之枢机以效法之无由也，则恶用史为？”明确说明他研究历史的目的就在于“经世”“为来者师”。他在经学上的研究也是“义理可以日新，而训诂必依古说”，而着重点则在“义理日新”之上，其原因是真正的学问要为时代所用，其解读也寄托着他对现实的深刻思考。

湖湘文化的精髓或灵魂就在“敢为人先”和“经世致用”上，王夫之一生都在实践自己的理论主张。

明末，有志学者开始关注具体政治、经济政策制度的搜集和分辨。而王夫之的出现，将经世致用之学推向极致。“胜国以来，船山王氏，以其坚贞刻苦之身，进退宋儒自立宗主，当时阳明学说遍天下，而湘学独奋然自异焉。”王夫之对经世致用精神的发扬对后世特别是湖湘文化产生了深远的影响。

2. 风华正茂，on the way（英文短词，在路上的意思）

因在家里和岳麓书院中都接受了良好的教育，王夫之也形成了自己独有的教育思想。他认为，所谓教育，无非就是教师善教，学生善学，教学相长，教育方能取得良好的效果，但更重要的是学生自己的深入思考与学习能力，也就是“自悟”。王夫之曾道：“故善教者必有善学者，而后其教之益大。教者但能示以所进之善，而进之之功在人之自悟。”勤于学习与善于学习，也是他“青出于蓝而胜于蓝”的关键所在。

王夫之在家之时，父亲、二叔、长兄都是很好的启蒙老师，而他到了岳麓书院，山长吴道行又是一位很善于教育弟子的老师；他本人勤奋好学，积极上进，也是老师们所欣赏的“三好学生”。教学互动形成的良性循环，让年轻的王夫之在这样的氛围中受益匪浅，后来他在自己的著作中还专门为学校教育“点赞”——“学校者，国之教也，士之所步趋而进退也。”

当然，对王夫之来说，到岳麓书院读书，其意义并不仅仅只在于收获知识、开阔眼界，还在于扩大了自己的朋友圈。岳麓书院聚集了一批和王夫之一样醉心学术又有济世救民之心的青年学子。他们有着敏锐的感知、深邃的思想、博雅的学养。

遇到这么一群朝气蓬勃、才华横溢的年轻人，王夫之感到找到了知音，常与他们“聚首论文，相得甚欢”，每次与他们交流，总能碰撞出不同的火花，朋友圈里频繁的相互“点赞”与“留言”互动，让王夫之十分欢喜。他不知道的是，他后来成了岳麓书院明代最杰出的学生，为这一群优秀学子中之最杰出者。

王夫之与这些青年学子的友谊，是志趣相投、性格相近所结下的深厚情谊，绝不是塑料姐妹花似的脆弱与虚伪，也从没有友谊的小船说翻就翻。

有一次，王夫之归家读史之时，听到松声阵阵，见到天碧如海，便想念起同在岳麓书院求学的同乡好友夏汝弼，并作下《夏日读史曳涂居闻松声怀夏叔直先生》一诗以抒发思念之情，其中有句："涟漪碧浪摇云气，环珮天风动月魂。自彻冰壶消暑色，不劳河朔倒芳樽。"青春的浪漫用"风动月魂"来形容，实乃贴切之至！

在岳麓书院，王夫之怀揣着一颗赤子之心，对未来充满无限憧憬与向往。甚至，他还加入了一个名为"行社"的组织。

这里要提及一下当时的社会背景。在明代，文人结社现象比较兴盛，最开始结社以诗社为主。明末时因社会动乱、思想纷扰，因此文人们更是结社成风，结社性质也由诗文结社而演变为政治结社。而当时部分地区经济较为繁荣，交通便利，这也给结社提供了条件。

在江南地区，张溥、陈贞慧等人结"应社"，后来又集合南北各文社，成立了"兴复古学，明学致用"的"复社"，以继承东林书院的传统。当时东林书院的为学目标便是"风声、雨声、读书声，声声入耳；家事、国事、天下事，事事关心"。与王夫之齐名的另两位大儒黄宗羲和顾炎武青年时也都参加过复社的活动。黄宗羲参加过南京的复社大会，顾炎武则是参加过苏州虎丘的复社大会。

王夫之同学之中，有一位名叫邝鹏升的同乡，与王夫之特别要好，他也在和几个同学一起策划筹备成立“行社”。行社旨在聚首论文，躬行实践，一个“行”字，即切于实行之意。

王夫之也参加了行社，说明他不仅注重博学而且希望笃行。但行社的发展渐渐偏离了讲学论政的初衷，成为了一个松散的诗酒聚会之组织，大家喝喝酒，吐吐槽，开始有了负能量，可以说背离了开社的初心。

因此，父亲王朝聘和兄长王介之对王夫之加入行社，是很不高兴的。

明崇祯十二年（1639）秋，王夫之赴武昌参加乡试，再次落第。是年十月，王夫之回到衡阳，与好友郭凤跹、管嗣裘、文之勇等再效仿“复社”，成立了一个“匡社”，意指揣摩制艺、互相匡正，也有匡扶天下、匡扶社稷之意，表现了青年学子对时局的关心关注，“指点江山，激扬文字”。

于是，王夫之的朋友圈又进一步扩容了。

加入匡社这一年，王夫之二十一岁。这些青年时结识的好友，他们胸有大志，怀揣热血，都成为了王夫之一生的知己至交。

后来，清兵攻入衡州，众生起义抗清，起义的领导人都是匡社的发起人。

王夫之在岳麓书院待的时间不长，却对他产生了重大影响。在岳麓书院的这段学习经历，可以说是暖暖内含光，给了他心灵不尽的滋养。

他由此更加重视教育，年老之后还写下《传家十四戒》，谆谆告诫子孙后代“勿荒芜学业”。王夫之从自己的亲身经历中深深体会到了“立身以立学为先，立学以读书为本”的重要性，不仅督促子孙“耕读传家、敦品力学”，而且他还开门办学收徒，对青年学子进行文化熏陶和思想教育，教导他们专注读书，精研学问。

这些都是后来发生的事。从岳麓书院出发，年轻的王夫之又踏上了归途，继续奔波于科考之途。

三、泥泞中的科举，热血中的报国

1. 珍惜“小确幸”（网络用语，微小但确切的幸福与满足的意思。下同），胸怀大抱负

明朝的科举主要分为乡试、会试与殿试三级，乡试三年举行一次，取中者称“举人”，其第一名称为“解元”。会试则在乡试后的第二年春天礼部举行，取中者称“进士”，第一名称“会元”。殿试则由皇帝亲自主持，分“三甲”录取，一甲三名赐进士及第，第一名称“状元”。湖南第一次单独举行乡试是在清雍正二年（1724），此前湖南士子参加乡试，必须赴武昌才能进行。

王夫之关心动荡时局，也重视科举仕途，曾先后四次参加科举考试。明崇祯六年（1633）王夫之与兄长王介之、王参之第一次赴武昌参加乡试。他们乘船从衡阳下湘江，经长沙过洞庭至武昌参加乡试。第一次参加科考，兄弟三人都落第了。

同年夏，王夫之跟从王廷聘读史于环境幽静的书室“曳涂居”，更加潜心学习。读书累了，王夫之便信步走出居所，见

“曳涂居”外百花芳妍，流水生香，只觉神清气爽，疲劳便去了大半。于是他再入书室，埋头书海。

对于这些细微美好的小确幸，王夫之自然是懂得并欣赏的。一些心中只有科举而捧卷苦读之人，读得四季只剩了两季，那就是学习季和考试季，地球不爆炸就绝不放假，王夫之则是在读书之余，也很能体会到四季流转、光阴流逝的微妙美好，并从中悟出诗学之道：“含情而能达，会景而生心，体物而得神。”他后来还提出“师心不如师古，师古不如师天，师天不如师物”，即以自己的心为师不如以古人为师，以古人为师不如以天为师，以天为师不如以万物为师。

当然，除了钟爱关于自然万物的小确幸，凭借感官心智去探究事物的规律之外，王夫之还更具有大胸怀，大志向，期待自己如龙潜海底，只等一个风口，便可高飞空中，腾云驾雾，实现他济世安民的梦想。

明崇祯九年（1636）秋，王夫之与兄长王介之、王参之第二次赴武昌参加乡试，又皆落榜。明崇祯十二年（1639）秋，王夫之与兄长王介之、王参之第三次赴武昌参加乡试，王夫之、王参之再次落榜，只有长兄王介之中副榜。

2019年新学期开始，网上流传一条微信，转发率很高，因为微信内容很诙谐，很有哲理，不妨摘录如下：

考上大学的同学要记得和没考上大学的同学搞好关系，等你们大学毕业了，好去他们公司打工！

考上一本的要经常联系二本的，未来家乡的领导就是他们！

考上二本的同学要跟大专的搞好关系，他们将是你们孩子的老师！

考上大学的也要和没上大学去当兵的同学搞好关系，因为他们将来是交警和城管！

富二代更要和班里漂亮女生搞好关系，因为她很有可能成为你的后妈！

（多么痛的领悟啊！）

再有：

这两份名单上的人你认识多少？

第一份名单：傅以渐、王式丹、毕沅、林召堂、王云锦、刘子壮、陈沆、刘福姚、刘春霖。

第二份名单：曹雪芹、胡雪岩、李渔、顾炎武、金圣叹、黄宗羲、吴敬梓、蒲松龄、洪秀全、袁世凯。

哪份名单上你认识的人多一些？答案揭晓：

前者全是清朝科举状元；

后者全是当时落第秀才。

人生无限！其实真正的考场从来就不在学校，尽管我们都从那里出发！

之所以将这条微信摘录于此，既有讽刺，又有警醒，还有励志。知识分子或社会精英，大都受到良好教育，也大都经历了各种考试。而科举考试，可谓中国的一大发明，无论受到多少诟病，但其中所谓的公平性和教育资源的透明性相对来说，还是有目共睹的。正因为此，历史上不少著名人物，都参加过科举考试，无论成功与否，都在这条独木桥上流过汗，拼过命。

王夫之也不例外。他与科举考试几次过招，几个回合下来，对科举这个玩意儿已经心明如镜。他曾提出：“隋、唐以诗赋取士，文场之赋无一传者。诗唯‘曲终人不见，江上数峰青’一律而已。”

万般皆下品，唯有读书高。这是中国文化传统。历史上那些诗文名家之佳品，多是在科举前后写的，比如唐代白居易、张九龄、李商隐等，都是有名的大诗人，可是谁知道他们考场上写了什么？也许根本就不出彩，所以就没有流传下来。古往今来，考场佳作之中，著名的几乎就只有唐代诗人钱起“曲终人不见，江上数峰青”一句而已。

为何考场之中，难出流传千古的佳作呢，王夫之又发挥他善于思考与总结的优势，解释道：“名利热中，神不清，气不昌，莫能引心气以入理而快出之”，且“法制严酷”，在科举考场，人人为名利而战，不能平心静气地等待灵光乍现，考场作文则拘泥于形式，思维受到限制，不敢随便开脑洞，不能酣畅淋漓地尽情发挥。于是，那考场文字只能用来应试，更成不了千古佳作。

王夫之这个思考结论可以说是相当合理的，对于现在看待应试作文也有相当的启发意义。从另一个角度，也反映出王夫之对文学创作功利性与非功利性的认识，即过于功利性（比方说为了科考）就很难写出好作品来。

正因为对科举考试有正确认识，王夫之并没有因科举考试是入仕的唯一途径就神化和膜拜它，而是通过深入的思考，理性的分析，清醒地理解它，并且意识到它的弊病所在。即使是连续三次受挫落第，他也没有垂头丧气、自怨自艾，对自己的能力产生怀疑，而是痛定思痛，仔细总结原因，并细心揣摩和分析科举考试的考试规律，在家再度进行认真准备，通过各种学习途径来提升自己，屡败屡战，愈战愈勇。

与那些考试一失败就一蹶不振的考生比起来，王夫之真是充满了正能量。事实证明，他离中第的成功目标的确越来越近。

第三次又落第回家之后，王夫之心情十分糟糕，甚至借酒浇愁，也颓废过，在父亲的严厉批评和二叔的开导下，总算恢复过来。他特地为自己建造了一座有庭院的书房，取名“漧涛园”，显示了自己的包容与大度。漧涛园就建在演陂水源头的漧溪边，离叔父王廷聘的书室曳涂居不远。

王夫之素来向往并喜爱曳涂居，因此漧涛园的结构风格也模仿曳涂居，房外种满了碧青茂密的竹子，竹林间杂植各种异香扑鼻的花卉。不难看出，王夫之第三次落第之后，经过一段时间的调整，心态正常起来，依然不改初衷，保持着对生活和生命的热情，他还是那个才华横溢的王夫之，还是那个珍惜小确幸的王夫之，也还是那个胸藏大抱负的王夫之。

漧涛园堪称是一个读书的清静天地，王夫之便在其间潜心读书。这是他所建造的第一个与学术成就有关的读书居所，他在这里挥洒下不少具有少年气息的浪漫主义情怀之诗篇，包括一首《漧涛园初构种竹环小轩杂植花卉盛夏遂已成荫》诗。

后来，在他生命的不同阶段，他还建造有“续梦庵”“败叶庐”“观生居”和“湘西草堂”等。每一个地方，都有一个故事；每一个地方，都有一段辛酸；每一个地方，都是他的生命过程的落脚点和精神世界的庇护所。

明崇祯十三年（1640）春，兄长王介之赴北京国子监。

临别时，王夫之写下一首忧心忡忡的《送伯兄赴北雍》，其中有“北过河济郊，白骨纷战垒。连岁飞阜螽，及春生缘子。盈廷腾谣诼，剜肉补疮痏。痛哭倘上闻，犹足愧唯诺”等诗句。

王夫之认为，北方因遭受战乱，人民伤亡惨重，痛苦不堪，而他们被战乱所蹂躏的同时，又遭遇了严重的虫灾，必定是会有饥荒发生。但是明朝官员们依然不顾民生，向百姓勒索，这无异于把肉割了去补疮疤，社会矛盾将更加激烈。

王夫之希望长兄能将所目睹的惨状哭诉于崇祯帝，使得百姓痛苦能够上达天听。这首诗表现了一位青年学子对社会时局、社稷民生的极度关注，表现出“敢为人先、心忧天下”的湖湘精神。

2. 书生报国，就是择业

明崇祯十三年（1640），东林著名党人高攀龙的侄子高世泰督学湖广。高世泰崇尚理学，是东林学派的精神领袖，所著之书提倡有用之学，以治国平天下为最高宗旨。

这一年，高世泰在衡州的石鼓书院讲学，受到学子们的热烈欢迎。王夫之听完之后，只觉高世泰的话句句都说到自己心中去了，于是便高高兴兴地拿出自己的诗文，请求高世泰的指导。

他满纸激昂又颇见思辨的文字，令高世泰眼前一亮。高世泰读罢，马上就挥笔评论道："衡州有才，直追屈贾。忠肝义胆，情入诗文。微言大义，境高意阔。假以时日，国之栋梁。"这可以说是对王夫之诗文的最高评价。

能得到自己特别崇敬的老师的高度评价，王夫之自然激动万分，感到小宇宙几乎要爆发了。不久，高世泰在衡州主持岁试。王夫之参加了这次考试。高世泰列王夫之为一等，并在考卷上写下评语："忠肝义胆，情见乎词。"

明崇祯十五年（1642），王夫之第四次赴武昌应乡试。因为母亲病重，王参之便留在家中照料母亲，放弃了这次科考的机会，王夫之与长兄王介之一同前往。

途经长沙时，王夫之因诗书满腹、准备充分而胸有成竹、自信满满，见眼前滚滚江水，不由得豪情勃发，挥笔作下《铜官》五律诗一首："湘近波千缬，湖余势一青。自然成气象，终古幻苍冥。影转帆随曲，苍来岸落汀。正余吟兴好，新发洞庭舲。"

果不其然，技能满格的王夫之在第四次应试时成功。这次科举考试的总主持人为欧阳霖，他非常欣赏王夫之对《春秋》的论述，将王夫之《春秋》考卷推荐为第一。再加上其他《诗》《书》《礼》《易》的考试成绩，王夫之中湖广乡试举人第五名，这个排名可以说是相当靠前了。

王夫之的长兄王介之也考中了第四十名，好友夏汝弼、郭凤跹、管嗣裘、李国相、包世美也都中举了。

从这里可以看出，王夫之不仅是个善于学习、擅长学习的

"学霸"，同时也是个善于考试，也擅长考试的"考霸"。

科举考试作为古代的"天下第一考"，其竞争之激烈不言而喻。历史上，考到两鬓斑白的考生并不少见。明末人谈迁在《枣林杂俎》中，就记录了一位名叫董又莘的进士，他从青年时起就备考科举，直到古稀之年才考中进士，七十老翁用尽了洪荒之力，终成新科进士，成为当年的"网红"。

董又莘还不算年龄最大的，据说后来清代道光年间还有一位坚持考了一辈子科举考试的老考生陆云从，终于在他一百零三岁那年考上了贡士，还要继续考进士。道光帝见他精神可嘉年龄又大，于是便赐他国子监司业衔。

王夫之父亲王朝聘过了知天命之年依然奔波在考场，考了八次，也只考中了副榜，长兄王介之年近四十，比他多读了十三年书，也才考中，且名次比王夫之还低了三十五名。

而王夫之不过才二十四岁，便金榜题名，且名列前茅（第五名），是很值得大大点赞的。

科考结束之后，欧阳霖亲自邀请王夫之到江西南昌同登滕王阁，可见他对王夫之的确是青睐有加。这次乡试中，王夫之还结识了分考官沔州知州章旷与长沙推官蔡道宪。章旷与蔡道宪对王夫之也极为赏识，出了考场之后，二人有感于王夫之考卷中所透露出的忠义之心与浩然正气，从此结下亦师亦友之"知交"。

后来蔡道宪为保卫长沙城而与张献忠的大西军对抗，宁死不屈，忠贞殉国，而章旷抗清失败之后，绝食自杀。这两位老师的气节和风骨都给王夫之以强烈的震撼，同时也使王夫之更加仇恨张献忠的农民军和清军。

“清泉永远比淤泥更值得拥有，光明永远比黑暗更值得歌颂。”所以章旷死后，王夫之虽然自顾不暇，但仍然倾力抚养了章旷的儿子章载一段时间，以报昔日知遇之恩。

武昌中举后的这个秋天，王夫之与青年学友熊渭公、王源曾等百余人在黄鹤楼结盟，称为“须盟大集”。与会者以分韵作诗的形式抒写对当时政治时局的忧虑与思考，字里行间，充满青年学子的昂扬意气与勃勃生气。

王夫之《南窗漫记》中还存有此次“须盟大集”上自己所写的四言诗：“古人已往，不自我先。中原多故，含意莫宣。酒气撩云，江光际天。阳鸟南征，连翼翩翩，天人有策，谁进席前。”

明崇祯十五年（1642）十一月，王朝聘督促王夫之和王介之取道南昌，到北京等候会试，王夫之兄弟立即动身。

王夫之并不认为自己一中第就走上人生巅峰，成为人生赢家，而是非常希望自己能走上一条正确的人生道路，实现自己的抱负。

因此，临行之前，王夫之便特意请示父亲：“夫之此行也，将晋贽于今君子之门，受诏志之教，不知得否？”意思是说，此行想要结交天下君子，不知可否？这是因为，王夫之上次在武汉中举，于英才济济之地，结识了一群意气相投的朋友，这次赴北京应试，北京定是汇集了全国最优秀的才俊，高手如云，因此他很想去结交一下，或许对以后的人生之途会很有帮助。

王朝聘怫然不悦地说："今所谓君子者，吾固不敢知也。要行已有本末。以人为本而已为末，必将以身殉他人之道，何似以身殉己之道哉！慎之！一入而不可止，他日虽欲殉己而无可殉矣。"

父亲说的是，生逢乱世，谁是君子难以知晓，然而人生最关键的是要活出自我，有自己的为人准则与处世之道。如果一味追随别人，则会使得自己成为他人的附庸，为何不走自己的路，追随自己的理想？父亲叮嘱儿子，交友要谨慎，不要随便成为别人的脑残粉，在追随别人之时丧失了自我。

王朝聘的话语之中蕴含深意。在这乱世之中，社会风气已经大坏，能称之为君子的人已经很少了。若想走出一条属于自己的道路，那么就不要人云亦云，追随他人，而是要坚持走自己的路，保持自己的风骨和个性。王朝聘自己就是卓然独立、越而胜己，他希望王夫之也是如此。年轻的王夫之虽然还不能完全懂得父亲话语中的深意，但是已经默默将父亲的教诲牢记于心。

王夫之兄弟于这年十二月初旬到达南昌，在那里度岁，准备年后一同赴京。但这时，天下已经大乱，农民军四起，明朝政府风雨飘摇，北上交通已经被农民军切断。王夫之再也无法在平静的象牙塔里继续进行他的科举之路了。

明末社会天灾人祸不断，阶级矛盾极度尖锐，农民军四处起义，硝烟四起。早在明天启元年（1621），在延安、庆阳、平凉等地就曾发生过饥民暴动。明天启七年（1627），陕西本已饥荒严重，但官僚依然催逼重税。于是农民王二率领饥民起义，杀死澄城县官张斗耀。后来陕西李自成、张献忠等又揭竿而起，很快形成了燎原之势。李自成的农民军提出“均田免赋”等口号，即民歌所唱的“迎闯王，不纳粮”。他一路招抚流亡的贫苦农民，部队很快发展到百万之众，成为起义军中的主力。

明崇祯十四年（1641）正月二十日，李自成攻克洛阳，杀福王朱常洵，并自称“奉天倡义文武大元帅”。同年，张献忠大败明军于开县黄陵城，长驱出川，破襄阳，杀襄王朱翊铭，进破光州等地。

明崇祯十五年（1642）冬，李自成领导的农民军已在席卷河南后进入承天（今湖北钟祥），南下黄冈；张献忠领导的农民军也已经袭破黄梅，逼近蕲水。王夫之平静安宁的生活，以及近在咫尺的前途，眼睁睁地就要被打断和毁掉。

因局势动乱，战火纷飞，明朝朝廷于崇祯十六年（1643）正月命将本年礼部会试延期为八月举行。王夫之兄弟得知北上已不可行，便由南昌失望而回，返归衡阳。他这时已经有了隐隐的预感，北上进京的进士之梦已然破碎，或许再也不会实现了。

在途中他亲眼所见战争的惊心动魄、明军的节节败退、百姓的流离失所，遂作组诗《江行代记》，其中叹道：“虔兵入卫气骄横，归路庐陵屡夜惊。取次渚宫成贼垒，萧条淮北尽空城。”

回到衡阳之后，王夫之利用闲暇编印了他的第一部诗集《漧涛园初刻》。武昌之行所结识的好友熊渭公欣然为之作序。这部诗集里收集的都是王夫之的早年之作，满是少年理想化的浪漫主义，与后来诗作的风格有很大区别，可惜的是这本书不慎在战乱中丧失。

后来王夫之《述病枕忆得》云：“昔在癸未春，有漧涛园初刻，亡友熊渭公为文序之。乱后失其锓本，赖以自免笑悔。”王夫之对这本青涩的诗集有不满意处，因此便言“自免笑悔”。

崇祯十六年（1643）正月，张献忠攻占蕲州、蕲水。三月，张献忠入黄州。五月三十日，张献忠率军由蕲水攻占武昌，自称“大西王”，即帝位，年号大顺。八月，张献忠率部南下，攻占岳州。随后攻克长沙。接着，又攻取衡州及其所属州县。九月二十九日大西军攻入衡州。

张献忠下令“开科殿试”，“考授”官吏，准备招贤纳士，强行征辟人才为他的新政权服务。当时被他看中的人才纷纷逃亡。与王夫之同中乡试的李国相就自断一臂，表示自己已经是个废人，不能起用。

但是，与王夫之同在匡社的一位名叫奚鼎铉的文士就顺应了张献忠，还得了个官职。王夫之和王介之因新中举人，又在当地大有名望，也成为农民军眼中要重点延揽的对象。

张献忠何许人也？他所率领的大军一路杀人如麻，而张献忠本人也是以残忍著称。大西军所到之处，如蝗虫过街，不剩一物。1645年张献忠攻占四川时，也是“杀戮无孑遗”。他在四川也开科举招揽人才，但又疑神疑鬼，怀疑他们不会对自己忠心，于是把这些考中的人才全部坑杀。对于这样的杀人魔王，深受儒家礼教熏陶的王夫之和王介之兄弟自然是拒绝的。

王夫之兄弟二人得知消息之后，立刻意识到摊上大事儿了，于是就在舅父谭允琳的帮助下，赶紧奔往南岳莲花峰黑沙潭躲避。王参之也逃往深山，为了不引人注意，就逃往了另一个方向。

张献忠手下的士兵巡逻时发现了王朝聘的所在，并抓捕了他，逼他通知王夫之兄弟现身。王朝聘冷然以对，一口拒绝。王夫之听到消息后，便使用了一招“苦肉计”，忍痛用刀将自己的脸划破，并刺穿手腕，用毒药敷在伤口上，使之肿胀溃烂，然后雇人把他抬到大西军的营寨之中，并对张献忠的部将艾能奇表示，自己已经成了废人，兄长也已经死去，对大西军已经毫无用处了。

艾能奇见他伤痕累累，只道他果然已经是个废人，没有利用价值。于是，王夫之便救出了父亲。

父子四人从是年中秋，一直躲到第二年正月。对于在山里度过的这个冬天，大概是王夫之最寒冷的一个冬天了，无论是心上还是身上。当得知张献忠的主力已撤出湖南转向四川，王夫之父子才从山上下来。

王夫之下山时路过台源寺，见到好友夏汝弼的哥哥夏汝为时，想要开口说话，竟因为冷得直发抖而语不成声。夏汝为见他身上单薄，心酸不已，赶紧把自己身上的棉衣脱下来给他穿上。后来王夫之在诗中感叹这段经历，道："无衣度霜雪，多难惘乾坤。"

第二年，便是公元1644年，这一年是明崇祯十七年，也是清顺治元年，明朝在这一年里最终灭亡。

这一年一月，李自成在西安建立政权，国号"大顺"，建元"永昌"。三月十七日，李自成攻入北京。崇祯帝于景山自缢而死，吴三桂引清兵入关，这便是"甲申之变"，明灭清兴，改朝换代。时人称之为"天崩地解"。

得知这个消息之后，王夫之"悲长夜之不复旦也"。也是在这一年，王夫之在南岳衡山双髻峰的半山腰上修建了一座庵堂，取名"续梦庵"，作为"避兵常居之所"。续梦庵这个名字意味着，他胸中始终涌动着报国的热血，希望有朝一日能够恢复故国，这是他一生之中最大的梦想。

在续梦庵里，他居住了九年有余，编纂了南岳山志《莲峰志》，撰写了《南岳赋》及大量歌咏南岳的诗篇。其中有关"续梦庵"的诗词就有十余首，如"残梦当年欲续，草庵一枕偷闲""旧梦已不续，无如新梦惊""海徙山移梦后逢""梦未圆时莫浪猜""阅尽闲愁总是梦""不知残梦在谁边""旧梦不成人愈老""残梦京华难再续"等，这些诗词上所凝聚的，都是感叹时局之乱象，民生之不虞，内心之焦虑，都是他爱国之梦的自然流露。

王夫之与父亲王朝聘都满怀爱国激情与忧乐情怀。王朝聘曾明确提出：“外忧者，正论也；内患者，邪说也。”意思是，防范外族入侵是正论，防范民族内部矛盾是邪论。

当时，王夫之在父亲关于民族主义主张的基础上提炼出“三义说”，提出“不以一时之君臣，废古今夷夏之通义”的命题。钱基博道：“夫之茹苦含辛，守己以贞，历劫勿渝，厉世磨钝之节坚”，高度赞扬他的爱国思想。

之前，王夫之希望自己能科举中第，然后顺利入仕做官，以这种择业方式来实现济世救民的梦想。然而，二十五岁之后，他遭遇了“天崩地解”的朝代更替，很快便修改了自己的想法，书生报国，就是择业！在后来的岁月里，作为一介文弱书生，王夫之尽了自己最大的努力，并取出自己所有的积蓄，为保家护国而到处奔走、奋力抗争。

第三章

明朝『忠粉』王船山C位出道

『爱国，是人世间最深层、最持久的情感，是一个人立德之源、立功之本。』

王夫之并不想当大英雄，但时代给了他机遇，激发了他骨血里的爱国底色。

明清之际社会急剧动荡，前有农民军反抗明朝专制统治的起义暴动，中有清军与南明政权的交错混战，后有“反清复明”的“三藩之乱”。在这一晦暗、撕裂、带着血路的历史中诞生了一位“闪光少年”，他的到来无疑为那些书斋里沉溺于笔下江山的知识分子注入了一剂强心针，在幽微的暗夜中划出了一条绚丽耀眼的星轨路迹。

一、王船山的脸色与爱国底色

俗话说，时势造英雄。王夫之并不想当大英雄，但时代给了他机遇，激发了他骨血里的爱国底色。

王夫之血液里流淌着的爱国基因，要从他的先祖算起。他的祖辈多为爱国志士，有的曾追随明太祖朱元璋征战天下，也有的曾拥戴明成祖朱棣立下赫赫战功，这种报国之志在王氏一族世代流传。王夫之的太爷爷王雍对历史颇有见地，他担任过衡州州学训导、江南南城教谕等职，有心去做朱熹《资治通鉴纲目》的增补工作，还喜欢对张良等许多历史人物的忠君报国之举发表自己独到的评判标准。也正是幼年的王夫之在家里翻看过许多曾祖父留下的文献资料和札记，让家国概念及早地进入他的脑海里，并逐渐形成清晰的框架。

而父亲王朝聘的言传身教，更是对王夫之骨子里的爱国之情产生了深远影响。在王朝聘两次历经生死之际，他都以坚贞的爱国情操为他的儿子们做了典范。

第一次是在明崇祯十六年（1643），以张献忠为首的农民军攻入湖南后，四处网罗人才扩充实力。农民军曾给张献忠取过“黄虎”的威名，意在说明他对待百姓的凶残手段堪比猛兽。他曾在镇压六安时，下令将全城百姓的胳膊砍断一只，让六安城沦为了闻风丧胆的“独臂城”。此番，张献忠的军队浩浩荡荡来到湖南，将那些不愿归顺他的士大夫全部投到湘江淹死，并加大了对能人志士的搜捕力度。

九月，张献忠军队攻入衡山，王朝聘被其部下抓去。

张献忠的部下了解到王朝聘的两个儿子王介之和王夫之都很有才学，便想要招揽。他向王朝聘许诺：“王老先生，如果你把两个儿子都交出来，你就可以去西王那里做官。”

王朝聘面露鄙夷之色，不屑与他说话。

王朝聘的态度彻底激怒了诱劝的将领。这名将领气急败坏地说：“你别以为不说话，我就拿你没办法。你两个儿子不来，我就不会放你出去！”张献忠的部下以为王朝聘肯定会乖乖听话，可他们大大低估了王朝聘的气节。

王朝聘沉默片刻，似乎拿定了主意。他挺直腰板眼眶里闪着晶莹的泪花，对那些士兵颤颤巍巍地说：“我已经活到七十多岁了，还会向你们乞求活命吗？”

为了不做对不起明朝的事，也为了不让自己的两个儿子蒙屈，王朝聘下定决心要坚守大义而自缢，让张献忠的人无计可施。

家里的仆人知道王老爷准备自杀，连忙偷偷跑出来报信。得知此消息后，正躲避在莲花峰下的王夫之和长兄王介之心急如焚，商量营救父亲的对策。

王夫之看了看长兄，内心已经拿定了主意。他对王介之恳切地说："哥哥，你的个性过于刚硬，不适合和那些人谈判。不如留下来，等我的消息。我走之后，哥哥你千万不要轻易地出来。我一定会把父亲好好地带回来，请放心！"说完，王夫之便匆匆地下山而去。

为了骗过张献忠的人，王夫之想了一条妙计。他把身体刺伤，涂上毒药，然后雇了小厮把自己抬到张献忠的军营。他对张献忠的部下含泪说道："我的长兄已经逝世，现在只剩下我一个人拖着病体前来，请求你们放了我年迈的父亲！"

恰巧营帐中有一名手下也随声附和王夫之，说："留他父亲在此也无用，倒还显得我们出尔反尔。他都已经伤成这样，肯定逃不了，不如就放了他父亲。"

王夫之定睛一看，此应和之人竟是奚鼎铉。王夫之曾在匡社集会活动中与他多有交往。其实，早在王朝聘被抓之时奚鼎铉就特意打探过来，替王夫之疏通关系，并一直暗中照料王朝聘。

张献忠的部下看到王夫之已经是一副病恹恹的样子，于是把他的父亲放走了。

王夫之早就听闻过张献忠的残暴行径，又加上他对张献忠之流历来没有什么好脸色，又怎会甘心与他为伍、替他效力？

父亲被放走后，王夫之一夜都没有合眼，终于等到了清晨守卫比较疏松的空当，在奚鼎铉的安排下悄悄地逃走了。

临走前，他对奚鼎铉语重心长地说："鼎铉兄，尽管你救了我和我父亲，但这是我最后一次这样叫你。我没有想到你竟然会替张献忠效力，他是个什么样的人难到你还不清楚吗？”

奚鼎铉无奈道：“我科考多年一无所获，在这好歹还可谋个一官半职。夫之，你应该理解我啊！”

王夫之恨恨地说：“道不同不相为谋，你我二人就此别过，永无再见之日。”说罢，他便头也不回地赶去与父亲会合，逃入黑沙潭一脉的深山中。

而王夫之从一个文弱书生进化为报国勇士的导火索，便是由第二件事，父亲王朝聘的去世所引发。

当时正值吴三桂引清兵入关，国内局势混乱。顺治四年（1647），清军进攻南明，湖南首当其冲。在战火纷飞之际，王朝聘病危。王夫之和长兄王介之赶回家来见父亲。

王朝聘担心两个儿子会随时被突袭的清兵抓走，本不让两兄弟回家，谁知两兄弟还是匆匆忙忙赶回来了。他便不顾自己的身体实际情况，执意带他们逃往衡山躲避。

这一路上，王朝聘孱弱的病体历经长途跋涉，早已不堪重负。在登山途中，他奄奄一息地强撑着意志力赶路，几次出现咳血的情况，都偷偷瞒着不让两个儿子看到。

最终，王朝聘在凄风血雨中怅然辞世。

在临死前，王朝聘立下誓言：“吾此生绝不向清军投降！”并且，他还嘱咐王夫之、王介之两兄弟把他埋在莲花峰下，不要让自己的棺材经过清军战乱的地方，以免自己清白的躯体受污浊之气熏染。

父亲王朝聘的过世，对王夫之的打击非常之大，他把父亲的流落之死归结于清军的入侵和时局的动荡，这也为他日后至死不与清廷合作埋下了伏笔。

在父亲死后，王夫之始终无法忘记父亲在临死前拉着他和长兄留下遗言的那一幕慷慨之景。他在心里暗暗发誓，一定要继承父亲的遗愿，与清军抗争到底。由此，王夫之骨子里的爱国基因被彻底激发。为了复兴明朝，他不顾自身性命安危而四处奔走，没有放弃任何一个可以扳倒清军的机会。

王夫之是明末千千万万青年中最亮眼的那颗新星，而照亮他青春的底色便是爱国。这种爱国在现在看来甚至近乎“愚忠”，但王夫之骨子里的爱国基因、流淌的忠诚血液都足以照见古今，影响世人。

“爱国，是人世间最深层、最持久的情感，是一个人立德之源、立功之本。”正是危难之际一个又一个仁人志士的爱国呐喊，才谱成了中华民族救亡图存的一曲又一曲动人乐章。与王夫之那个时代相比，今天的青年虽然不需要直接面对生与死、血与火的考验，但在面对“月亮是外国的圆”“空气是外国的甜”等崇洋媚外的论调之时，面对别有用心的人策划“乱港”阴谋、煽动暴力冲突之时，面对“精日”分子发布“辱华”“仇华”信息之时，面对世界经济、军事扩张之下的“霸权主义”和强权政治叫嚣之时，爱国、忠诚又被赋予了新的时代内涵。

二十一世纪的青年学子们该如何面对，如何作为？

爱国，是一个民族精神的原动力。正是由于爱国主义精神所散发的源源不断的支撑作用，才使得中华民族在强手如云的世界之林中屹立不倒，在五千年历史长河中生生不息。

“天下兴亡，匹夫有责”，三百多年之前的王夫之为我们作出了最好的表率。而身处新时代，青年们肩负着实现中华民族伟大复兴“中国梦”的重大责任和使命，理应把个人的人生理想与信念融入国家和民族的事业中去。

值得欣慰的是，越来越多青年的身影活跃在国家的政治、经济、科技、文化发展的许多重要场合。大批海外人才学成归国投身到创业创新、脱贫攻坚、乡村振兴的广阔舞台中，在大型科技项目研发成果背后涌现出越来越多的“80后”“90后”新锐面孔……

“少年强，则国强。”青年的精神面貌和发展状态与我们的国家命运、民族命脉息息相关。新时代的青年人要树立坚定的爱国情怀、远大的理想抱负，在与国家梦、人民梦的同频共振中，飞扬自己的多彩青春，谱写自己的人生芳华！

二、“顽石”之执与信仰之力

如果说忠君报国是一场马拉松，王夫之绝对是其中最有耐力的“跑马”悍将。他将自己比作“顽石”，暗喻自己的报国理想和信念如顽石一般坚韧。王夫之是语言上的巨人，更是行动上的巨人。我们不妨走进时光隧道，穿越到王夫之那个年代，在那些轰轰烈烈的大事和细枝末节的小事中一起去感受爱国这场“跑马”运动。

1. 投身行伍，写天地之大书

明朝崇祯皇帝自缢后，清军掠夺了原本攻入京城的农民军政权，将明朝改朝易代。原本，王夫之是极度仇视农民军的。但在面对满蒙入侵的危难关头，王夫之认为首要任务是联合各方力量抵御清军铁骑，而不是“窝里斗”。王夫之虽然是一介书生，但是时代际遇给了他展现军事才能的机会。在王夫之决定投笔从戎之际，随即而来的是命运的巨大转折。

南明隆武二年（1646）的夏天，王夫之只身奔赴湘阴给自己科举时的主考官章旷出谋划策。

章旷见到王夫之非常高兴，他早知王夫之有报国之志，便说：“夫之，我早已为你安排了差事。何帅（何腾蛟，南明重臣，作者注）想与江北抗衡，必须稳固湖南的势力。眼下最重要的任务便是乘胜追击，进军岳阳。你就是我们的后勤总管，负责筹措和运送粮草。”

王夫之欣然应允，但筹措粮草几日后才发现，百姓其实早已囊内空空，无力再承担军粮赋税。面对四下焦灼的战局，王夫之眉头紧锁、神情忧虑，决定斗胆向老师提出思虑已久的建议。

他恳切地向章旷说：“先生，克师在和。”他分析，战乱时节老百姓想要温饱都很困难，根本无法上缴多余的粮草。何腾蛟与堵胤锡的军队势力分别占领湖南、湖北，虽然二者兵力众多，但军饷匮乏，远远不是清军的对手。针对目前的局势，重中之重是要让何腾蛟与堵胤锡达成统一战线，并且联合农民军势力来为大军筹集军饷。

此时的章旷担任湖北巡抚和监军一职，王夫之请求章旷去调和何腾蛟与堵胤锡的矛盾。但是，章旷很清楚何腾蛟与堵胤锡之间的矛盾非常微妙，认为自己不便插手。他虽然非常理解王夫之的爱国之心，但还是安抚道：“本无异同，不必过虑。”

王夫之知道自己的建议未能引起章旷的重视，怅然若失地回到了衡阳。

后来，由于何腾蛟、堵胤锡等各自为阵去对抗清军，导致湖湘守军在清兵的铁骑之下接连溃败。王夫之忧心万分，他与长兄王介之以及夏汝弼、管嗣裘、邹鲁统等人为战事而争相奔走呼告。

南明永历二年（1648），农民军在湘潭组建了忠贞营，将清军打得落花流水，这给溃败的战局带来了新的转机。农民军势如破竹，一连收复益阳、湘潭、湘乡等失地。北面的何腾蛟也奋力反攻，在全州与清军打了三十多个回合，最终击溃清军，收复全州。何腾蛟的军队从永州向衡州挺进。

王夫之受战况鼓舞，一心要收复衡阳，将清军赶出自己的家乡。于是，一场大战如箭在弦，即将爆发。

2. 衡山起兵，书生挥剑争豪雄

南明永历二年（1648年）十月，王夫之与管嗣裘、李国相、夏汝弼在衡阳起兵抗清，这是王夫之第一次以报国勇士之名C位出道。

此次起兵有一大契机，就是占领衡阳的清军大部队被派出追击南明军队，只剩几百士兵留守衡阳。王夫之是一个非常重视孝道的人。因为父亲过世，王夫之的服丧期未满，本不宜参加起兵。但是，他想到父亲临死前对自己的嘱托“誓不降清”，不愿错过清军守卫疏松这个千载难逢的机会。

短短几天，王夫之和他的同伴们便迅速招募了几百个义兵，建立了一个由管嗣裘为总指挥的义兵队伍。他们将军队驻扎在衡山西面，由李国相指导义兵演练。

李国相的儿子李璟自幼跟随父亲习武，身手了得。演练时，只见他一人对阵六人而不落下风，舞剑迅疾之势如同闪电，赢得一众义兵喝彩。

有人高喝一声：“要是咱们都像李公子这般身法，拿下衡州如探囊取物！”众人皆被鼓舞，奋力操练。这些义兵中，有书生，有农民，有侠客，皆因报国而相聚在一起，豪情万丈。

而此时的营帐之中，管嗣裘与王夫之以及各个义兵分队代表正紧急地商议起兵事宜。他们认为，七日之后便是伏击清军、收复衡阳的最佳时机，于是约定以火把为信号，于夜半子时集结，各路人马攻其不备，围剿城防清军。

商定之后，天色不觉已到了晚上，众人皆散去，留王夫之、夏汝弼、管嗣裘在帐中。恰逢李国相练兵归来，大家又开了个小组会议。

王夫之听闻朱蕴金在耒阳也集结了义兵，准备支援衡山起义，便问：“此番会有多少耒阳义兵前来助攻？”

管嗣裘答：“据凤跹所报，朱蕴金手下的军队有数千人，此次来人具体数目未知，应不会少于两百人。”

在策划衡山起兵的同时，郭凤跹前往耒阳去当说客。唇亡则齿寒，他希望朱蕴金能明白这个道理，派兵支援衡州。如今，郭凤跹不负所望，给大家带来了振奋人心的消息。

然而喜悦才过片刻，夏汝弼突然接到家中噩耗，他的母亲因病故去，家人催他速速回家奔丧。

夏汝弼闻讯如晴天霹雳，怔怔地站在原地，众人皆劝他节哀顺变。

王夫之说："百善孝为先，你且速去处理家事要紧，不必担心我们。"

夏汝弼说："不行，我们说好要一起举大事，我不能在这最关键的时刻走掉。"

管嗣裘安抚道："汝弼兄弟，你放心。我们的起义军还需要一支后方部队。万一遭遇不测，还要由你保护我们的家眷的安全。"

于是，夏汝弼拜谢说："感念众位弟兄信任我，此去我必定速速赶回。"

此后几日，义兵们加紧了操练进度。临行前的晚上举行誓师大会，众人点燃松油浇过的火把，顿时星星点点的火光排成一条长龙，"杀清军，保家园"的呼声震天。

起义队伍行进到衡阳城之际，不料遭遇早有预谋的清军守卫及其援军的夹击。而这些义兵队伍大多是临时拼凑，没有长期的实战经验。在面对骁勇善战的清军之时，起义军寡不敌众，节节溃败。王夫之、李国相、管嗣裘等被一众清军包围在城外，情况非常窘迫。

"国破家亡，亲友凋残。"积压在王夫之心头已久的悲愤终于爆发，他高声呐喊：“杀了这群清军贼子！”

大家一时间激愤于胸，准备与清军来一个鱼死网破。

王夫之敏捷地挥舞着战矛杀向围住他们的一列清兵，众人皆奋勇朝清兵冲杀，毫无胆怯之色。

战火之中，李国相以独臂杀敌，不少敌军士兵丧命于他的刀刃之下。而清军则趁机抓住了他的儿子李璟。李国相几次想突出重围去救儿子，几名义兵在他旁边冲杀掩护，但李璟还是无法脱困。营救无望，这几名义兵便强行将李国相架走，护送他逃至蒸湘河畔。

正在危急关头，堵胤锡的一小批部队经过，清军误以为有援军支应，便仓皇撤军逃走，李璟得以逃脱。而此时，王夫之与管嗣裘也趁乱逃往广东。

此次衡山起兵，原本答应支援的耒阳义兵并未前来，郭凤跹捶胸顿足，大骂朱蕴金不守信用。还有其他几路义兵虽到达约定地点，但各怀心思，并未上前支援。起义主事的几人没能探清清军真实的作战策略和作战人数。各种原因交织，导致参战的起义军损失惨重。管嗣裘除了自己和他的一个儿子逃脱，其他十几位家人全部被清兵残忍杀害。

与此同时，奔丧归来的夏汝弼竭力保护义兵家眷们的安全，并在战后积极进行了营救工作。他拼死寻找并庇护管嗣裘、王夫之以及李国相的亲人，使得战争未能造成更大损失。

尽管这次起兵失败了，王夫之却认为它彰显了为民族而战的浩然正气与忠勇大义，失败了也是光荣！尤为可敬的是，这么一群在书斋中拿笔杆子的读书人，竟然会有勇气去面对兵强马壮、训练有素的清军。可见他们并不是一群只会读书的书呆子，还是一群充满爱国与报国之心的热血青年。他们希望通过自己的力量，来拯救国家于危亡之中，来拯救百姓于苦难之中。

王夫之坚信，即使前路是茫茫的暗夜，他们也不会就此放弃复兴祖国、振兴民族的梦想，因为那是他们心中最耀眼的曙光。

在起兵失败后，王夫之和管嗣裘先是逃到耒阳、兴宁一带，后又从贵阳到浈江再到清远，最终来到肇庆。王夫之认为，永历帝朱由榔乃出自于朱明一脉，属于皇室正统，誓要追随永历帝。

随后，瞿式耜、堵胤锡等向永历帝朱由榔举荐王夫之。瞿式耜等人之前在肇庆拥戴朱由榔建立永历政权，因此，瞿式耜在朝堂上说话颇有分量。

永历帝对王夫之大为赞赏，准备授予他翰林院庶吉士一职。王夫之以父亲的服丧期未满为由，谢绝了永历帝的授封。永历帝为此下了一道诏书褒奖王夫之，赞誉他“骨性松坚”。

3. 联络志士，天涯帝子知谁在

清康熙十二年（1673），清朝颁布命令撤三藩。这一雷霆之令等于没收了平西王吴三桂的“金饭碗”。吴三桂不满清朝撤销藩王的制度，以“反清复明”为旗号公然抗清。

康熙十三年（1674），吴三桂的军队很快便攻陷了湖南。吴三桂其实是个名副其实的“套路王”。他打着寻找朱三太子的幌子，又自称“兴明讨虏大将军”，四处招募人才，将明朝遗臣们骗得团团转，这其中当然也包括了明朝头号“忠粉”王夫之。

吴三桂打出的“反清复明”旗号对王夫之无疑是一团星星之火，让一直苦苦追索复明之路的他又重新燃起了燎原的希望。他仿佛又被时光之箭射中，变回了那个曾经为大明江山四处奔走的“闪光少年”。

王夫之跑到湘乡找刘象贤讨论战局，又到前线观察战况。他尽管身体抱恙，还活跃于洞庭、长沙、湘阴等地。看到前线修筑了新的战垒，王夫之知道战争即将要打响。

王夫之回到衡阳后，章旷的儿子章有谟来拜谒他，给他说了许多朱三太子的消息。王夫之得知崇祯的子嗣还在，激动得眼睛里泛起点点泪光。他按捺不住内心久违的那一份期盼，提笔写下《三月七日所闻》一诗，诗云：“天涯帝子知谁在，今日生闻喜欲狂。”至此，王夫之下定决心要再次为故国效力，开始四处活动，联络爱国志士。

吴三桂也来到衡阳，几番派人寻找，许以高官厚禄，劝说王夫之到他麾下共享荣华富贵，但都被王夫之避之、拒之。

随后的几年里，各路人马纷纷加入吴三桂的反清大营，其中既有靖南王耿精忠、平南王尚之信等藩王，又有四川巡抚罗森、广西将领孙延龄、襄阳总兵杨东嘉、贵州提督李本深、陕西提督王辅臣等手握重权之人的支持。由此，云、黔、川、桂、闽、陕、甘、台全部地区以及湘、鄂、赣、浙等部分地区加入反清，吴三桂的势力得到迅速扩充。

王夫之经历了衡山起兵之后，行事变得非常谨慎。尽管他对明朝复兴又燃起了希望，但他并没有充分地信任吴三桂。他与好友蒙正发多次促膝深谈，仔细分析战局，两人都对吴三桂疑虑甚多。

王夫之在《留别圣功》中长叹：“兴亡多事天难定，去住皆愁梦未真。宝剑孤鸣惊背珥，画图遥惜老麒麟。”这是辛弃疾“醉里挑灯看剑”的雄心与激情啊。然而，现实却是青山不再，残月挂天。无奈之下，他无数个夜晚看着窗外灿烂的星辰辗转难眠，不知道该向谁去诉说内心的苦闷与迷茫。

随着王夫之不断地从侧面收集信息，他对吴三桂的了解越来越多，开始认清其真实面目。王夫之明白吴三桂实际上也并没有什么心思去复兴明朝大统。吴三桂打着光复大明的口号，实际上只为满足一己私欲，完全枉顾百姓的生死。

王夫之在《豫章行》中悲慨地写下诗句：“新欢寡所谐，旧好良多违。分手亦已薄，弹冠安是希。”他在内心里果断打消了酝酿加入吴三桂阵营的念头，在行动上也早已与他们划了一条“楚汉之界”。

由于反清阵营庞大且各怀异心、鱼龙混杂，吴三桂面临窘境，无法调度这些人马。后来，随着吴三桂反清大营的将领、藩王等向清军投降的人越来越多，吴三桂索性不再掩饰他想与清军分权划江而治的野心。于是，王夫之彻底与吴三桂翻脸。

康熙十七年（1678），吴三桂准备登基当皇帝，但他还缺少一个冠冕堂皇的理由。吴三桂打算请一个德高望重的人来写《劝进表》，而王夫之就成为了吴三桂的不二人选。原因之一是世人都知道王夫之是最为忠义耿直之人，他如果推荐自己做皇帝，在全天下都很有公信力和说服力；原因之二是王夫之是南明遗老，让他写《劝进表》，能够为自己争取更多南明旧部的支持。

吴三桂派其幕僚带着厚礼去拜见王夫之。

幕僚对王夫之说："恭喜先生，如今您可通过《劝进表》成就一件光宗耀祖的事。"

王夫之早已看出吴三桂之流的盘算，断然拒绝了其请求。

他悲切地对幕僚说："如果我写了《劝进表》，上对不住国家，中对不起祖辈，下对不住良心，从此以往，定会被天地所不容！"

为了使吴三桂的幕僚彻底断了这个念想，他又说："我是先朝遗臣，是不祥之人，说的话也是不祥之话。你们找我这样的人来写《劝进表》，不是自找晦气吗？"

幕僚听了王夫之的话后非常气愤，又不好拿他发作，悻悻地走了。

然而，这件事并没有影响吴三桂称帝的进程。随后，吴三桂在衡阳称帝，建国号为大周，定年号为昭武。

王夫之听闻此讯义愤填膺，写了一篇《祓禊赋》，希望上天能够惩罚吴三桂这样的奸佞之人。

从王夫之对吴三桂态度的先后转变更能看出王夫之满腔的报国热忱，正基于此，面对吴三桂的"包装"和"诱骗"，王夫之虽然谨慎，但还是掉入了这场骗局。这是因为他一心想要复兴明朝，所以他选择不计前嫌，忘记当初吴三桂引清兵入关、杀死永历帝的历史。而吴三桂也正是利用了这一点，来笼络明朝忠臣志士的心。

当王夫之识破吴三桂的真面目后，愤然拒绝写《劝进表》，更说明了王夫之的爱国之切。王夫之不愿意一个假借复兴明朝之名、实则狼子野心的人来当权，如果是这样的明朝，他宁愿不要！这也说明王夫之的报国之情是非常理性的。王夫之明白，复兴明朝所包含的内容远远不是建立一个政权、建立一个国号那么简单，更不仅仅是为了一家之姓的兴亡而劳师动众。他认为，如何复兴传统文化精髓，如何让百姓生活得更好，才是复兴明朝最重要的事。

由此可见，王夫之的爱国不是狭隘的，是建立在民族兴旺和百姓安身立命之上的，这种观念在当时可谓是超前的，是犀利的，是新潮的，更是高尚的！

4. 受粟拒帛，不愿为权贵折腰

在清军剿灭吴三桂叛乱之后，王夫之想要光复明朝的夙愿已经破灭，于是隐居山中著书立说，把自己的梦想寄托于文字之中，把自己的大爱留在山水之间。

清政府为了更加巩固政权，想方设法笼络明朝旧臣。此时，王夫之已经垂垂老矣，仅依靠教授学生谋得一点点生活费，生活非常清贫。偏沅巡府郑端听说了这件事，特意派衡州知府崔鸣鹫给王夫之送去粮食和衣帛。

崔鸣鹫接到信，吩咐手下准备一番，就速速带着人马来到了王夫之的家中。谁知，无论崔鸣鹫的手下怎么劝说，骨子里“傲娇”的王夫之就是坚决不见崔鸣鹫。为了给崔鸣鹫留点面子，王夫之让家人收下了粮食，拒绝了帛布，并且还以“南岳遗民”的自称手书了一封致谢信，让其手下带去给崔鸣鹫。

当时，王夫之家里已经穷得揭不开锅，受粟拒帛的行为既是他的无奈之举，又表明他的内心并没有真正接纳清朝。

“清风有意难留我，明月无心自照人。”“清风”与“明月”都是暗喻，是一个朝代对另一个朝代的呼唤。对王夫之而言，尽管明朝早已覆灭，但他依旧让其活在自己的内心世界里，无论是谁也不能改变。

5.“船山”之名的“官宣”

康熙三十年（1691），王夫之已有七十三岁高龄，行将就木，黄土淹脖。他头上的白发越来越多，腿脚也越来越不灵便。虽然王夫之很少出门走动，但还是经常拄着竹杖在家门口眺望。

有一天，他偶然间看到对面山上长着一块像船一样大的顽石，一副在巍巍崖壁间遗世独立的模样。他不由得感慨：自己这一生寻寻觅觅这么多年，最后仍是孑然一身，是否也像这块孤独的大石头一样？

顿时，一股热血涌上王夫之的心头。他自问，这块看起来有点丑但远离俗世、坚持自我的顽石，不正像在重重险境中不屈不挠、不畏强权、仰面问天的自己吗？

他凝视许久，内心澎湃不已。回到家中，王夫之写下了《船山记》，首句即云：“船山，山之岑有石如船，顽石也，而以之名。”他以顽石自比，将石船山作为自己最后的魂归之处，说：“船山者即吾山也。”王夫之的意思是，女娲补天，拣的是七彩石。自己浩然正气，壮志凌云，然穷其一生，只能如船山“顽石”一般，默默在半山腰，风吹雨打，寂然无声。他是自叹、自嘲，却也自得、自在。

王夫之被后人公认为“船山先生”，便是由此得来。

6. 誓不剃发的“笔芯”（网络用语，比心的意思。下同）之举

一年后，王夫之身体状况急骤下降，他知道自己时日无多，提前准备料理身后事。尽管手已经没有了提笔的力气，他还是颤颤巍巍地把墓葬所需要刻的字写下了并交给匠人。

他将自己称为“亡国孤臣”，在墓碑上题字时仍挂以南明的官职“明遗臣行人”。人生到了这个份上，也再没有什么顾虑的了。该坚持的一定要坚持。在写墓志铭时提到，他对明朝的忠心像东晋刘越石一样坚贞，但命运弄人，让他报国无门；他希望能作出像北宋张横渠一样的正统之学，却力不能及；唯一值得庆幸的是，他的长发可以跟随他一起入殓。

清朝早在顺治二年（1645）就要求全民剃发，不剃发者将遭杀头之罪。许多地方的百姓因反对剃头惨遭清军杀害，江阴等地十万余老百姓甚至全部因此命丧刀下。而王夫之早就立下了永不剃发的誓言。他这一生遭清军搜捕无数，四处流离逃亡，能够一直坚持不剃掉自己的长头发，是极为危险的抗清举动，也是他对明朝“笔芯”的忠贞之举。

一头长发，寄寓王夫之多少情愁、爱恨、家国、天下。直到死时，王夫之依旧留着明朝时的长辫，完成了他一生的誓言。

三、发愤立言，只为明朝打call

对于一个文人来说，文字便是他的生命。王夫之作为一代

文豪，把文字看得比他的命还重要。他忧心于国家命运，将李自成建立的大顺农民军怒斥之为“贼”，对张献忠等人在衡州的所作所为，更是气愤不已、怒火中烧；他眼看身边的爱国志士一个个为国捐躯、战死沙场，伤心到失声痛哭，终日茶饭不思；他怀揣雄心壮志，揪心于自己的爱国行为和报国之梦化作寒冬之败叶。于是他发愤立言，写下了一篇篇血泪文章为明朝打call。

1.《悲愤诗》：家国不幸，诗家亦不幸

明崇祯十七年（1644），明朝皇帝崇祯自缢身亡，李自成攻占京城。这意味着，统治长达二百七十七年的明朝政府覆灭。王夫之的精气神在得知崇祯皇帝自缢消息的一刹那，全部被抽空。

实际上，早在李自成进军京城之前，崇祯已发布诏令，让各路将领进京捉拿李自成，但没有一兵一卒前来救援。李自成大军于三月进京，明朝驻守京城外的三大军营不战而降。起义军进入皇城后，崇祯皇帝鸣钟召集文武百官商议应对的策略，一个人坐在朝堂上等啊等，竟然没有等到一个官员到朝。

崇祯皇帝走投无路，只好逃到煤山，身边仅有一个太监跟随。崇祯皇帝慌慌张张地在山上寻了一棵树，便停下脚步。看到皇帝拿出早已藏在袖中的白绫，太监眼泪直流，跪在地上哀嚎着劝慰他不要上吊。

崇祯皇帝此时已心如死灰，他在白绫上写下：“因失江山，无面目见祖宗于天上，不敢终于正寝。”写罢，他压抑已久的

眼泪夺眶而出。此时的崇祯皇帝，只穿了一件白衣打底的蓝袍，因为逃亡得太急，鞋袜还丢掉了一只。

他看了看自己这番模样，哪还有皇帝的气派，于是手持白绫，悲切地嘱咐太监："我已经无颜去见列祖列宗，我死后你将我的长辫解散，盖在脸前。"说完，崇祯皇帝便自缢而亡，太监含泪做完皇帝交代的事后，在皇帝的对面也找了一根树枝自缢。

王夫之在衡阳得知崇祯皇帝的死讯已是两月之后。这一噩耗对王夫之无异于晴天霹雳，他听到后一连打听和追问了好几个人，久久无法相信这个事实。他愤懑于胸，终日食不下咽，脸色如同枯草一般。

王夫之恨那些明朝的军队和臣子们平时享受俸禄，在皇帝遇难时却见死不救，枉为人臣。他更恨农民军叛乱，逼得皇帝自杀，让百姓流离失所，覆灭了大明朝江山。家国不幸，诗家亦不幸。于是，王夫之写下《悲愤诗》一百韵，将诗稿铺得满地都是。他每天边吟边哭，吟诵完，痛哭不止。

2.《续悲愤诗》：何以是悲，怆而为谁

南明永历十三年（1659），清军南下的铁骑到达昆明。等待守将李定国的将会是一场恶仗。他率南明众将士背水一战，却还是没能抵挡清军的进攻。云南失守后，永历帝被迫逃到缅甸。

永历十五年（1661），清军进军缅甸。那一年的冬天，整个云缅边境都被一种肃杀的气氛笼罩。缅军迫于压力，最终选择将永历帝交给吴三桂。

此时，正处于中缅边境的李定国听到这个消息，顿时僵化在原地。他没有想到缅甸人会出卖永历帝，率领全军奋力冲进缅甸，恨不得杀光那些勾结在一起的清军与缅军。无奈势力悬殊，李定国拼尽全身最后一丝力气扑向清兵，最终战死沙场，数万人的南明军队也分崩离析。

后来，有缅甸人回忆起那场浮尸遍野的血战仍然胆战心惊，说李定国战死之地，来年都寸草不生。

而与此同时，捉拿到了永历帝的吴三桂率部队迅速将其押送到昆明。吴三桂急于立下战功，于是决定将永历帝斩草除根，替清朝永绝后患。永历帝在奔波途中早已形容枯槁，又受尽屈辱，最终死在了吴三桂的弓弩之下。

王夫之此刻正隐居在莲花峰下的续梦庵，依旧对南明政权抱有希冀。直到清康熙元年（1662），他得知永历帝已故的消息，犹如五雷轰顶。他喃喃自语着："南明王朝……油尽灯枯了"，精神完全崩溃，最终昏倒在地。

永历帝亡故，意味着大明朝最后一线希望破灭，王夫之忍不住失声痛哭起来。他受到的打击正如上次得知崇祯皇帝自缢一般，甚至有过之而无不及。

这是因为，王夫之曾参与永历朝堂，在死难者中不乏许多他熟悉的朋友和同事。而南明政权覆灭后，他就彻底沦为了亡国之人。因此，他感到前路渺茫，写下《续悲愤诗》一百韵，并作《长相思》乐府二首，以抒胸中之悲怆。

3.《永历实录》：盛世明月，哀而不得

复兴明朝的宏愿如同王夫之心中的一轮明月，无论他如何苦

苦追寻，都始终是“竹篮打水一场空”。他不甘心让这一段血泪故事化作烟尘，写史立传的想法在他心中悄悄地萌芽。

其实，王夫之早在得知李定国悲惨殉国的情形时，就下定决心要为他立传。后来，他又陆续得知李来亨、刘体纯、郝摇旗等农民军起义的将领均在与清军的战斗中身亡。李来亨所领导的农民军势单力薄，被几万清军阵压，仍誓死抵抗。那日，清兵见强行攻破无果，便用石头堆成墙垒，将李来亨围困其中。李来亨不愿束手就擒，含泪拉着妻子以及部下投火自尽。

对此，王夫之掩面悲叹道：“来亨死了，此后中原再也没有一寸土地是大明疆土，再也没有一个人是明朝子民了！”

王夫之曾经痛恨农民军起义，逼得崇祯皇帝自缢，现在却被农民军的忠义行为所打动。他早年对农民军抱有的敌对情绪早在南明抗清之中逐渐地释怀。他意识到农民军是与自己同一战线的人，他们共同的敌人就是清军。而且他在战争中也了解到，许多农民军领袖并非张献忠之流。

在王夫之看来，李来亨等农民军将领为复兴明朝而抛头颅洒热血，是真真正正的明朝汉子。他从来都知道，历史是强者书写的历史。这些为大明流血的忠魂需要被祭奠，这些可歌可泣的抗清英雄不能被后人遗忘。他唯一的办法就是将悲痛化作文字，书写《永历实录》为抗清英雄们疯狂打call，才不枉做明朝人！

王夫之冒着被清朝抓捕处死的危险，花了一年时间写下整整二十六卷的《永历实录》，并且为高一功、李定国、李来亨等忠义之将作传，又为明末反抗清朝统治的志士写下《箨史》十篇，以留后人。

四、道路选择的成与败

以王夫之的才学和胆识，他其实有很多条道路可以选择。他本可以去当老师，依靠他的渊博知识一定可以评个像大学教授一样的职称，让桃李遍及天下；他本可以做个大官，可他最初是婉辞了永历帝的授官，后又仗义执言卷入南明朝廷的党争，再后来又拒绝了吴三桂抛来的橄榄枝；他本可以去经商，以他对经济发展的独特见地，很可能在乱世之中成为一个大商贾。

但是，王夫之没把这些目标纳入到他的人生志向之中，他知道还有更重要的事情在等着他去做。王夫之有着强烈的民族自信和民族自尊意识，不愿做一个亡国奴，所以他一生都在追求汉族为主的大明王朝之复兴，发扬汉学正统。

王夫之明明知道这是一条异常艰难的道路，为什么他还要如此坚定地做一个明朝“忠粉”呢？

这一方面是因为他生在明朝，把明朝视为自己的祖国、自己的家园。他生要做明朝的人，死亦是明朝的鬼。另一方面是因为作为入侵者的清军是满族人，而他是汉族人。他秉持“夷夏之防”“尔我不侵”的民族观念，认为中华民族与夷狄民族应各守领土，和平共处，互不侵犯。

因此，面对八旗铁骑的入侵，王夫之愤然挺身，要坚守民族大义，竭力传承华夏文化。他直到生命的最后一刻，都坚称自己是明朝遗臣，无愧于明朝“忠粉”之名。而且也正是他的坚韧心性，为明清之际的知识分子留下了一抹最亮的光辉底色。

方向决定前途，道路决定命运。道路选择对于个人的前途命运来说很重要，对于我们一个国家的发展、一个民族的兴亡更重要。回顾中国历朝历代，才华横溢、满腹诗书的人才不在少数，却有一些人因为道路选择错误，不但丧送了自己的前途和生命，而且还使国家与民族都陷入危机与险境之中，惹来后世的一身骂名。

事实上，从王夫之身上我们可以看到，他在任何时候都有明确的道路方向。无论经历多少威逼和利诱，他都始终紧绷“道路”这根弦，坚持一条道走到底，忠贞不贰，矢志不渝。这种态度和精神是我们需要学习的，也是在面对各种危机和诱惑时需要坚守的。

那么在当下，我们应该坚持一条什么样的道路呢？

古人云：“以史为镜，可以知兴替；以人为镜，可以明得失。”

三百多年前，王夫之立定报国宏愿，选择复兴大明作为一生的奋斗目标，虽九死而未悔，成为了后世仁人志士们的榜样。

王介之为了不使自己沦为权贵们争权夺利的工具，选择在山中避世授徒作为人生道路，尽管清贫，但收获了一份宁静自在。

吴三桂为了谋取个人的权势与富贵，先是选择引清兵攻打明朝，后又公然反清复明，最终如一场闹剧般收场，落得遗臭万年的骂名。

选择的道路不同，通往未来的结局便不同。

习近平总书记的铿锵话语音犹在耳：“今天，在中国共产党领导下，我们开辟了中国特色社会主义道路。”将中国特色社会主义作为全国人民的道路，既是基于五千年中华文明的积淀，也经过了千千万万中国人民的实践检验。走中国特色社会主义道路是历史的选择，也是人民的选择。人间正道是沧桑，不管前路有多艰险，我们都应风雨无阻、坚贞不渝地走下去。

通过全国人民的努力，在中国特色社会主义道路之上已形成了中国特色社会主义理论体系，建立了中国特色社会主义制度，发展了中国特色社会主义文化。量变引起质变，我们有理由相信，中国特色社会主义的道路选择，必将带领全国人民在新时代开启新篇章、创造新辉煌。

在选择了道路之后，又该如何去践行呢？

王夫之的一生，都在为他的选择而奔跑。他不仅为自己建立了道路自信，而且也为同时代的爱国志士树立了道路自信。今天我们要坚定道路自信，就需要继承和发扬我们五千年的中华文明，时刻不忘历史、不忘初心，铭记那些为祖国抛头颅洒热血的爱国志士，高举中国特色社会主义的伟大旗帜，朝着中华民族伟大复兴的目标奋勇前进。

理想信念之火一经点燃，就永远不会熄灭。诗人李白曾感叹："蜀道之难，难于上青天！"其实，道路之难并不是只有选择之难，还有坚持之难。"咬定青山不放松，立根原在破岩中。千磨万击还坚劲，任尔东西南北风。"我们的祖国、我们的人民选择了中国特色社会主义道路，就要将其作为我们的理想信念，不忘初心，牢记使命，战胜来自国际和国内各种重大风险挑战，做共产主义远大理想和中国特色社会主义共同理想的坚定信仰者和忠实实践者。而这，也正是王夫之一生对信仰的执着和坚守所带给我们的启示吧。

第四章

王船山的硬汉柔情与生命哲学

王夫之既是一条硬汉，又是一枚暖男。

在他的生命哲学中，『志为立人之本』，这是生命的前提；

『志于义，归于道』，这是生命的基础；

『不畏死，更贞生』，这是生命的升华和根本所在。

他的为人处世原则是：独处超之，众处怡之；无事澄然，临事坦然；

得意安然，失意泰然；美言慎之，刺言安之。

一、王船山的硬汉柔情

自古以来，湖南就有“敢为人先”“心忧天下”的精神血脉流传。王夫之是一个地道的湖南人。他敢说敢怼，是一个话锋、笔锋如投枪、匕首的硬汉子；他胸怀天下，又是一枚内心柔软的暖男。这一刚一柔在王夫之身上完美融合，成为了王夫之的个性亮点。

1. 敢为天下先的“王怼怼”

王夫之有个外号，就是“王怼怼”。他的敢言、敢怼体现在对封建社会酷刑的批判上。他敢于怼宋代的理学大咖程颐、朱熹，抨击他们主张恢复肉刑的做法是反人道的不合理之举。

“肉刑”是指以剧烈的痛楚伤残肉体的各类刑罚，包括黥（刺面并着墨）、劓（割鼻）、刖（斩足）、宫（割势）、大辟（即死刑）等刑罚。王夫之曾旗帜鲜明地对肉刑提出抗议：“大家同是生活在一片蓝天下，有的人容貌被毁，有的人脚被斩断，有的人鼻子被割掉，还有什么比这更惨无人道吗？”他怒斥发明宫刑的人：“这些人简直是全人类的罪人！宫刑是违反生命伦常的刑罚，这种断子绝孙之举往大了说可以使国家灭亡，往小了说可以让家庭破碎，让罪犯的亲人老无所依、幼无所养。”王夫之对宫刑的批判，实际上是对千年以来“太监文化”的批判，这需要多大的勇气啊！

在王夫之的字典里，肉刑并非君子行为，它不仅不能使恶行减少，还会刺激人们去犯下更多的罪。他之所以强烈地反对肉刑，是因为他清醒地意识到，以非人道的行为来对待他人，是等同于把自己也降低到非人道的标准之下。这种刑罚不仅助长残暴之风大行其道，而且不利于犯罪者反思自己的罪过，反而会激化他的仇恨和报复情绪。

此外，王夫之对于主张实施酷刑的“君子儒”也进行了毫不客气的批判。

据史实记载，朱熹为搜集台州知府唐仲友的罪证，曾多次对官妓严蕊施以酷刑。王夫之认为，严蕊的身份只是一名小小的官妓，她虽有罪，但罪不至死。朱熹以这种手段来搜罗唐仲友所犯之罪，无异于秦桧以“莫须有”之名给岳飞定罪。

王夫之进而抨击：“这些主张制定严酷典罚的儒者实际上与申韩之儒没有什么两样，都是打着道德的旗帜做不仁不义的事，其最终目的就是为封建专制统治阶级服务。”

自宋代以后，主张推行严酷刑罚的儒者越来越多。王夫之批判了程朱理学“以理杀人”的做法，针针见血地怒怼以朱熹、程颐为代表的大儒们，这对于身处封建专制统治之下的人需要极大的勇气。

2. 骨子里的“暖男心”

在封建礼教浓厚的宗法社会，王夫之敢于质疑“士为知己者死”的“义”举，有冒天下之大不韪的勇气。王夫之虽有“硬汉”的“霸气”，但骨子里却是一枚“暖男”。他认为，人民的生命高于一切。任何政治目的或原则都不能凌驾于老百姓的生命之上，其中最典型的例子就是体现在他对臧洪杀妾、张巡杀亲等事件上犀利的批判态度。

在封建等级观念中，妾为奴。为报答主人恩惠，奴以死相报被视为忠义之举。历史上曾有记载“臧洪杀妾”的故事。在东汉末年动乱局势之下，臧洪固守孤城，此时军粮已经全被吃完了。臧洪便杀其爱妾，分食于官兵将士。这在王夫之看来并不是值得歌颂的义举。

王夫之分析，豪强争霸而导致的战争不属于正义之战。臧洪之所以誓死守城，是对袁绍不救张超之事怀有怨气。为一己私怨而奋不顾身，杀爱妾以食将士，导致城内七八千的无辜百姓死于刀兵之下。王夫之认为，仁义本来就是一体的，二者不可分割。吃人之罪何其凶残恶毒，本是不仁之举，就更加谈不上义举。他直言：“臧洪杀妾的行为不但不应该褒奖，而且是极大的罪过，应当把他杀了。”

史书上记载的“张巡杀亲”的故事，实际上也是效仿臧洪杀妾之举而来。安史之乱导致睢阳城战火纷飞，老百姓饥不果腹，甚至出现“易子而食”的悲惨境遇。于是，张巡模仿当年臧洪杀妾的行为，将自己的小妾拉出，当着三军将士的面把她杀害，分给士兵们吃。

王夫之极力批判张巡杀亲的做法。他气愤地骂到，张巡不仅自己亲手杀了妇女，而且逼迫将士也一起分食，还让手下士兵去杀全城的妇女，简直是伤天害理、灭绝人性！

王夫之还愤怒地把当时的统治者也一同骂了，骂他不该授予张巡忠君的荣誉。他认为，张巡选择坚守睢阳城虽然是为国尽忠，但是张巡因此残杀百姓，以忠义之名牺牲亲人的生命，导致了父子、兄弟、夫妻相残。人性沦落至此，与冷血动物无异，又有何资格来谈论忠义！从臧洪杀妾到张巡杀亲，这种恶习会使后世贪慕功名的人不断效仿，带来整个社会人道主义精神的崩坏。

政之所兴在顺民心，政之所废在逆民心。在王夫之的观念中，民生为根本。在人民的生死与封建的纲常伦理抉择面前，他显然选择了前者，对后者表现出大无畏的反抗和批判态度。

这实际上正显示了王夫之的大局意识，即他一直强调的“为天下之大公”。

王夫之认为，国家从来不属于一族姓氏，以一姓之兴亡来作为正义、忠良与否的评判标准，未免过于片面。这一观点在封建宗法社会极具挑战意味，也从侧面印证了王夫之铮铮铁骨之下的仁爱之心。

王夫之的民本思想具有超前性。他赞同老子“以百姓心为心”的观点，“人民”二字，在他的心中重于千钧，这远远超过了同时代知识分子对于“人民”的认识。

自顺治二年（1645）后，清军一路南下，对百姓烧杀掳掠，无所不用其极。王夫之正是看到了这些处在水深火热中的老百姓，想要改变他们的生活状况，想要流离失所的难民有家可归，有热汤热饭可吃，才义无反顾地选择去对抗清军。百姓的疾苦是王夫之最日思夜想、辗转难眠的事。正是基于此，一个手无缚鸡之力的书生才成长为杀敌报国的战士。

在王夫之的一生中，命运大多时候对他是残酷无情的。“生活以痛吻我，我却报之以歌。”这句话可作为诠释王夫之生命的一个注脚。

对于妻子，王夫之用情至深。他感念陶氏、郑氏对他的好，在她们亡故后王夫之食不下咽，留下了多首怀念诗作。

对于孩子，王夫之将其如山的父爱倾灌。他的大儿子王勿药出生不久便身患重疾，王夫之一直没有放弃替儿子治病的念头，一边躲避清军追捕，一边四处求医问药。

在父母、兄长的心中，王夫之始终是一个孝顺的儿子，一个懂事的弟弟。在父亲被张献忠手下抓走后，王夫之做了一回孤胆英雄。为了营救父亲，同时也为了避免兄长再出意外，他劝慰安顿兄长，独自前往军营将父亲救回。

在同学、朋友、同事眼中，王夫之是一个好哥们，天生有一副热心肠。他建立匡社，举兵衡山，替“五虎”直言，为严起恒“死诤”……这一桩桩、一件件都折射出王夫之作为知识分子的“侠骨柔情”。他看到国家危在旦夕，才会想出“救亡图存”的办法建立匡社；他看到家乡被清军占领，便拿出自己全部家当去招募义兵，甚至亲自上阵杀敌、起兵抗清；他看到忠臣被诬陷，冒着得罪权贵的危险，不惜拼上自己的性命去谏言。

尽管王夫之的人生路上遇到了许多困难和霉运，他却并没有因此消沉厌世。他耗费巨大精力撰写《永历实录》，细数永历十六年历史，写下的人物大大小小超过四百个，并且专为一百零八个爱国志士立传，还为十四位殉国者立《死节列传》，希望能将这种尽忠报国的精神流传后世。而在这其中，有三十多位都是他的朋友、同事和师长。王夫之不掺杂丝毫个人情感，而是客观地把他们亲历的故事一一记录下来。每写一个，都是一次伤痛，也是一次怀念。

例如，他在写高一功时，并没有将其农民军出身隐去。由于农民军起义将崇祯皇帝逼得走投无路，王夫之本对农民军颇有看法，他将农民军在湖南的烧杀抢掠经过真实地记录下来。而在高一功转投南明政权，成为一名爱国将领后，王夫之又反对许多史学家将高一功称为“流寇”的说法，详细记录了他的战功并对其忠义行为进行了肯定。除了高一功外，他还为十余位农民军出身的爱国将领立传。他臧否人物，不是主观成见，而是以史为鉴，以事实为基础，彻底抛开了早期对于农民军的不良看法，完全变得豁达和超脱了。

与“铁面判官”式的历史学家相比，王夫之写史颇为宅心仁厚。人非圣贤，孰能无过。他不会将道德标准作为尖刀利剑去审判他人，也不会将有过之人永远钉在耻辱柱上，这种开明的述史风格与他生活中所展现的“暖男”柔情是分不开的。

在流亡途中，王夫之还写下了许多哀民生之疾苦的诗。在《广哀诗》中，他感慨于生命的凋亡和流逝，悲痛于身边友人的大义殉国，寄托对他们的哀思。夏汝弼、文之勇、管嗣裘、严起恒、李国相、蒙正发、刘象贤、唐克峻……他一刻也没有忘记这些为国为民者的点点滴滴。说到底，王夫之的内心非常柔软，是一个感性的人，是一个讲仁义、有情怀的人。原来在王夫之犀利、霸气的形象之下，也有如此温情的一面。而正是因为人民是王夫之前行道路的最大底气，所以他为了人民的幸福，勇敢而决绝地披上了战甲。

二、王船山的生命哲学

何为生命？如何走出现代人生命存在的围困，我们可以折返回中国哲学那里寻求答案。

中国哲学向来被看作是关于人生的学问甚至是生命的哲学，《易经》明谓“天地之大德曰生”，“生生之谓易”；老子则追求长生久视，注重对人的生命本色的探讨；庄子则对精神自由、个性独立心迷神往；儒家则视以仁义道德、内圣外王为圆满的“中庸”人格为人的最高的生命形态。

可以说，王船山的硬汉柔情与他的为人处世有关，他为人处世的原则是：独处超之，众处怡之；无事澄然，临事坦然；得意安然，失意泰然；美言慎之，刺言安之。这种为人处世又与他的生命哲学有关。在他看来，生命有三种存在，一种是历时性存在，一种是共时性存在，还有一种是精神性存在。

生命的意义与价值是什么？在王船山看来，“志为立人之本”，这是生命的前提；“志于义，归于道”，这是生命的基础；“不畏死，更贞生”，这是生命的升华和根本所在。

1. 独处超之，众处怡之

王船山的哲学难能可贵地中和或兼容了“道”“儒”两家学说，对生命的存在的诠释则更为人深思，他从生命本体论出发来探讨生命的存在问题，继而追寻生命的本质及其意义所在，这种本质和意义可用“形色之实”来概括。

王船山的哲学相较于程朱理学、陆王心学来说，是否定精神优先论的。王船山首先强调生命本体的“实在”，而所谓的“实”又是围绕着“气”展开，王船山的“气”不是纯粹形上意义的“太虚之气”，而是横贯在有无之间、显与隐之间生机勃勃的“生气”。王船山所言之“气”既是“希微不行”“絪缊不可象”，又是“诚者实有者也”，王船山以“气”之“实”保证了生命之“形色之实”。

在此基础上，王船山还提出“诚”的意义：“尽天地只是个诚，尽圣贤学问只是个思诚。”王船山将德性意义上的“诚”作为存在意义上的终极范畴，即强调真实的存在。

“形色之实”中的“实”，不仅是存在之“实在”，更是存在之“实有”。

在王船山看来，生命的存在首先“是一种具有时间性的存在”。他坚持“我”作为个体的生命价值，认为“我者，大公之理所凝也”，提出“天在我”“造化在我”“变化在我”，使中国古老的本体论哲学传统再次得以重申。

王船山重视个人的修为，追求独处超之，众处怡之。一个人的时候，要做到很超然地享受作为生命个体的存在，而众处时，他又希望大家能够愉快地共事、论争，一切以“怡”为准。虽然他有时因为耿直做不到妥协与“怡人”，但在无关原则事情上，尽可能与他人愉快地相处。因为，“我”的本体论离不开 “身体”，“若其身之既有，则人之于天地，又其大成者也”，“而天下之大始尽此矣”。

王船山认为，身体只是丈量、感知时间存在的客体，而时间存在于生命的展开之中，生命存在于身体对于时间的感知之中，是一种生命的“当下”或“在场”；同时，感知的时间性表明主体在生命体验中建构自身的经验认知，就此意义而言，生命的存在是一种生命的流动，是生命力的绵延。

2. 无事澄然，临事坦然

人的一生，不可能一帆风顺。“性”与“欲”都要控制，这是人与动物的区别，是理智和文明的表现。因此，无事的时候，心地明净，没有私心杂念；有事的时候，就能从容迎迓，坦然面对。

王船山认为“命”是一种自然的真情性，“命之情者，天命我而为人，则固体天以为命”，“要从人生生命的真情去审视‘命’的价值”。王船山言：“天与性一也，天无体，即其资始而成人之性者为体。”天命相连即为天命，天性相依方为天性，是名曰“天命之性”。我们可以通过对“性”的理解从而去把握“命”之价值。

那么，何谓“性”？王船山曰“盖性者，生之理也。均是人也，则此与生俱有之理，未尝或异……而声色臭味之欲，上智所不能废，俱可谓之性”。与当时流行的“存天理，灭人欲”的程朱理学不同，王船山肯定了人的欲望。“饮食男女之欲，人之大共也。共而别者，别之以度乎。”所谓“饮食男女之欲”也就是“生之理”，即是指属于人自然属性的基本欲求。王船山认为“欲”是人心与可欲之物的互动，他说：“盖凡声色、货利、权势、事功之可欲而我欲之者，皆谓之欲。”

在去欲与天理观念盛行的明代，王船山提出“无欲则理废”，他对于“生之性”的阐释旨在表明“只有在感性的彻底解放中，理性才能够真正得以呈现”。王船山的生命哲学将生命从内在的心性之学中解放出来，认为“真实的存在是感性存在与理性存在的统一，感情与理性同样构成了人之为人的本体论的规定”，由此生命才可走向真正的敞开。

王船山在强调生之“欲”的同时也强调“度”的重要性。由此引出了“天命之性”中“性”的第二个释义，即“性”者，亦为道德理性。尽管王船山承认人的自然欲求的正当属性，肯定人的感性存在，但是相比之下他更为看重人的知性存在，即人的道德理性。“夫性者何也？生之理也，知觉运动之理也，食色之理也。此理禽兽之心所无，而人独有也。故与禽兽同其知觉运动，而人自由人之理。”王船山将“生之理”视为人与禽兽之区别所在，人之所性贵在“理”。

王船山还解释了“理”之含义，其曰“若论性，只换做性便是也。性里面自有仁、义、礼、智、信之五常，与天之元、亨、利、贞同体，不与恶作对”。

王船山把“仁义礼智”之性实作为人兽之分的根本，坚持以理制欲，认为一个人只要能做到“以理制欲”，就能达到“无事澄然，临事坦然”的境界。中国古代美学一向追求“中和之美”，王船山的生命哲学中亦充满了辩证法的智慧。

在“性”之问题上，王船山并没有像唯意志主义那样，一味地强调生命欲望的正当性而最终偏向了非理性的一维，而是追求有价值的生之性，曾言“圣人有欲，其欲即天之理，天无欲，其理即人之欲。学者有理有欲，理尽则合人之欲，欲推即合天之理”。

对于理与欲的关系问题，王船山的回答则是：欲中含理，理尽合人欲，也就是认为理在欲中。王船山又言：“声色臭味顺其道，则与仁义礼智信不相悖害，合两者而互为体也。”这里王船山提到了“欲”的规范问题，认为“义”为“欲”的前提，欲应合乎义，若相悖，应弃之。“于此声色臭味，廓然见万物之公欲，而即为万物之公理。”

真实的生命存在是理性与欲求之和谐，是以能够“从心所欲不逾矩”，从存在主体走向道德主体。王船山的“理尽则合人之欲，欲推即合天之理”，意在强调“合人之欲”是以“理”的规范作为前提的。那么，如何对“欲”进行规范？王船山的回答是“以理制欲者，天理即寓于人情之中。天理流行，即声色货利从之而正”，以理制欲，欲才得以规范，并强调“无理则欲滥”，这也是人兽之争的核心价值。

3. 得意安然，失意泰然

王船山作为一个批判主义者，他将“文”作为人类欲望理想的表达方式，将“文”视为人类精神的依托与归宿。在其哲学体系中，他将“文”的含义范围扩大，不仅包含了礼、道等精神维度，而且还将“节文”“止乎礼义”等精神内涵内置其中。王船山的“重文”思想不仅仅是他诗教思想的体现，更是他对于“欲”之规范的探讨，即对“释欲”问题的考量。如果修文之事悖于人之本性，那么也将有损于人。

“身心一如”作为王船山生命哲学的精神核心，因而他的“文”之思想必然要回归于身心之上。王船山言“‘玩物丧志’者，以学识为学识，而俟一贯于他日者也”，“经亦有可玩者，玩之亦有所丧……故必约之以礼，皆以肃然之心临之，一节一目，一字一句，皆引归身心，求合于所志之大者，则博可弗畔，而礼无不在矣”。王船山斥责无礼规约下的玩物丧志，在王船山看来，“文”之要义则是“引归身心”，以身心体之，以身心证之，做到文礼并致。

王船山的一生是命途多舛的一生，是抗清救国的一生，也是苍凉悲壮的一生，更是载志载义的一生。他的生命犹如劲草，疾风中昂扬，他野性的生命力可与天地兮同寿、与日月兮齐光。

应当看到，王船山所处的年代，是天崩地析、风雨飘摇的灰暗年代。明代末年，在内黎庶涂炭，民生凋敝，在外满洲兴起，鹰扬虎视，最终明王朝在铁戟长铩中江山换改。王船山先生在那个平均年龄不到四十岁的特殊年代，在“严寒一敝麻衣，一烂袄而已，厨无隔夕之粟”恶劣的生活条件之下，穷究经典，翻陈出新，通古今之变，竟享寿七十四岁，可谓创造了生命奇迹。

关于此，国学大师钱穆先生在《中国历史精神》有言：“厥为晚明诸老之各臻大寿……论其原因，则人之寿命，实由其人内心之坚定，外行之纯洁，意志力之强毅，全部人格之调整，始获享有高龄。”

得意安然，失意泰然。这是王船山晚年努力追求和享受的境界。

4. 美言慎之，刺言安之

写作，不可能没有个人臧否，不可能没有美言（赞美的话）与刺言（批评的话）。那么，如何做到赞美与批评两相宜？王船山坚持“美言慎之，刺言安之”的原则，也就是说，赞美的时候，要慎之又慎，不要滥言和溢情，而是赞之有据、批之有度，如此则心安矣。

王船山笃信：贞淫易其志者，生死如鸿毛草木，生命只流于表面，形如残骸，毫无价值可言。因此，王船山批判流俗苟生，追求精神之贵生。

生命之义在于修行。王船山强调“身心一如”，在生命的体验中讲求定慧双修，在心之尽性与身之修炼中相济相用，如此才可解悟生命之真谛，显露生命之真实，通达生命之价值。

何谓生命，何谓生命之意义？如果因为赞美权贵，虽得了一时之利，却失去了生命之真谛；如果批评无度，信口开河，那样的写作不仅没有价值，也是折杀生命。王船山一生都在思考，都践行自己的生命哲学，来追求自己的人生价值。

王船山用自己野性的生命力量为“生命”二字做了最有亮色的注脚。生命的意义应当是形色之实的真实感，是天命之性的充盈感，是心性之志的不屈感，是对生命的自我肯定与自我确证。在网络亚文化充斥的现代社会，在个人存在虚无，纵欲享乐，信仰缺失，精神失根等生命危机面前，王船山的生命哲学有其存在的意义与价值，它为现代人的生命观提供了一种新的生命启示与历史参照，让现代人在现在与历史的对照中重新审视生命，而现代人也需要这样的精神警觉。

王船山“主体生命的时间性存在”这个命题又涉及“主体

与时间的关系性”这个问题。主体在时间中感知自身，这是对于生命的过程性描述，是主体生命的历时性表达，而在生命的历时性中又包含着生命活动的瞬时性表达，生命的存在是从生命历时性与共时性两个维度上展开的。美言也好，刺言也罢，都是王船山对世界认知和表达的方式，是他生命价值的展示与确认。

5. 历时性存在的生命

王船山之所以有强烈的自省意识和反思精神，原因就在于他对于生命有强烈的体认，他认为生命至少有三种形式的存在：即历时性存在、共时性存在和精神性存在。

“天下日动而君子日生，天下日生而君子日动。动者，道之枢，德之牖也”，这表明了王船山所认为的生命的存在方式就是“日生”，同时王船山也提到“过去，吾识也。未来，吾虑也。现在，吾思也。天地古今以此而成，天下之亹亹以此而生，其际不可紊”。

“过去”“未来”“现在”，这三个时间维度显示王船山从对生命存在的思考转到对生命持存问题的发问。在王船山看来，已消逝的过去在空间存在形式上是“无”，属于空间存在上的“不在场”，但是过去的生命经验以一种时间上的遗留形式在个体生命中找到了重新可回归“在场”的形式，而这种“在场”实现了生命历时性与共时性的共在，继而完成了对于生命经验的自我建构。

王船山所认为的“生命的历时性存在”，即是主体在线性时间中把握自身的存在，因而王船山的生命存在论中的历史文化意识也随即彰显。王船山曾言人是“赞天地之化育”的“人文化成”，所以在历史文化中，主体便不是原子式的孤零的个体，而是与人类整体以及他人的存在息息相关的个体。

王船山的生命哲学一方面扩大了生命的存在域，另一方面丰富了生命的存在形式，他将生命个体纳入历史文明的生成之中，使得主体过去以往的经验结构重新被激活，被赋予了新的存在形式。过去的生命体验与现时的生命感知共同参构了现时的“我”的存在，“我”在被历史观照的过程中重新发现了存在的意义，并以鲜活的力量参与了历史文明的建构，至此，主体的能动力量再次在王船山的生命哲学中得以彰显。

6. 共时性存在的生命

在儒家学说中，“时间”往往与“空间”相并存的，王船山在对生命的历时性存在的阐释中所用的“见在”“现前”等词语就是在对“时间”的表述中存在着对“空间”的内在规定性，如“者（这），见在之词也”。“这”即为“现在”“此时”的表达义，因而按照儒学的时空共在性，“此时”亦为“此地”。

“存在的显现总是要借助于空间的因素”，而“空间之丧失，则包含着历时的呈现之丧失、现在之丧失、存在之丧失”。生命的共时性存在是要在当下行动中显现的要求，即对主体生命感知的空间要求。然而，自我存在的空间域的延伸则需要在“天”与“地”的大空间域中展开，“展开”则意味着必然要与之发生关系，而生命就存在于这种动态联系之中。在这里，生命的历时性存在则为“隐”，共时性存在则为“显”。

如此，天人关系与“隐与显”的关系则一并统一到“现时”的生命体中。但是，这里的“天人关系”则更多强调的是存在之行动上的担当问题，是个人主体性向社会展开的过程，亦是“小我”向“大我”展开的过程，这亦是王船山对“生命的共时性存在”所提出的要求：“仁者，仁此者也；礼者，履此者也；义者，宜此者也；信者，信此者也；强者，强此者也：乐自顺此生，刑自反此作。”这里的“仁、礼、义、信、强”，就是生命的内蕴和价值所在。

7. 生命存在中的精神

生命的历时性与共时性存在是将主体生命以客观真实存在的形式纳入到自身生命轨迹的动态生成中。王船山的生命哲学讲求的是“身心一如”，其所述的“身体”是一气流通的生命体，是将形躯、心灵用一种显—隐有别的方式涵育于实存性之身。

王船山生命本体论上的“形色之实”包括主体的精神本体，在个体的生命存在中，“精神”也必然参与了主体生命存在的建构。主体生命的时间性亦包括精神本体的时间性。

王船山认为，精神本体并没有初生意义上的规定性，而是一种“自为的存在”。他强调“初生而受性之量，日生而受性之真”。在这里，精神本体的生成具有一定的时间性，即表明了其建构是一个习得过程。王船山还提到“性者，人之同也；命于天者同……知性、养性，是曰‘性之’。惟其性之，故曰‘所性’。岂全乎天而无人之词哉？”

由此看出，精神本体的生成，不是单纯的天之所命，而是主体在生命过程中的“所性”与“性之”，是一种生命的流变。精神本体作为个体生命存在的一种参构，它不是一个“受之”的存在，而是能与外界进行力量交互的过程性存在，是能够对外界做出明察、判知的“自觉的存在”。唯其如此，作为主体的人才可“目日生视，耳日生听，心日生思，形受以为器，气受以为充，理受以为德”。这种生命的自觉，源自对生命的感悟。

实际上，生命的时间性存在不仅涉及“主体性”问题，还涉及“主体间性”的问题。个体生命在进行“所性”“性之”时，是对外界的一种行为判知。在与外界的感知过程中亦是两种不同力量之间的抗衡，它涉及环境对于主体精神的影响。

个体生命的存在是面向天地的敞开，是在与天地的作用、与自我作用之间走向生命存在的真实。如若一味地受之、听之、任之，则体验未发；如若对环境不加选择地顺之、放之、溺之，则会“因乎习之所贯”，继而走向生命的遮蔽。这就要求个体生命由“自觉的存在”走向“自律的存在”。

面对国亡而祀斩，无尺土之可依，王船山愤然言“当家邦之丧，而外附以免祸，是助逆也”，坚持做明代的最后一位“遗民”。这种不忘初心的执着，对当代人的信仰缺失，无疑是一种摄魂聚魄的震撼。

王船山面对民族之伤，亡国之痛，他也并没有遁入空门、消极避世，而是表现出了壁立万仞，身任天下的济世情怀。“琨乃以孤立之身，游于豺狼之窟，欲志之伸也，必不可得……以琨之忠，身死族夷，抱志长埋于荒远，且如此矣。”王船山对于生命本质的认识，远远超过了同时代的诸多圣贤，他得到后世人的景仰，也在情理之中。

8. 志为立人之本

用生命不息、战斗不止来形容王船山真是一点都不过分。当然，这里所谓的“战斗”并不仅仅指他年轻时上马杀敌，也不仅仅指他中年时游走于南明王朝及跟当势权贵争斗，更多的是指他的人生态度，即便晚年生活孤苦，在经常“吃了上顿没下顿”的困境下，他依然与恶劣的环境斗争，与病魔以及另一个“自我”作斗争。

所有这一切，都是他对自己生命哲学的践行所做出的努力。王船山一生以志正身、矢志不渝，以野性的生命力量，践履生命之义，而高标蹈世。

“志为立人之本”，这是王船山生命哲学的前提。

王船山言：“小体，人禽共者也，虑者，犹禽之所得分也。人之所以异于禽者，唯志而已矣。不守其志，不充其量，则人何以异于禽兽哉！”

王船山一生追求“尚志”，不仅视为立人之本，而且是有别于禽兽的最大区别之所在，并进而言之：“志于食色者极乎禽兽，志于道者极乎圣人。”王船山斥责沉耽于饮食男女之欲的流俗者，他注重的是心性之志，认为唯有此才可以见生之义。在他眼中，无志者，与禽兽无二异，丧志者，则有失人之为人。

王船山同样也用“志”践行了自己自强不息的一生，有言：“志正则无不可用，志不持则无一可用。婞婞然一往必伸者，介然之气也。气则有伸有屈，其既必迁，以此为志，终身不成。”

面对亡国之痛，王船山在自己的诸多诗词中无处不流露出他的遗民情怀：“天荒地老情无歇。情无歇，唤不归来，他生此劫。”“自抱冰魂，海枯石烂，千年不坏。”“万心抛付孤心冷，镜花开落原无影。只有一线牵，齐州万点烟。苍烟飞不起，花落随流水。石烂海还枯，孤心一点无。”他的赤诚孤忠，无人能识。即便如此，王船山依旧“以孤立之身，游于豺狼之窟，欲志之伸也，必不可得；即欲以颈血溅刘聪、石勒，报晋之宗社也，抑必不能；是以君子深惜其愚也。以琨之忠，身死族夷，抱志长埋于荒远，且如此矣”。王船山的忠诚，可爱，坚守，这一切的一切，无不浓缩在自己的文字中。

即便明朝已亡，江山故土已沦敌夷之手，王船山依旧像顽石一样忠心不悔，并留发明志不流俗，载天地之义而自强不息，正是心怀这种坚贞之志才使得王船山先生的生命价值卓然不群。

9. 志于义，归于道

“志于义，归于道。”这是王船山生命哲学的基础。

对于生命，王船山更注重生理身体之上的德性生命，他认为生命的展开应是德与礼的身教，是人之尊严的彰显。

儒家看待生命，多从道德价值层面出发，孟子曾曰“君子所性，仁义礼智根于心。其生色也，睟然见于面，盎于背，施于四体，四体不言而喻”。

作为文化大儒的王船山同样注重“志”的道德内涵，认为人之生命应志于义，而归于道。

对于“善”与“恶”，王船山看得十分清楚。他坦言：“故志正而后可治其意，无志而唯意之所为，虽善不固，恶则无不为矣。”“明伦、察物、居仁、由义四者，禽兽之所不得与。壁立万仞，只争一线，可弗惧哉！”

“志”是“逐恶”的法宝。王船山将志与义相联，以厚德载物为修己之纲，老而弥笃，奉行一生。在食不果腹，衣不蔽体的困苦之际，王船山将国破之痛、身心疾苦化为笔尖波涛，潜隐著书，以修身性。

10. 不畏死，更贞生

“不畏死，更贞生”，这是王船山生命哲学的升华和根本所在。

关于“生命”二字的理解，对于“生命价值”的追寻，困扰着这世间的芸芸众生，也引发无数古今圣贤和文人骚客的嗟叹。

庄子曰：“天地之间，若白驹过隙，忽然而已。”（《庄子·知北游》）

隐逸诗人靖节先生也曾言：“一生复能几，倏如流电惊。”（《饮酒·其三》）

一代枭雄曹孟德也不禁发出这样的哀叹：“神龟虽寿，犹有竟时。螣蛇乘雾，终为土灰。”（《龟虽寿》）。

而唯意志主义者叔本华却像一个悲天悯人的智者，看到了生命中最悲凉的底座，于是乎，将人的本质抽离成痛苦和无聊，将欲求和挣扎看作是人的生命的全部。如今很多的现代人只将生命的长度作为人生旨归，贪生畏死，忽视了精神之修行，如蝇在世，蝇营狗苟。

在王船山看来，生死乃天道有常，他提出“不畏死，更贞生”的观点以明志并以示后人，载义的一生，实为有价值的一生。

对于生死，王船山提出“草木任生而不恤其死，禽兽患死而不知哀死，人知哀死现时不必患死”，这种对于生死的达观与超然的心态，实则来源于王船山对于生命之“义”的要求。

王船山之意并非是倡导“舍生”而“取义”，而是在“贞生”的基础上“务义”，即“贞生死以尽人道”“贞者，正也，定也”。为此，他批“始于爱生，中于患生，卒于无生”的佛陀度生之道，责道教“炉火之事”“呗咒观想之术”的求长生之术，而言“性尽，则生死屈伸一贞乎道，而不挠太虚之本体，动静语默一贞乎仁，而不丧健顺之良能，不以客形之来去易其心，不以客感之贞淫易其志，所谓‘夭寿不贰，修身以俟之’，不显亦临，无射亦保也。盖其生也异于禽兽之生，则其死也异于禽兽之死”。

在生死观上，孔子曾曰：未知生焉知死。孔子回避“死”而只专于“生”的问题，而王船山的态度则是唯有知生知死，才可贞生贞死。

王船山将死放到了与生同等的地位，生若载义，死若赴义，无论生，无论死，都是对于生命价值的具体实践。重要的是，生命的每一天，都要努力驱逐黑暗，都要努力让自己过得充实，过得平静，过得善良和有意义。

第五章

乱世出大咖

睿智若王夫之，他发出了『学术邪正之辩，即世运盛衰之别也』的论断，三百多年前他已经悟出了『文运同国运相牵，文脉同国脉相连』的道理。

他所做的就是文化传承的事业，就是攒聚民族精神力量的事业。

他虽然不能挽救大明王朝政权的覆灭，却用他的著作、用他的思想传承和擎起中华文脉的火种。

乱世出英雄，这是世人皆知的历史规律。

在烽火连绵、国土分裂、山河破碎、民不聊生的动乱时代，总会有英雄挺身而出，负重前行，救黎民于水火，解百姓于悬崖。他们有着凌云之壮志，有着气吞山河之气势，为世人千秋敬仰。

在地动山摇的动乱时代，与拯救黎民现实痛苦同样重要的，是匡扶黎民的心智。乱世呼唤沙场英雄，同样呼唤思想巨人。

恩格斯在形容十四至十六世纪欧洲那场伟大的思想解放、艺术创造和科学发现运动——“文艺复兴运动”时曾说：“这是一次人类从来没有经过的最伟大的进步和变革，是一个需要巨人而且产生了巨人——在思维能力、热情和性格方面，在多才多艺和学识渊博方面的巨人的时代。”

明清易代之际就是这样的一个乱世，而王夫之就是这样一位应时而出的思想巨人和学术大咖。

一、紧紧锁住人生的“扣子”和“拉链”

王夫之是应时代呼唤而勇扛使命的思想巨人，但他并非与生俱来就感应到了这份使命。相反，他是在经历了青春的迷茫、壮年的沉痛之后，才最终领悟并接受时代交给他的这份“六经责我开生面”的使命。

1. 第一粒“扣子”：科举应试

王夫之天资聪颖，擅长学习，七岁就读完了十三经，十四岁即考中秀才，两年内读尽衡阳州学所藏。从十五岁开始，王夫之连续三次到武昌参加乡试，不料竟年年失利。当然，这并不能证明少年王夫之能力的不足。王夫之的天资聪颖和擅长学习是毋庸置疑的。我们只能说，人生在世除努力外，有时还需要那么一点运气、一点机缘。

对于那个时代的青年人来说，科举就如同今天的高考一样，是人生进取的必经之路。我们只要想到如今学子对清华北大、对双一流学校的不懈追求，就很容易想象出少年王夫之对科举应试的激情。

二十四岁那年，王夫之终于和长兄王介之、好友管嗣裘等一同考中举人。年轻的举人王夫之，肯定是踌躇满志的。在他的心中，肯定已经为自己勾勒出一幅科举人生的未来蓝图。

然而，让他始料不及的是，个人的命运终究要被卷入时代的洪流。

二十四岁那年的冬天，王夫之抱着满腹的志向和长兄王介之一起去京城参加会试。古代的交通跟现在当然不可比拟。现在的高铁和飞机，让我们可以一天之内来回湖南和北京。然而，在王夫之那个时代肯定不行。

更加致命的是，当时李自成率领的农民军已经在大江南北掀起了纷飞的战火，王夫之北上的路途充满艰险。来年的正月初一，当船到南昌，停泊在章江江面上时，二十五岁的王夫之写下了《元日泊章江用东坡润州韵》的诗篇：

闲心欲向野鸥参，更听鱼龙血战酣。

何事春寒欺晓梦，轻舟犹未渡江南。

青年王夫之隐隐地预感到自己北上的道路是不通了，这让他无比忧闷。因为这不仅意味着这次赶考的失败，也意味着他整个科举梦的终结。

后来的事实也证明确实如此。次年迫于内外交困，朝廷宣布会试延期，王夫之兄弟只得返乡归养。此后战乱频仍，明王朝风雨交加，王夫之满腔的应试理想还未来得及施展，便已破碎在时代滚滚的洪流之中。

就这样，王夫之的科举应试，止步于二十四岁那年的乡试。在农民军与官军的鱼龙血战中，整个大明王朝已经如同一叶孤舟在凛冽的寒风中摇摆，颠覆只在旦夕之间。覆巢之下，焉有完卵？整个国家已经没有归路，个人的科举之路又向何处去寻？船泊章江，望着大江南北的鱼龙血战，青年王夫之打下了一个大大的问号。

青年强则国强，青年兴则国兴。反之，国强则可以为青年谋强，国家不迷茫则青年不迷茫。二十五岁王夫之的迷茫，是那一个时代的青年人的集体迷茫。

青少年时代是人生的“拔节孕穗期”，扣好人生的第一粒“扣子”相当关键。对于王夫之和他的同龄人来说，科举应试可以算是他们人生的第一粒“扣子”。天资聪颖、勤奋好学的王夫之，是多么地想扣好自己人生的第一粒“扣子”啊！可是在那个风雨飘摇的时代，注定他这粒“扣子”是扣不好了。

所以，接下来的很多时光，王夫之都在苦苦寻觅人生的其他扣子。

相较之下，我们当代青年是何其幸运！何其幸福！十九大报告指出，青年一代有理想、有本领、有担当，国家就有前途，民族就有希望。中国梦是历史的、现实的，也是未来的；是我们这一代的，更是青年一代的。关心和爱护青年，引导青年扣好人生的第一粒“扣子”已经成为全党、全社会的共识。我们当代青年处于新时代的现在进行时，属于王夫之那代青年的迷茫已经永远地成为过去式。

2. 第二粒“扣子”：起兵报国

科举梦碎的王夫之，并没有很多时间和精力来担忧自己的命运，因为很快他就把自己全部的时间和精力用来担心整个国家的命运。

如果说，科举应试是王夫之人生的第一粒“扣子”，那么，投身洪流、起兵报国则是王夫之人生的第二粒“扣子”。

因为北上会试的道路不通，二十五岁那年的春天，王夫之回到了自己的家乡，一边刻印自己的第一部诗集《漧涛园初集》，一边时时刻刻关注着天下时局。

二十六岁那年，即明崇祯十七年（1644），李自成攻克北京，明王朝覆灭。四月，李自成称帝。五月，清兵入关，打败李自成，随即建立清王朝。这一系列天崩地坼的变故，让王夫之痛不欲生。他痛哭流涕，绝食数日，终日悲吟。人生的悲苦各种各样，而对于王夫之而言，人生最大的悲苦莫过于亡国。

此后，明朝残余势力退居南方一隅，先后建立弘光、隆武、绍武、永历等四个政权，以期光复明朝。其间，王夫之走出书斋投身洪流，积极为国奔走。

在国难面前，任何书生都是战士。我们难以想象的是，没有任何战场经验的王夫之，他竟然和友人一起组织了一次抗清复明的起兵活动。那是在清顺治五年（1648），那年王夫之三十岁。

那时整个战局的形势，王夫之认为是喜人的。明朝已经降清的两位将领先后在广西、广东反正，大顺农民军在湘潭地区又收复了大量失地。这种形势让王夫之颇受鼓舞。在这种形势之下，他觉得自己一定要做点什么了，必须要做点什么了。于是，他和好友夏汝弼、管嗣裘、性翰等在南岳方广寺宣布起兵抗清。

对于王夫之而言，这次起兵肯定是感性多于理性的。但反过来说，王夫之视亡国为至痛，他把国家看得比自己的生命更重要，因此又可以说这次起兵也是王夫之最大的理性。

当然，这次起兵的结果注定是悲惨的。王夫之的好友死的死，逃的逃，个人的努力、局部的努力终究阻挡不了滚滚的历史洪流，但王夫之的报国志却深深地刻在了历史洪流之中。

3. 第三粒“扣子”：仕途奋发

科举之路走不通，沙场报国又无望，王夫之也曾经想过在官场上来拯救南明，也还真的这么做了。仕途奋发可以说是王夫之人生道路上的第三粒“扣子”。

清顺治七年（1650），其时王夫之三十二岁。这年清兵南攻，永历帝逃往广西梧州。王夫之跟随着奔往梧州，接受了永历朝廷给他的行人司行人介子这样一个官职。这是一个非常低微的官职。

我们经常说七品芝麻官，用七品来说明官职小，只有芝麻那么大。而王夫之的这个官职是准八品，或者相当于九品吧，比芝麻还小。但是，王夫之毅然接受了这个官职。

王夫之为什么会接受这个官职呢？其实，在此前一年，永历政权也招揽过王夫之，希望他能来朝廷就职。当时，王夫之冷眼瞧着永历朝廷，只觉得它奸佞当道，党争不断，一片混乱。于是王夫之就以父丧守制为由，辞谢了永历政权的任命。但为什么这次王夫之愿意接受任命呢？

原来，永历政权还是那个永历政权，但王夫之已经不是那个王夫之了。他说“此非严光、魏野时也。违母远出，以君为命，死生以之尔”，意思是现在南明王朝已经到了最危急的时刻了，虽然知道时局无望，但也要尽自己的一份力，从此之后就把这条命与国家牢牢绑定，死生都无所谓了。

王夫之的这种心情，在他的很多著作中都有体现。在《诗广传》的《论无将大车》篇中，他写道：

文信公有云：“父母病，知不可瘳，无不药之理”，弗恤尘之雝而必将之，其情有尽焉者乎！

王夫之是这样打比方的，国家对我们来说就好比自己的父母。父母若得了绝症，为人子女者，虽然知道治愈毫无希望，但还是会尽自己最大的努力去挽救父母的生命。王夫之对故国的感情，就是如此。

但历史从来不会因为个人的深情而改写。在那个朝纲大坏的朝廷，王夫之的仕途非常不顺，差点被奸臣谋害，最终惨淡收场。

4. 人生“拉链”：著书治学

王夫之曾想考功名，曾欲做高官，也曾经沙场，在那个风雨如晦、鸡鸣不已的年代，他的这些诉求一一地被所处的时代和环境所辜负。当种种报国之路都走不通、人生的“扣子”粒粒都扣不上的时候，颠沛大半生归来的王夫之终于寻觅到了人生的总“拉链”，那就是以治学来报国，以学术的名义完成人生的完美逆袭。他的这条道路同样壮志凌云，同样气吞山河！他顺应了时代对思想巨人的呼唤，他最终没有辜负这个海徙山移的时代。正是天崩地坼的时代变故，正是受尽苦楚的前半生，给予了王夫之牛筋一样的治学信仰，成就了他超凡的学术霸业。

续梦庵、观生居、败叶庐、湘西草堂里，王夫之数十年如一日地笔耕不辍，从对故国政权的复兴转化为对民族文化的复兴。他要从古代经籍的研读中，从文化层面来分析明朝覆亡的缘由，从治学中探索出一条国家振兴和民族复兴的道路。他写下了一百多部著作，共计八百万余字，用铺天盖地的作品诠释了顶天立地的情怀！

王夫之深深地意识到，亡国还只是一个政权的覆灭，而如果整个文化覆灭了，那么就将亡天下！于是，他把文化传承、把拯救天下当成自己当仁不让的历史使命。他有一句很有名的宣言叫“六经责我开生面”。“六经”代表的是整个民族的文化。六经责我，这是怎样的一种历史责任感和时代使命感！历史的车轮到了明清易代之际，各种思潮纷出，鱼龙混杂，良莠不齐，必须有人来传承正统的民族文化，必须有人来延续文化的火种，让它薪火不灭代代永相传。

这种使命，王夫之做到了。他的思想，怎样形容其高度都不为过。今人提到船山先生，有人认为他是湖湘文化史上和周敦颐并峙的两座丰碑，有人认为他是明清之际和黄宗羲、顾炎武并列的一代儒宗，有人把他和叶燮并称中国美学史上的双子星座。谭嗣同曾经感慨："五百年来，真通天人之故者，船山一人而已！"

二、坐拥千古之智，筹谋万世之业

有学者认为，中华文明在生生不息的创建过程中，曾经经历过两个黄金时代。这是两个动乱不堪的时代，却又是两个思想活跃、人才辈出、充满文化魅力的时代。这两个黄金时代，一次是春秋战国时期，一次则是王夫之所生活的明清之际。

明清之际，无论是社会经济的发展，还是思想文化的发展，都堪称中国历史上一个特殊的转型时期。不仅今天的我们可以体会出这段时代的特殊，当时深处其中的人们也有深刻感受。黄宗羲说这是一个"天崩地解"的时代，顾炎武断定这个时代"已居于不得不变之势"，王夫之自己也说这是一个"海徙山移"的时代。

时代的巨大变革，在政治、经济、思想、文化等领域都有巨大的体现。在思想文化领域，体现为新旧学说杂陈并列，良莠不齐，泥沙俱下。你方唱罢我登场，各派学说都称自己为正统。文化的总结与传承，思想的批判与创新，已经与山河重整同样重要，同样紧迫。时代在急声地呼唤。

是谁听见了这种呼唤呢？应者云集！这其中有黄宗羲，有顾炎武，有王夫之。在思想文化领域进行大清算和大总结的，当属王夫之。如果说但丁、米开朗琪罗、达·芬奇等是文艺复兴时期的巨人，那么王夫之则是明清之际当之无愧的思想巨人！

生活在明清之际的王夫之，他拥有的是数千年灿烂辉煌的中华文化宝藏。他七岁读完十三经，十四岁考中秀才，两年读尽衡阳州学所藏，一生的阅读量更是以“万”“十万”为单位。晚年写《夕堂永日绪论》时，他曾在《序言》中回忆自己的读书生活，说自己“阅古今人所作诗不下十万，经义亦数万首”。这个阅读量是惊人的。更惊人的是，这还只是王夫之阅读量的一小部分，并非全部。从王夫之的著作中我们可以看出，王夫之对四书五经、历代诗作、佛学典籍以及老子、孔子、孟子、庄子、屈子、司马迁、司马光、张载、朱熹等人的著作烂熟于心。

同时，王夫之还阅读了数量庞大的史书以及方方面面的杂书。更让人叹为观止的是，王夫之不仅遍读这些经典，更遍读了历朝历代不同学者对这些经典的解读。如在王夫之对《诗经》进行研究的相关著作中，我们可以看到他参详了前人近百种对《诗经》的解读，《春秋》亦是如此。

可以说，王夫之是用整个生命在读书，用近七十年的时间读尽了天下之书。

庞大的阅读体量，使得王夫之坐拥了千古之智慧。在日复一日的刻苦研读中，他发现了文化传承对于一个国家和民族的重要性。他说：

“汉、唐之亡，皆自亡也。宋亡，则举黄帝、尧、舜以来道法相传之天下而亡之也。”

他对历朝灭亡进行分析和总结，指出有一些是“ 自亡”，有一些是“天意”。王夫之还从法理上作了进一步的阐释：

“儒者之统，与帝王之统并行于天下，而互为兴替。其合也，天下以道而治，道以天子而明；及其衰，而帝王之统绝，儒者犹保其道以孤行而无所待，以人存道，而道可不亡。”

王夫之把“亡国”和“亡天下”进行了区分，即把“国”和“天下”作了区分，“国”可以亡，但“天下”不会“亡”。换言之，一个政权的覆灭，还只是亡国，而如果道法断传了，文化传承截断了，那就是亡天下了。反之，如果帝王之统被推翻了，儒者之统、文化之统仍在存续，而只要思想文化能够薪火相传，生生不息，那么民族仍能居安。

文化的传承，思想的正本清源，是何其重要！睿智若王夫之，他发出了“学术邪正之辩，即世运盛衰之别也”的论断，四百年前他已经悟出了“文运同国运相牵,文脉同国脉相连”的道理。“一个民族的复兴需要强大的物质力量，也需要强大的精神力量。没有先进文化的积极引领，没有人民精神世界的极大丰富，没有民族精神力量的不断增强，一个国家、一个民族不可能屹立于世界民族之林。”王夫之所做的就是文化传承的事业，就是攒聚民族精神力量的事业。他虽然不能挽救大明王朝政权的覆灭，却用他的著作、用他的思想传承和创新着中华文脉的火种。他的前半生颠沛流离，辗转坎坷，扣不上人生的“扣子”，而在后半生他终于找到了自己人生的总“拉链”，那就是治学著书，传承文化。

谋一己之荣华，乃谋一时；谋一国之复兴，乃谋一代；谋文化之传承，乃谋万世。不谋万世者，不足以谋一时。王夫之就是这样一位谋万世的伟大学者！他用自己所坐拥的前人的千古智慧，为子孙后代谋划着万世的基业。他是一个最好的预言家。他曾说“吾书两百年后始显”，这是对命运的自信，更是对文化的自信，不是吗？三百多年来，一批志士仁人在他著作的感召下，思考着中华民族近现代的命运。直至现在，王夫之的思想仍是我们治国理政的重要财富。

第六章

『著作等身』+『著作等生』

一百多部作品，八百多万字的写作体量，
这是王夫之向世人诠释的『著作等身』！
同时，他不仅著作等身，还『著作等生』！生命有多长，
王夫之的著述之路就有多长！
他的著作则不仅数量宏富有『高原』，
更不缺呕心沥血、具有关键意义的『高峰』之作。

形容一个学者、一个作家产出丰富，著述极多，一般用“著作等身”来形容，意即把著作叠起来能和作者的身高相等。

“等身书”的说法最早见诸《宋史·贾黄中传》：

“黄中幼聪悟，方五岁，玭每旦令正立，展书卷比之，谓之等身书，课其诵读。”

有个叫黄中的幼儿很聪明，他的父亲对他读书要求非常严格。严格到什么程度呢？在黄中五岁的时候，父亲就要求他每天都要读完规定数量的书籍。这个数量是怎么规定的呢？父亲的做法是要求小黄中站得笔笔直直的，然后将要读的书籍展开，用它来量黄中的身高。身高有多高，每天就要读完多长的书卷，并且还要求背诵。

五岁的小黄中能“阅读等身”，这是“等身书”的最初由来。后来，人们用“著作等身”这个成语来形容一个人著述极其丰硕，著作叠起来可以和自己的身高相等。王夫之就是这样一位名副其实的“著作等身”的学术大咖。

一、“著作等身”：为天地立心

历史上有三种船山作品的全集。

第一种是“金陵本”的《船山遗书》，清同治四年（1865）由曾国藩的金陵书局刻印，光绪年间衡阳船山书院有所增补，此本收录船山先生著作共计六十二种、二百九十八卷。

第二种是1993年上海太平洋书店集印的《船山遗书》，共计七十种，三百五十八卷。

第三种是岳麓书社出版的《船山全书》（全十六册），该书1996年十六册全部出齐，2011年修订再版问世，当为收录船山作品最齐的集子。

世人皆说船山著作宏富，具体是如何宏富呢？翻开《船山全书》（全十六册）的版权页，可以看到其字数是“11290千字”，也就是1129万字。《船山全书》有十六册，除了最后一册为他人写的一些船山传记和相关杂录以外，其余十五册全部为船山先生本人撰写的作品。减去最后一册的字数，那么船山先生一生所写著作有一百多部，四百余卷，八百余万字。

八百余万字是一个什么样的写作量呢？我们现在人文社会科学的博士学位论文，一般要求是十几万字。而且，这里说的还是白话文的字数。如果用文言文来创作博士论文的话，一篇论文几千字就足够了，一万字绝对算长论文了。所以王夫之八百多万字的著作，可以说相当于写了八百多篇博士论文！

一百多部作品，近千万字的写作体量，这就是船山先生向世人诠释的“著作等身”！

让我们来列下船山先生的创作书单。中国古人的治学，是从对经典特别是儒家经典的研习入手的，王夫之也不例外。四书五经是儒家的经典著作，王夫之对四书五经的研究非常深入。

王夫之关于四书的研究著作有《四书稗疏》《四书考异》《四书笺解》《读四书大全说》《四书训义》；

关于《诗经》的研究著作有《诗经稗疏》《诗经叶韵辨》《诗经考异》《诗广传》《诗译》；

关于《尚书》的研究著作有《尚书稗疏》《尚书引义》；

关于《礼记》的研究著作有《礼记章句》；

关于《周易》的研究著作有《周易稗疏》《周易内传》《周易大象解》《周易外传》；

关于《春秋》的研究著作有《春秋稗疏》《春秋家说》《春秋世论》《春秋左氏传博议》。

同时，王夫之特别崇尚北宋张载之学，著有《张子正蒙注》，与之互相启发的有《思问录》。

儒学以外，王夫之对老庄、佛学的思想也颇有研究，著有《老子衍》《庄子解》《庄子通》《相宗络索》等作品。

王夫之的史学著作有《读通鉴论》《宋论》《永历实录》《箨史》等。

同时，王夫之对诗辞歌赋鉴赏有着自己极深的见解，撰有《楚辞通释》《古诗评选》《唐诗评选》《明诗评选》《薑斋诗话》等作品。

除学术著作外，王夫之一生还创作了大量的诗、词、赋等文学作品，《船山全书》全十六册中收有《薑斋文集》《薑斋诗集》《薑斋词集》，数量皆可观。

由此，王夫之一生著作之丰，让后人叹为观止。这里面很多著作都是大部头巨制，很多著作都是王夫之不断重订、再三修改的，还有相当数量的著作是王夫之在晚年时写成的。

王夫之的著作从数量上来说，已经足够引起我们的震撼，更让人叹为观止的是他著作中所体现出来的学问的广度和思想的深度。王夫之对哲学、经学、史学、文学、诗学等无不精深。他既是伟大的哲学家和经学家，又是卓越的史学家和文学家。他既有造诣颇高的大量诗词、散文等文学创作，又有深邃、广袤的学术创作。他的学术成就，在中国古代达到了集大成的地步。放到当今社会来说，他已经不仅仅是个普通学霸，而是为天地立心的学问巨无霸！

二、“著作等生”：为生民立命

在王夫之那里，“著作等身”言作品极多，叠加起来可以与自身身高等同；“著作等生”则言其一生笔耕不辍，创作时间和自己的生命时间同样长。

现在，一般六十岁就退休了，属于颐养天年的时光了。而对于王夫之来说，六十岁却是他刻苦发奋的巅峰时期。他的儿子王敔在撰写父亲的回忆录《大行府君行述》时，曾说王夫之“迄于暮年，体羸多病，腕不胜砚，指不胜笔，犹时置楮墨于卧榻之旁，力疾而纂注”，意思是王夫之老年体弱多病，已经到了手腕磨不动墨，手指拿不动笔的程度，但即使这样，他还是把笔墨纸砚都放在自己的卧榻之侧，抓紧每分每秒来著书。

这是怎样的一位老人！这是怎样的一位学者！

让我们来看看王夫之是如何度过花甲之后的生命的：

六十一岁的时候他在写《庄子通》；

六十三岁那年哮喘严重的他编了《六十自定稿》，同年还写了《相宗络索》和《庄子解》；

六十四岁《噩梦》一书写成；

六十五岁那年他把《诗广传》重订了一遍；

六十六岁在大病中著成《俟解》；

六十七岁大病初愈之后写成对其哲学思想具有关键意义的《张子正蒙注》，《楚辞通释》也是在这一年完稿；

六十八岁那年《周易内传》《周易内传发例》写成；

六十九岁那年开始撰写《读通鉴论》；

七十岁作了《南窗漫记》；

七十一岁那年把《尚书引义》重订了一遍，同年还作了《识小录》；

七十二岁那年写成了《夕堂永日绪论》；

七十三岁那年还在继续写《读通鉴论》和《宋论》，直至完稿。来年的正月初二日，逝于湘西草堂。

生命有多长，王夫之的著述之路就有多长！他不仅著作等身，还“著作等生”！他所做的这一切，都是为生民立命。

这是一种什么样的精神力量在支撑着这位古稀之年的老人！学习和著书之于王夫之，已经不只是生活的一部分，而是真真切切地成为他的一种生活方式和一种生存状态。他已经把著述当成一种使命，这是整个民族文化传承的使命，所以王夫之有取之不竭的动力，生命不息、著述不止。

习近平总书记一直十分重视抓党员、干部的学习。他反复强调，“事业发展没有止境，学习就没有止境”，“要我学”不如“我要学”，“学一阵”不如“学一生”。王夫之就是这样一位带着“我要学”的文化传承的使命感，践履着“学一生”的伟大学者。

三、既有高原，又有高峰

“著作等身”反映的是作品的数量非常之多，然而数量上的优势并不意味着质量上的优势。

就像我们今天的文艺创作和学术研究，在很大程度上存在着机械化生产和快餐式消费的问题，数量庞大却质量欠缺，有“高原”缺“高峰”。王夫之的著作则不仅数量宏富有“高原”，更不缺呕心沥血、具有关键意义的“高峰”之作。

王夫之著作清单中的“高峰”有很多，无法一一举全，仅以几例为代表。

1.《张子正蒙注》：王夫之哲学思想的扛鼎之作

《张子正蒙注》共九卷，计十一万余字。它成书于清康熙二十四年（1685），是王夫之在湘西草堂写成的。是年王夫之六十七岁，大病初愈。

王夫之的一切学术思想都是以其哲学思想为基础的，《张子正蒙注》这部鸿篇巨制就是王夫之阐发自身哲学思想的关键之作。张子即北宋理学家张载，《正蒙》是张载最主要的著作，王夫之《张子正蒙注》的写作意图就是要给张载的《正蒙》一书作注解。

给张载这本书作注解的其实不止王夫之一个，在他之前有朱熹，有高攀龙，在他之后有李光地、冉觐祖、张伯行、王植等，但后世公认王夫之的注解是最精心的。张载是王夫之的学术偶像，王夫之自题墓志铭总结自己的为学目标乃“希张横渠之正学”。

横渠先生张载在王夫之心中具有非常神圣的地位。王夫之曾说：

呜呼！孟子之功不在禹下，张子之功又岂非疏洚水之歧流，引万派而归墟，使斯人去昏垫而履平康之坦道哉！是匠者之绳墨也，射者之彀率也，虽力之未逮，养之未熟，见为登天之难不可企及，而志于是则可至焉，不志于是未有能至者也，养蒙以是为圣功之所自定，而邪说之淫蛊不足以乱之矣，故曰《正蒙》也。

王夫之认为，孟子对后世的贡献不输于治水的大禹，张载亦是如此。他的学说正本清源，就像导万流归海，引万派归于正宗，使得世上学者从浑浑噩噩中清醒过来，重新走上清朗的康庄大道，使得种种邪说没有机会祸乱世人。

《张子正蒙注》一书集中阐发了王夫之的“气”本论哲学。哲学的首先要义就是解决世界的本原问题。王夫之认为世界和万物的本原为“气”。“人之所见为太虚者，气也，非虚也。虚涵气，气充虚。”人们能看见整个虚空，而看不见气，但这整个虚空都是气。气虽然无形，人们看不到，却为实实在在的有。

气作为宇宙本原，充塞在天地之间，不存在任何间隙。气不会消失，气满太虚没有任何间隙，因而气之实质为有。太虚皆气，即太虚皆为有，整个世界皆为有，不存在无的概念。有是绝对的，无只是相对的，“无所谓无者”。而人之所以说“无”，并不是因为“无”真的存在，而只是因为气希微不形，气聚生成万物时人能视谓“有”；气散而归太虚之时，人不能视、不可感则以为“无”：

凡虚空皆气也。聚则显，显则人谓之有；散则隐，隐则人谓之无。

人谓之无，只是气散而隐，人以为“无”而已。或者“人之目力穷于微”，“耳目之力穷于小”，人之耳目见闻所能发生作用的领域有限，不能付诸视听而以为无，而并非无真的存在。即使论无也是“有之无”，即在有的前提条件下才能论无。有是绝对的，无是相对的。在王夫之思想中，有包含无，无在有中。有和无是一对包含与被包含的范畴，而不是一对并列的范畴。

气之所散、目之所不能视，耳之所不能闻，不能言“无”，那么应该怎么表达呢？王夫之的运思方式是，不言有无，而言聚散、显隐、幽明。气聚而成天地万物，曰显、曰明；气散而归于太虚，曰隐、曰幽。目之可视、耳之可闻，为显、为明；目所不能见、耳所不能闻，为隐、为幽。

耳目所不能闻见者，又分两种情况：

第一种情况为物理意义上的时间、空间对耳目的限制。从空间而论，目不能视千里之外，耳不能闻千里之外，故耳目因生理局限所不能闻见者、身之所不能体者，为隐、为幽。从时间而论，“昼不见星而知有星，夕不见日而知有日”，于昼而言星为隐、为幽，于夕而言日为隐、为幽。即对于客观存在、有形可感之物，在当下时空情境中，在眼前显现者为明，不在眼前显现者为幽。

第二种情况则为耳目所不能起作用的无形世界为“幽”。鬼、神、天命、人道等都属于这个范畴。物质在有形世界的解体、消散之后也归为“幽”。以木为例，有形、可视之树木为明，若付之一炬化为灰烬，木并非消散无余，并非“无”，木仍为木，只不过是归于氤氲太虚中，希微而人不能见，是为“幽”。

王夫之“言幽明、不言有无”的观念体现在四时天运上，则为言往来、言屈伸：

以天运物象言之，春夏为生、为来、为伸，秋冬为杀、为往、为屈，而秋冬生气潜藏于地中，枝叶槁而根本固荣，则非秋冬之一消灭而更无余也。

体现在物象上，则为不言物之灭，而言物之归。因为物灭就代表“无”，而归却是“有”的另一种存在状态：

车薪之火，一烈已尽，而为焰、为烟、为烬，木者仍归木，水者仍归水，土者仍归土，特希微而人不见尔。一甑之炊，湿热之气，蓬蓬勃勃，必有所归，若庵盖严密，则郁而不散。汞见火则飞，不知何往，而究归于地。有形者且然，况其絪缊不可象者乎！未尝有辛勤岁月之积，一旦悉化为乌有，明矣。故曰往来，曰屈伸，曰聚散，曰幽明，而不曰生灭。生灭者，释氏之陋说也。

体现在人事生死上，则认为人之逝去不是消散无余，而是回归：

且以人事言之，君子修身俟命，所以事天；全而生之，全而归之，所以事亲。使一死而消散无余，则谚所谓伯夷、盗跖同归一丘者，又何恤而不逞志纵欲，不亡以待尽乎！惟存神以尽性，则与太虚通为一体，生不失其常，死可适得其体。

如果人死之后全部消散无余，变成无，那么正人君子和奸佞小人同归于一抔尘土，则人生之意义何在？故王夫之认为人死非消散无余，而是“全而生之，全而归之”，人死之后神、气归于太虚，因而尧、舜、周、孔等圣人能够万年长存。这是由王夫之的气本体而推衍出的生死观。

王夫之的哲学也是主“动”的哲学。世界的本原是气，气有阴阳，阴阳二气合于絪緼太虚之中，浑沦无间。阴阳二气合一，但其质不同，其用不一，故二气的相荡、交感、聚散、运动乃必然之理势。阴阳二气体同质异，势必升降飞扬、聚散交感，而五行万物、天地宇宙都生成于絪緼之气的交感摩荡之中。人也是絪緼之气化生出来的，是阴阳二气交感所孕育出来的。

天地万物乃二气交感而化生，最初的化生之后亦时时刻刻处于运动和流止之中，而并不是最初本然地生成之后就一劳永逸。它们和万事万物一样，时时刻刻处于往来授受的运动之中。

“太虚者，本动者也”，所以王夫之哲学是主动的哲学。太虚本动，静亦是动之静。静是相对的，动才是永恒的、绝对的。因为氤氲宇宙、天地万物时时刻刻都处于运动变化之中，因而“天无一日而息其命，人无一日不承命于天”，故日受日生，日生日受，日生日成，日生日新，此即王夫之“命日受则性日生”的思想。阴阳二气，流动不止，“俄顷之化不停也，祗受之牖不盈也”。因而整个宇宙万物都今不同昨，时时刻刻在生成、在变化，日生日新。

今天的风雷，已经不是昨日的风雷。今天的太阳和月亮，已经不是昨天的那个太阳和月亮。

人的心性亦是如此。目之所视、耳之所听、心之所思、形之所养、气之所滋、理之所成，皆日受日生。此处所言之“日”非一日之义，不是说一日有一日的变化，今不同昨，明不同今，而是时时刻刻、时时在在之义，即天地万物以及人之心性时时刻刻都在生成、都在出新。时时，涵盖所有时间领域；在在，涵盖所有空间领域。在所有时间和空间的领域里，人的心性都在日生日成。

今天的你我，已不是昨天的你我；下一秒的你我，已不是上一秒的你我。这也是人禽之别。禽兽虽然也处于氤氲太虚的流动化止之中，但禽兽“有天明而无己明”，对这种日生日受没有任何体悟，其命在初生之刻即已固定，因而“终其身以用其初命”。而人则不同，人有日新之命。人不仅体天地万物之道，还悟己之道，人之一生，时刻都是受命之时，都是心性生成之时，而非初生即定。动物只能言初生，而人却能言日成。

钱穆先生对王夫之的“心性日生日成”之说给予高度评价，

认为“船山论性最精之旨，在以日生日新之化言，故不主其初生，而期其日成”。

吾爱吾师，吾更爱真理。王夫之的《张子正蒙注》与其说是对张载学说的注解，不如说是在研读张载的基础上对自身思想的大力阐发。在这部晚年思想成熟之际精心撰写的哲学著作中，王夫之发扬了张载的“气”本论学说，对“气”范畴进行了全新的规定，对宇宙本原、氤氲太虚等进行了深邃的解读，对有无、理气、道器、生死、动静、常变等范畴进行了别开生面的解读，最终完成了对宋明理学的总结乃至终结。

因此，《张子正蒙注》在中国古代哲学史和思想史上都是一部具有重要意义的著作。

2.《诗经》学三部曲：为往圣继绝学

《诗经》是中华民族的文化原典。王夫之对《诗经》用力颇勤，他关于《诗经》的直接著述有三种：《诗经稗疏》（含《诗经考异》与《诗经叶韵辨》），《诗广传》，《诗译》。《诗经稗疏》的主要内容是对《诗经》进行字词训释和名物考证；《诗广传》主要是对《诗经》进行义理的阐发以及在此基础上抒发王夫之自身的思想；《诗译》则主要是对《诗经》的艺术特色进行解读。

这三部作品对《诗经》进行了全方位的研究，构成了王夫之《诗经》研究的三部曲，是为往圣继绝学的重要例证。它们共同构建了王夫之《诗经》学的“高原”，又各成“高峰”，互相映照。

王夫之对《诗经》的研究是从字词训诂和名物考证开始的。他认为只有明晰了字词和名物涵义，才能准确把握诗篇的创作主旨和思想内涵。《诗经稗疏》就是王夫之关于《诗经》研究的第一部曲，即对其字词进行训诂，对其名物进行考辨。在《诗经稗疏》中，王夫之择取《诗经》各篇中需要辨析的字、词、短语乃至句子，以其为条目进行细致的训诂和考证。《诗经稗疏》的条目所涵盖的范围非常广泛，涉及《诗经》文本中的鸟兽、草木、虫鱼、人名、地名、服饰、什物、天文、地理、礼制、语词等等。

据相关学者考证，《诗经稗疏》共考证草木三十五条，鸟兽十八条，虫鱼六条，礼制四十条，器物十五条，服饰十条，地理二十条，人名八条，车制七条，旗帜三条。对各条目的疏释，或详或略，不一而论，短则三四十字，长则一二千言。

《诗经稗疏》这个书名特别有内涵。“疏”是古人在研究古代经籍时经常使用的一种文体，大意是对古代经籍的注释和疏解。疏和注经常连用，如《十三经注疏》就是对古代儒家十三部经典的注解。细究起来，注和疏又有区别。

我们知道，中国古代第一个文化繁荣的时期是在先秦，其时形成了《诗》《书》《礼》《易》《春秋》等重量级别的民族文化经典。这些典籍经过历史的云烟，流传了下来。

到了汉代时，由于语言文字的发展，当时的人们已经难以读懂这些典籍中的文字，于是就有大量的学者来专门为这些古书作“注”。这些注解，有时又称作传、笺等。如汉代对《诗经》进行注解的非常有名的就是郑玄的《毛诗传笺》。历史的车轮继续滚滚向前，语言文字不断发展和变化，等到了唐代时，人们发现，汉代那些学者给古籍作的注解竟然也变得非常艰涩难懂，于是又有很多学者来对这些注解进行再注解。

这些再注解的文字，就叫做“疏”。唐代学者孔颖达曾奉唐太宗命令编纂《五经正义》，明确标明注和疏的作者。如《毛诗正义》乃郑玄注，孔颖达疏，《尚书正义》是孔安国传，孔颖达疏。

一个“注”和一个“疏”，就可以见出中华文化的源远流长和博大精深。

了解了“疏”的文化传统之后，我们也就知道了王夫之《诗经稗疏》的写作意图在于对《诗经》进行疏解。那么，为什么要加一个“稗”字呢？这就是王夫之的别出心裁之处。有过农村水稻种植经历的人们都会知道，在一丛丛水稻的秧苗中，会隐藏着一些稗草。它们的外观和水稻秧苗几乎没有什么区别，因而很难分辨。农民往往会把它们和水稻秧苗种植在一起，等到成熟时才会被发现。这些稗草不结果实，同时还会哄抢水稻秧苗的养分，是水稻田中的有害稻草。

李时珍《本草纲目》把它叫做“禾之卑贱者也”。后来，“稗”又引申出“微小的”“微不足道的”“琐碎的”“非正统”“非主流”之类义。

王夫之取“稗”之义，自创“稗疏”体，一是著述命名上的自谦，更是取“稗”之义言明《诗经稗疏》等“稗疏”类著作的编写意图和宗旨，即对各经书中前人疏释所忽略、所遗漏的细微之处进行注疏考证，给予细致辨析，以补前人之漏。

事实上，王夫之的《诗经稗疏》在整个《诗经》研究史上都具有非常独特的地位。它不仅补了前人之遗漏，且在很多地方发前人之所未发，让人耳目一新。前人对《诗经》的疏释比较权威的有《毛传》（毛公著）、《郑笺》（郑玄著）和《诗集传》（朱熹著）。

王夫之在《诗经稗疏》中既有对这些疏释观点的继承，更有出新。《四库全书总目提要》评价《诗经稗疏》时，花较大篇幅按鸟、兽、草、木、虫、鱼、器、礼制等类列举了《诗经稗疏》不同于《毛传》《郑笺》《诗集传》等疏释的一些地方，约莫二十余处。

其实，在《诗经稗疏》两百多个条目的疏释中，王夫之大部分都有着自己独到的见解和分析。

在名物考证方面，王夫之认为“关雎”是山禽而非水鸟，“卷耳”是“鼠耳”而不是“苍耳”，“汝坟”之“坟”是“汝水旁出之支流”而非防洪堤，“有女同车，颜如舜华”句中的“舜华”非木槿，而为白中有赤的蕣花，《诗经·魏风·汾沮洳》中的“沮洳”是指沮洳山，是山名，而非《毛传》、朱熹《诗集传》所释的河流流过的低湿之地。

后人一般旗与帜合用，王夫之却仔细辨析了“旗”和“帜”的差别，指出旗与帜不能完全等同。依古之军礼，在旗上各画其像以区别队伍。旗是指现在的旗帜，而帜是指绘在旗上的画像。

在字词语言训诂方面，王夫之认为“好人提提，宛然左辟”句中的“辟”应理解为“襞”，即衣服上的褶子，而不是一贯认为的回避、躲避之类含义；“三寿作朋，如冈如陵”之“三寿”不是三卿，而是寿之三等；“戎虽小子，而式宏大”中的“小子”并非王之自称，而是当时执政之左右近臣，“老夫灌灌，小子蹻蹻”，《诗·大雅·抑》中“于乎小子，未知臧否”之“小子”，亦是如此。

《诗经·小雅·鼓钟》有“鼓钟将将，淮水汤汤”与“鼓钟喈喈，淮水湝湝”两句。一般都认为两句意思相仿，如《毛传》与《诗集传》都认为两句意思无所分别，皆言钟鼓之响亮与水流之汹涌浩荡。

王夫之则对“将将”与“喈喈”、“汤汤”与“湝湝”的含义进行了细致的区别：“将将，声之大也。喈喈，声之和也。汤汤，流之盛也。湝湝，流之徐也。大与盛，和与徐，各以类兴。”

《诗经·曹风·鸤鸠》中有“鸤鸠在桑，其子七兮”句。《毛传》认为“鸤鸠”为秸鞠，《诗集传》认为“鸤鸠”为戴胜，即布谷。《尔雅》《方言》等又各有说法。王夫之认为众说非常混淆紊乱，其最终定论为：鸣鸠、鹄鵴、秸鞠、布谷为同一鸟也；鸤鸠、戴胜、鵖鴔为同一鸟也。

《诗广传》是王夫之治《诗经》的又一部力作，是王夫之《诗经》学的第二部曲。《诗广传》以《诗经》的相关诗篇为材料，在阐释诗篇义理的基础上进行充分的引申和发挥，在解

《诗》的过程中阐述自己的学术思想，内容涉及哲学、历史、政治、军事、伦理以及文学、诗学、美学等各个方面。

清代学者刘人熙对《诗广传》评价甚高，言其“从齐、鲁三家之外开生面”。

《诗广传》共有五卷，计二百三十七篇。它选取《诗经》中的一百九十四篇作品来进行阐述和发表自己的观点，每篇标题多为“论+《诗经》篇名”的形式。这一百九十四首诗篇中，有的一篇一论，有的一篇多论，也有的多篇一论，共成二百三十七论，计五卷。《诗广传》中二百三十七论的篇幅，有长有短，或详或略，没有定论。短者仅百余字，长者近一千字。

《诗广传》无论是对《诗经》篇目的选取，每篇的论数，还是每论的篇幅长短，都没有任何固定的格式和先行的模板，王夫之完全是根据自身的感悟而行文和编排，没有半分的刻意与取巧，完全发乎内心的纯自然。

《诗广传》的初次成书时间虽不详，但它重订的时间确定是1683年，即六十五岁那年王夫之把之前写好的《诗广传》书稿又拿出来全文重修了一遍。《诗广传》可以看成是对《诗经》各篇义理的阐发，行文中更多的是王夫之根据《诗经》文本而进行各种引申、发散乃至发挥，到最后《诗经》的文本已经退到幕后，王夫之自身的政治、经济、军事、伦理、文学等思想被带到幕前。

如《诗经·周南·葛覃》从字面意思看，描述的是一位女子在山谷采制衣的葛草。葛草碧绿又茂盛，黄鸟欢快地鸣叫。

征得婆家的同意后，女子心情雀跃，收拾衣服和行装准备回娘家。《毛诗序》认为该诗夸赞的是后妃之德，后妃在娘家就擅长女工，勤劳朴实，出嫁后可以成为天下女子的楷模。郑玄、孔颖达都认同这种观点，朱熹也基本认可这种观点。

王夫之却不管前人是如何讨论的，或者说他对前人讨论的这些完全不感兴趣。他从此诗中得出的启发是：人必须在束其心力的事情之外，还要能有自己剩下的、多余的时间和精力，这样才能心灵安定。诗中所言采葛制衣、割草织布等虽为辛苦的劳作，但女子能在期间感受黄鸟欢快的鸣叫，感受自然万物的自由状态，因而这些劳作和世间万物一样，呈现出一种自由的状态。女子并没有让劳作之事完全占据自己的生活和心灵，劳作之余依然有余力、有余心、有余道，故能俯仰以乐天物，自由快乐地劳作。

在此基础上，王夫之认为《诗》之功能和作用就是涤除人们心中因为无余而产生的滤滯之情，从而让人享受有余状态下的那种安定和充实，所谓“《诗》者，所以荡涤滤滞而安天下于有余者也”。王夫之的这种解读，既让人觉得新鲜，又让人觉得服气。

《诗广传》中这样的例子还有很多。如《小雅·甫田》是祭祀方社田祖之歌，王夫之却在《诗广传》的《论甫田》篇对农、士、兵、贾之间的关系进行大篇幅的探讨，认为农可以为士，兵可以为农；士不可为农，农不可为兵；贾可以为士，士不可为贾。

《王风·君子于役》描述的是妇女对久役不归的丈夫的思念。王夫之则针对该诗讨论赋税与徭役哪个对百姓危害更大，结论是：“役之病民，视赋而剧。”

《秦风·蒹葭》是人们耳熟能详的诗篇，其诗描绘了对伊人追慕而不可得的怅然意境，“蒹葭苍苍，白露为霜。所谓伊人，在水一方”成为多少人心目中唯美的意境。王夫之以该诗为由头，批判治学中的妙悟之风，认为放弃“道阻且长”的长期努力，而求“霏微缥缈”的妙悟，这样注定求不到真正的道，求不到真正的学问。

《东山》和《七月》为《诗经·豳风》中的两首诗。前者是东征的战士叙述归家之复杂的内心感受；后者描绘的是周民一年的农业生产和农民日常生活情况。《诗广传》中王夫之合此二篇成一论《论东山与七月》，阐发士兵和农民的感情是不一样的，不能把士兵当农民用，也不能把农民当士兵用。

王夫之就是这么不按常理出牌，我们还看到他在《诗广传》的《论采薇一》中探讨战争中的攻守策略，在《论采芑二》中讨论治国安邦过程中亲内和亲外、震外和震内的顺序问题，在《论大田》中讨论女子改嫁的相关问题。

可以看出，王夫之《诗广传》对《诗经》相关篇章的探讨，和《诗经》原文基本上都没有关联，而纯粹是自己观念和思想的阐发。这也正是“广传”这一体裁的特点的集中体现。中国“船山学”的开拓者王孝鱼先生在解释为何叫“广传”时曾说：

“《诗广传》是王船山读《诗经》时写下的一些杂感性文字。他从个人的哲学、历史、政治、伦理和文学的观点出发，对《诗经》各篇加以引申发挥，所以叫做‘广传’。”

王孝鱼先生说王夫之是从个人的观点出发，对《诗经》各篇加以引申和发挥；而非是从《诗经》各篇文本出发，从诗意的阐发中提炼个人的观点和思想。这样的论断准确地把脉了王夫之《诗广传》的创作意图。无论从个人观点出发，还是从《诗经》文本出发，这一细节之差却彰显着《诗广传》最大的运思特色。

王夫之写作《诗广传》的主要目的是阐发自己政治、经济、军事、哲学、经学、文学等方面的思想，而非对《诗经》进行诗意和诗旨的分析和阐发。

从某种意义上来说，王夫之的这种创新的学风已经从“我注六经”变成“六经注我”了。

《诗译》（又作《诗绎》）是王夫之治《诗经》的第三部曲。据《四库全书总目纲要》，《诗译》曾被附于《诗经稗疏》之后。后人则将《诗译》《夕堂永日绪论内编》《南窗漫记》合编为《薑斋诗话》。

《诗译》以“诗话”形式呈现，大部分内容为对《诗经》从文学角度进行艺术特色的分析。相对于王夫之的其他著作来说，它篇幅短小，语言精练，共十六则，计二千余字。十六则长短不一，短仅寥寥数十字，最长也不过二百余言。

《诗译》篇幅虽然短小，却撑起了王夫之《诗经》研究的半边天。为什么这么说呢？这还要从《诗经》的性质说起。

我们现在一般定义《诗经》为文学作品，可在古人的语境中却并不是如此。《诗经》收录的最早作品产生于西周初期。随着周公制礼作乐，《诗》逐渐成为贵族参与社会政治生活的一种生存手段和生活状态，是作为一种社会权威话语而存在的。

后来，《诗》被统治者定位为“经”，就一直称《诗经》。中国古代，经学作品是被赋予政治教化和民众教化意义的。以《诗》为经，从对经典的解读中实现政治目的、社会教化和文化导向乃古代诗学的主导方向。

举个例子来说，在古代经学的语境下，“关关雎鸠，在河之洲。窈窕淑女，君子好逑”很少被解读为男女爱情，更多的是被解读为后妃之德，解读为如何治理整个国家。这就是中国古代《诗经》研究的主流话语权。

二十世纪初，新文化运动的闯将们对这种读《诗经》的方法进行了猛烈的抨击。

闻一多指出：

汉人功利太深，把三百篇做了政治课本；宋人稍好点，又拉着道学不放手——一股头巾气，清人较为客观，但训诂学不是诗。

胡適更是毫不留情地把古代的《诗经》研究斥为“一屋子的烂帐簿”：

二千年研究的结果，究竟到了什么田地，很少人说得的，只因为二千年的《诗经》烂帐，至今不曾有一次总结算，宋人驳倒了汉人，清人推翻了宋人，自以为回到了汉人。至今《诗经》的研究，音韵自音韵，训诂自训诂，异文自异文，序说自序说，各不相关联。少年的学者想要研究《诗经》的，伸头望一望，看见一屋子的烂帐簿，吓得吐舌缩不进去，只好叹口气：“算了罢！”

新文化运动的闯将们对《诗经》的文学性给予了充分的肯定：

鲁迅认为《诗经》是“中国的最古的诗选”，“是经，也是伟大的文学作品”；胡适认为《诗经》“是一部古代歌谣的总集”。

这些先行者们认为，中国古代两千年以来对《诗经》所进行的历史附会、政治道德功用的解读，目的是为维护封建统治服务，导致了《诗经》真正面目的被掩盖，郭沫若就说：“我们当今的急务，是在从古诗中直接去感受它的真美，不在与迂腐的古儒作无聊的讼辩。”

了解了这个背景，我们就可以很容易判断出《诗译》在王夫之诗学乃至在整个中国古代诗学史上的意义。因为，《诗译》不走寻常路，而是从文学艺术角度对《诗经》进行研究的著作。这在中国古代经学的人背景下，是多么宝贵！

当然，王夫之学术的宗旨是经世致用，他的《诗广传》仍是更多地从经学作品来解读《诗经》，意图从中寻找国家富强和民族振兴的良方。但他超凡的文学素养和敏锐的艺术感悟力，注定了他会关注到《诗经》的文学性。所以，王夫之对《诗经》的研究是全方位的，是敏锐的，是超前的。

从文学艺术角度对《诗经》进行研究的《诗译》，虽篇幅短小，却可谓则则翡翠，句句珍珠。十六则均意有所指，则则都蕴含着重要的诗学命题。

如王夫之在《诗译》中对情景关系的描述，一直为后世称道。前人论情景关系，大抵是一种正相关的关系：一方面景哀则情哀，景乐则情乐，如“悲落叶于劲秋，喜柔条于芳春”，如“嘉会寄诗以亲，离群托诗以怨”；另一方面情哀则景哀，情乐则景乐，所谓“登山则情满于山，观海则意溢于海”。同样是花，在欢快的情感作用下，是“乱花渐欲迷人眼，浅草才能没马蹄”（白居易《钱塘湖春行》）；在伤感的情感作用下，则为“细看来不是杨花，点点是离人泪”（苏轼《水龙吟》）。同为杜甫，面对同样的景物，心情愉悦时，“春风花鸟香”；感伤国破时，“感时花溅泪”。情景的正相关，已为世人所普遍接受。

而王夫之则从日常生活的情感体验中，发现了情景并不只有正相关的关系。当你内心愉悦之时，周围景物很有可能仍然萧瑟；当你内心悲泣之时，周围景物很有可能还是一片欢愉。外界景物自有其本身的物貌及其运动、发展变化规律，不以人的主观情感意志为转移。

国破，山河依然在；朱颜已改，雕栏玉砌应犹在；虽不见当年秦始皇，万里长城今犹在。诗人虽想“寄愁心与明月”，但明月不知世间愁，“人生代代无穷已，江月年年望相似”，“明月不谙离恨苦，斜光到晓穿朱户”。

王夫之这里所说的“物”和“景”是指自然界的客观存在物，它们是不以人的主观意志、不以诗人的主观心灵情感而发生变化的。

那么，诗人在面对这些与情感负相关的景物时，难道就无能为力了吗？当然不是。由此，王夫之提出著名的“以乐景写哀，以哀景写乐”的观点，并认为如此能达到“一倍增其哀乐”之成效。

王夫之认为《诗经·小雅·采薇》的“昔我往矣，杨柳依依；今我来思，雨雪霏霏”是“以乐景写哀，以哀景写乐”的典范。征人将要远行，心中自是充塞悲哀之情，然此时杨柳依依；征人归来，自有一段欢喜情感，入目却是一片“雨雪霏霏”之景。杨柳依依之春天，更增加征人心中之悲苦；征人回乡，虽是雨雪霏霏之冬天，但心情丝毫不受影响，哀景中之乐情反而更见其乐。

王夫之对情景关系的这种分析，体现了他对人心和艺术的极致体验，要多么细腻的文学素养才能分析得如此细致入微。这种细腻和入微的艺术鉴赏还体现在他对《少年行》（应为王昌龄的《青楼曲》，王夫之《诗译》却作《少年行》，疑误。）诗篇的分析中。诗云：

白马金鞍从武皇，旌旗十万宿长杨。

楼头少妇鸣筝坐，遥见飞尘入建章。

一般分析认为，此诗描写了两幅场景，一为威风凛凛的将军率千军万马在长安大道上行进；一为楼头弹筝的少妇一抬头，遥遥望见队伍后面的滚滚飞尘。王夫之却别出心裁地认为，少妇遥望并非实写，而是将军想象中的场景。将军立功凯旋，即将加官进爵，荣华富贵无尽，因此想象自己妻子坐在楼头遥望自己凯旋的情景，内心之得意跃然纸上。如此一品，诗之情意更加饱满，此谓“取影”。

无独有偶，王夫之认为《诗经·小雅·出车》之妙也在此。训诂家认为该诗描写的是妇人采蘩之时遇到归师，这样的理解在王夫之看来不免索然无味。他认为妇人采蘩非实写，而是出征归来的战士想象着自己的妻子在采蘩之时恰好遇上了归师凯旋之情景。征人不仅在脑海中勾勒着相见时的欢欣场面，更想象着相见之时自己妻子的那种欢喜无限的心情，此即为“影中取影”。

王夫之对诗篇文学性的理解，就是这么细致和卓越。

3. “四书”学姊妹篇：站在巨人肩膀上的巨人

王夫之关于四书的主要研究著述有《四书稗疏》《四书考异》《读四书大全说》《四书训义》《四书笺解》五种。前两种分别为关于四书的字词名物训诂与字形辨异之作，后三种为对四书进行义理阐释之作。

《读四书大全说》为王夫之早年之作，具体成书时间不详，但据现有文献可知其重订于1665年，即王夫之四十七岁之际。《四书训义》和《四书笺解》为王夫之晚年思想成熟时所作，两书在体例和内容上都远富于《读四书大全说》，且相互印证、相互阐发，堪称王夫之研究四书的姊妹篇。

《四书训义》乃王夫之对朱熹《四书章句集注》的训释，故名《四书训义》。在编排上，先录四书原文，又录朱熹的章句和注释，最后贯以王夫之自己的训义之辞。《四书训义》篇幅宏大，凡三十八卷，约七十万言，其中《大学训义》一卷，《中庸训义》三卷，《论语训义》二十卷，《孟子训义》十四卷。

《四书训义》的编撰以朱熹《四书章句集注》为蓝本，前面说过王夫之关于四书的研究著作还有《四书稗疏》和《读四书大全说》，然王夫之的《四书训义》中竟然很少掺杂有这两本书的思想。一方面说明晚年时期王夫之的思想较之于早年，已经有了很大的改变，另一方面也说明王夫之对四书的研究已经到了炉火纯青、收放自如的地步。

《四书训义》是王夫之阐发孔孟之学的重要著作，学者刘人熙对它给予高度评价：

阐邹鲁之宏旨，畅濂洛之精义，明汉唐之故训，扫末学之秕糠，儒林鸿制，伟矣皇哉！

《四书训义》的姊妹篇《四书笺解》是王夫之四书学的又一部力作。共十一卷，卷一为《大学笺解》，卷二为《中庸笺解》，卷三、卷四为《论语笺解》，卷五至卷十一为《孟子笺解》。《四书笺解》篇幅较《四书训义》而言要简短，它并非对四书全文一一进行阐释，而是选取其中一些篇章和条目进行分析。以《论语笺解》为例，《论语》二十篇均有编入，但具体到每个篇章，不是所有条目都有笺解，而只是选取其中的一部分，且每一条目的笺解文字都比较精练，不似《四书训义》那般长篇大论。究其原因，和它的成书背景有关。

《四书笺解》的成书，有自撰讲义和听者笔录两种说法。清代著名学者王之春先生认为该书是王夫之在讲授四书的过程中，深感当时的时艺讲章之诟弊，于是在授课的闲暇之余“取全书随意笺释”，意在使受者不被当时之时艺讲章所迷惑。刘人熙先生则认为是“船山高足弟子，亲炙光仪，得诸口授”，即王夫之弟子听课之笔录。二说孰真孰假难以判断，但无论课堂讲义还是课堂笔记，都是王夫之治四书思想的体现。它的思想与《四书训义》非常吻合，因而又称《四书训义》的蓝本。

《四书训义》和《四书笺解》虽然以朱熹的注解为底本，但很多时候王夫之往往突破朱熹的思想，进行更深入的发挥，既注重传承又推陈出新。以“思无邪”的解读为例，我们可以生动地看到王夫之对前人的传承和出新。

孔子的“思无邪”堪称中国古代诗学始祖性的命题。它出自《论语·为政》：

“《诗》三百，一言以蔽之，曰：‘思无邪’。”

历代学者孜孜不倦追求孔子“思无邪”说的本旨，意欲给出最合理的阐释。一般认为，孔子所言“思无邪”是指《诗经》中的所有诗篇在内容和感情上都是纯正的，没有邪念。相传孔子对《诗经》进行了删定，符合“思无邪”准则的诗篇被保留，不符合的则被删除。

宋代朱熹对“思无邪”的意义进行了一定程度的置换，认为它不是指《诗》思无邪，也不是指作《诗》者思无邪，而是要使读《诗》人思无邪。

王夫之《四书训义》和《四书笺解》则在朱熹的基础上“接着说”“继续说”，说出了朱熹也未曾说出的新内涵，在朱熹的基础上和朱熹一起共同完成了“思无邪”意义向现代《诗经》学形态模式的建构。

首先，王夫之同意朱熹的观点，认为《诗经》并非篇篇都“思无邪”，相反有邪有正，朱熹认为《诗经》中的《桑中》《溱洧》等都为淫诗，都是淫奔之人所作。王夫之也认为《诗》贞淫俱有，不止《桑中》等诗算不上“思无邪”，就连《文王》之什，也不能完全说其是百分之百的“无邪”。

接着，王夫之在朱熹的基础上“接着说”“继续说”了。朱熹认为“思无邪”并不是指《诗经》“思无邪”，而是通过读《诗经》让读者“思无邪”。王夫之则认为“思无邪”是指读者自身就要以一种无邪之心来读《诗经》。“思无邪”乃学《诗》者之法，即面对《诗》之贞淫，学《诗》者皆要以无邪之心临之。这样读《诗》，才能区别《诗》中的贞淫，才能知《诗》中善之可好，恶之可恶，才能从《诗》中受益。

一反千余年的传统，王夫之对“思无邪”的立说完全转换到了从读《诗》者的角度来进行探讨，而且这种转换是合乎道理、合乎逻辑的，是成功的。王夫之在对“思无邪”的立说中，引入并突出了对读《诗》者自身条件的强调。《诗》有正有变，有善可劝，有恶可鉴，能感发人喜怒哀乐各种情感以及兴起人忽彼忽此各种心思。

王夫之认为，读《诗》者要做到以无邪之思面对《诗》之贞淫，那么读《诗》者本身所固有的素质涵养就尤其重要。读《诗》者自身情之正邪与否在读《诗》中具有重要作用。自身贞正，则能体悟《诗》之教，有益身心之治；自身心邪，则会于《诗》中留恋泛滥，辱己累国。学《诗》者只有自身固有纯正之情，固有无邪之思，才能通过《诗》劝善惩恶，才能通过《诗》兴观群怨，才能以《诗》思事思理、事君事父，才能以

《诗》思古今法则，思衰乱变迁。

一言以蔽之，唯学《诗》者有自正之情，《诗》之为教的功能才能得到圆满的实现。若是学《诗》者自身无“无邪”之思，《诗》教也就无从谈起。

鲁迅先生曾说，一部《红楼梦》，“经学家看见《易》，道学家看见淫，才子看见缠绵，革命家看见排满，流言家看见宫闱秘事”。这不正和王夫之对“思无邪”的解读同属一个思路吗?

4.《读通鉴论》：为万世开太平

《读通鉴论》是王夫之研读北宋史学家司马光《资治通鉴》而写下的研究著作。既然是针对《资治通鉴》的研究著作，那么了解王夫之的《读通鉴论》，首先就要了解司马光的《资治通鉴》。

那么，《资治通鉴》是一本什么样的书呢?

司马光主编的《资治通鉴》是我国古代编年体史书的集大成之作，它以时间为纲，以事件为目，从战国时期的周威列王写到了五代的后周世宗，从公元前403年写到了公元959年，记录了十六个朝代一千三百六十二年的历史，内容涵盖帝王将相、政治军事、经济文化、社会生活等诸多领域。

作为中国第一部编年体通史，《资治通鉴》在中国官修史书中和读书人心目中占有极重要的地位。

《资治通鉴》是司马光呕心沥血的鸿篇巨制，《读通鉴论》同样是王夫之殚精竭虑之作。这本书王夫之从六十九岁写起，写到了七十三岁。在写完这本书之后的来年正月初二，王夫之逝于湘西草堂。所以，这是一本王夫之在生命尽头写就的著作，对把握王夫之的整体思想具有非凡的意义。全书共三十卷，其中秦一卷，西汉四卷，东汉四卷，三国一卷，晋四卷，宋、齐、梁、陈、隋各一卷，唐八卷，五代三卷，另附《叙论》四篇为卷末。各卷下以帝王为条目，对司马光《资治通鉴》中所列的历史事件和历史人物进行分析和评判，全书共八十七个条目。

在《读通鉴论》中，王夫之据司马光《资治通鉴》所记载的史实系统地分析了千余年的封建社会历史，分析历朝历代成败兴亡的缘由，臧否帝王将相，探求国家治理和历史发展的规律，总结出社会进化论和道德进化论的观点。“推本得失之原，立一成之型”，王夫之分析历史是为了反思现实。他说：

“所贵乎史者，述往以为来者师也。为史者，记载徒繁，而经世之大略不著，后人欲得其得失之枢机以效法之无由也，则恶用史为！”

过往是未来之师，历史是现实之师。亡国是王夫之一生的沉痛，对以往千余年历史的评判是为了在血与火的现实中寻觅民族复兴的良方。所以，王夫之的《读通鉴论》既有历史感，又有现实感，它是一部厚重的历史沉思录，又借给后人“一双看透历史的慧眼”，是一部志在“为万世开太平”的光辉巨著。

同时，《读通鉴论》的厚重还在于它既是一部史论，又不仅仅只是一部史论。学者认为，它不仅可从史学层面进行解读，也可以从哲学、政治、民族、军事等多个视角和层次进行诠释。

《读通鉴论》当为王夫之著作中的“高峰”之一。梁启超认为它是王夫之史评一类书里“可以说是最有价值的”。

杨昌济读完此书后，教导自己的学生说：

“王船山一生卓绝之处，在于主张民族主义，以汉族之受制于外来民族为深耻极痛。此是船山之大节，我辈所当知也。”

此话看起来平常，其实十分不平常。杨先生的意思，在那样一个特殊年代，王夫之就有坚定的民族气节、民族精神和民族大义，是十分难得的。这样的一个伟人，我们今天应该知道啊。

嵇文甫评价此书说：

“在他那看似不成系统的许多经义史论里面，实蕴藏着很微妙的一种历史哲学。”

这是看懂了王夫之书的人才能得出这样的结论，即王夫之的著述颇丰，看似不成体系，实则有着完整的规则，自成体系，而且微言大义，有很高的哲学意义。

钱穆则说：

“观其最后著作《读通鉴论》、《宋论》两书，今人皆以史论目之，不知其乃一部政治学通论，于历代政治上之大得大失，以及出仕者之大志大节所在，阐发无遗。”

钱老从另一个角度，对王夫之晚年最重要的两部作品，进行了新的评价，认为它是一部政治学通论，而不是许多人以为的那样只是简单的史学书籍。同时，他对这两部书的价值，也作了充分的阐发，认为王夫之在总结历朝历代的基础上，形成了自己的评判，对于那些政治家、管理者和文学家们来说，都是一部不可多得的书籍。

第七章

有一种治学情怀叫『著作等心』

王夫之用铺天盖地的作品，诠释了顶天立地的大义。他拥有一份『著作等心』的情怀。在他心目中，学问从来就不是『摇钱树』，也不是『摇头丸』。他的书中装的是国家和百姓。

王夫之既“著作等身”又“著作等生”，既有“高原”又有“高峰”，更难能可贵的是，他还有一份“著作等心”的情怀。可以说，他用铺天盖地的作品，诠释了顶天立地的大义。

“著作等心”，一方面体现为王夫之的心中装的是国家和百姓，其著作里装的也是国家和百姓；另一方面则体现为他内心深处的学术操守。在他心目中，学问从来就不是“摇钱树”，更不是“摇头丸”。

一、学之大者，忧国忧民

“一切有理想、有抱负的哲学社会科学工作者都应该立时代之潮头、通古今之变化、发思想之先声，积极为党和人民述学立论、建言献策，担负起历史赋予的光荣使命。”

坐拥千古之智，立于乱世激流的王夫之，就是这样一位为国为民述学立论的思想巨人。他治学求的是国家的富强和民族的复兴，图的是实现中华文化的薪火相传。他的心中装的是整个国家，他的书中装的是全天下黎民。侠之大者，为国为民；学之大者，亦忧国忧民。

1. 天下是天下人的天下

天下是谁的天下？生长在封建王朝的王夫之，在这个问题上却具有非常进步的视域。他说：

“天下者，非一姓之私也，兴亡之修短有恒数，苟易姓而无原野流血之惨，则轻授他人而民不病。”

王夫之认为天下不是一姓之天下，王位也不是一家之王位。他认为秦朝之所以到二世而灭亡，就因为把天下看成一家一姓的天下，所谓“秦之所以获罪于万世者，私己而已矣”。王夫之有着强烈的民本情怀，他坚持“天下是天下人的天下，天下是老百姓的天下”。每个朝代的盛衰兴亡都遵循历史发展的规律，改朝换代是正常的事情。如果这个改朝换代的过程能够平稳地进行，而不造成百姓大量的流血牺牲，那么改朝换代并不是什么可怕的事情。因为，天下始终是天下人的天下，而不是哪一家哪一姓的天下。

王夫之的《读通鉴论》中有这样的记载，说李渊听到隋炀帝杨广被弑的消息之后，不由得放声痛哭。王夫之分析说，李渊难道是有感于隋炀帝昔日的恩泽而放声大哭的吗？显然不是。李渊所哭的不是隋炀帝，他所哭的是天下，隋炀帝死后从此天下将不宁，天下人将遭受更多的苦楚。

王夫之认为，李渊在岁末群雄争相起兵之际，能够恪守为人臣子的职责，坚守太原与突厥作战。当隋炀帝死后，天下已经无主，隋朝已无寸土，此时群盗并起，这时李渊才名正言顺地起兵，扫荡群盗，救黎民于水火，重归天下于安宁。所以，李渊在乱世中能哀百姓之苦，能以天下人为先，那么天下归李唐也是历史的必然。

“人民既是历史的创造者，也是历史的见证者，既是历史的‘剧中人’，也是历史的‘剧作者’。”这已经成为我们当今时代的共识。而在那个年代，王夫之敢站出来非议君主的极端专制，大义凛然地说：天下不是一家一姓的天下，而是天下人的天下。这既反映了他非凡的胆魄，也体现了他思想的超前和进步。

2. 天下相亲，万事大吉

中国古代有着源远流长的“民本”思想。《尚书》言“皇祖有训，民可近，不可下，民惟邦本，本固邦宁”，孟子云“民为贵，社稷次之，君为轻”，荀子云“君者，舟也；庶人者，水也；水则载舟，水则覆舟”。

中国古人把一国之君和天下百姓的关系，看成是舟和水的关系。天下黎民就好比众多水滴汇成的汪洋大海，天子就是海上的一只船。水可以载着船行驶，也可以让船覆灭，所以执政者都要以百姓感受为执政之基，这样百姓才会拥护君主，大海才会载着船只稳稳地行驶，才能国泰民丰、长治久安。

王夫之是民本思想的坚实拥趸者。同时，他还大大拓宽了以民为本的内涵。他是这么说的：

合天下而有君，天下离则可以无君矣。何也，聚散之势然也。聚故合同而自求其所宗，如枝叶条茎之共为一本也。一池之萍密茂如一，然而无所奉以宗焉者，生死去留之不相系焉耳。故王者，弗急天下之亲已，而急使天下之相亲，君道存也。

这段话的大概意思是说，天下人要相合、要相亲，民心齐才可以有君主，也只有天下齐心君主才能发挥作用，如果天下相离、民心涣散，那么君主根本就不能发挥任何作用，也就相当于可以没有君主了。天下相亲说来似乎容易，但要真正做到其实很难。那么，怎样才算真正的天下相亲呢？王夫之打了一个绝妙的比方，他说天下相亲不能像一池浮萍那样的聚集，因为浮萍从表面上看虽然是茂密地聚集在水面上，但其实它们没有根，是互相不牵连的，所以说散就散了，是没有任何凝聚力的。天下相亲、民心相齐，应该是像一棵树的枝、叶、茎那样彼此相连相亲。枝叶茎一体相连，自然会共同去固其根、求其宗。

王夫之说得多好！如果天下黎民百姓都能像枝叶条茎一样同根同心，同气同声，天下何愁不稳不治！所以，王夫之又说，为人君者当务之急不在于使百姓亲近自己，而是要使百姓相亲，像枝叶条茎那样地相亲。这才是王道中的王道。

3. 天下命脉是百姓

如何才能使天下百姓像枝叶条茎一样相亲呢？王夫之认为，首先君主必须要把百姓的疾苦放在自己的心上。而要把百姓的疾苦放在心上，则首先要清楚地知晓百姓的疾苦。可别小看这个事情，对于高高在上的君王来说，有时要知晓百姓的疾苦还真不是一件容易的事情。

《诗经》中有一篇诗叫《君子于役》，讲的是丈夫被征调去远方服徭役，留守在家的妻子对丈夫无比思念。王夫之认为该诗体现了统治者不知百姓之徭役苦。当政者认为自己制定的徭役政策是根据每个地方的人口数量来定服役数量的，政策并不是那么苛刻，老百姓应该可以承受得住。而他们所不知道的是，政策在执行的过程中已经完全变了样。

第一，每个地方都存在大量的老弱病残、往返逃亡现象，所以人口数量与官方认定数量存在一定的差距。

第二，各级官员在执行的过程中又有很大的私心和奸心，因而最后加在普通老百姓身上的徭役已经繁重不堪。政府虽然有发放公粮，但经过层层扣剥，最后能真正发放到百姓手上的已经所剩无几。所以导致全社会男废耕、女废织，怨声载道，而统治者却完全不能体察百姓痛苦。

这样，又如何能培育和巩固民心呢？

王夫之认为，要培育民心，就必须要体恤百姓痛苦，顺应百姓感情。比如说君王要爱惜民力，要善于引导百姓进行生产劳动，同时又不能使百姓终岁都处于辛苦的劳作之中，一年到头也要给予他们适当的休闲时间。

比如说苛捐杂税的收取也要讲究方法策略，丰收之年即使国家无需急用，也可以适当地收取，而饥荒之年则即使国家要急用，也不能横征暴敛，即“以民取而不以国取”。

如此，王夫之认为治国要处处以百姓为先，急百姓之所急，苦百姓之苦。只有体恤百姓情感，真正把百姓情感理顺了，那国家的所有事情自然才能顺畅。这就是王夫之核心的治国理念：君子莫慎乎治情。顺应民众之情、体恤百姓之情，治情比政策律令、比任何强制手段都能达到治国的效果。

治情不能忽视百姓的基本生活情感。父母、子女、兄弟、夫妇之间的情感，是人之最普遍和最重要的情感。为人君者，要体恤百姓的这些基本情感，保障民众基本情感的需要得到满足。只有这些最基本的情感得到保障，民众才能事君奉上。为人子女者因政务繁忙而不能赡养父母，为人父母者因为忙于政务而不能很好地抚育自己的儿女，这些都是不值得提倡的。治国要治情，治情就绝不能以牺牲百姓的情感来换取他们对国家的贡献。

相反，只有父母得以养、人子免其劳、兄能保弟、夫妻嬿婉，百姓才能心安、情安，国家才能长治久安。

在我们当今时代，人民对美好生活的向往，也就是我们政府、我们国家的奋斗目标。“人民不是抽象的符号，而是一个一个具体的人，有血有肉，有情感，有爱恨，有梦想，也有内心的冲突和挣扎。”

王夫之给我们的启迪是：不能以自己的个人感受代替人民的感受，而要扎扎实实地体察人民的情感。

不仅是政治家，文艺家也要深入生活，与人民打成一片，才能让自己的作品变得有血有肉。在体察人民情感方面，习近平总书记曾经举过作家柳青的例子。二十世纪五十年代，柳青曾任陕西长安县县委副书记，后来辞去县委副书记职务、保留常委职务，在那里的农村蹲点十四年，最终写下《创业史》。柳青深入农民群众到什么地步呢？习总书记说，中央出台任何一项涉及农村农民的政策，柳青脑子里立即能想象出农民群众是高兴还是不高兴。如果我们每位官员干部都能达到柳青这个程度，那么何愁民心不齐？何愁国不富强？

可以说，三百多年前，王夫之写下的文字，对我们今天无论是治国理政还是追求文艺高峰，都有许多参考价值和积极意义。

习总书记提出“人民对美好生活的向往，就是我们的奋斗目标”。对美好生活的向往，就是百姓最大的情感。治情，顺应人民的愿望，重视人民的感情，把人民的冷暖、人民的幸福放在心中，任何时期都是我们的治国之法宝。这也是王夫之一生所追求和向往的。

二、唯有爱与深情不可辜负

当今，在市场经济的大潮中，有些学者和作家迷失了方向，他们有的把作品当成追逐利益的“摇钱树”，有的把它当作感官刺激的“摇头丸”，有的胡编乱写粗制滥造，有的机械化生产，制造“文化垃圾”。而在王夫之心目中，学问从来都不是用来作这些用途的，他的学术著作为国为民，他的诗文源自深情，他从不把学问当作“摇钱树”。

在王夫之的学术著作中，他多次明确提出“诗以道情”或“诗道性情”的命题。王夫之认为，情感是诗歌及其一切文学创作的本源，是诗文得以成立的基本条件。“诗之所至，情无不至”，诗歌本源于人的情感，情感赋予诗歌不朽的生命力。“情之所至，诗以之至”，情感孕育到了一定的程度，必定引发创作上的冲动从而转化为艺术文本。

王夫之赋予“情”创作本体论意义，认为诗的存在状态和情感的存在状态是合二为一的。

王夫之又认为，每个人的情感是不可复制的，不可赊借给他人的，诗文的创作必须发自作者内心最真实的情感。情感是学不来的，因而诗文创作也是不可以复制的，所以王夫之特别反感文坛上的拉帮结派和立门创户，认为那样的创作并非“走心”。

王夫之也特别反感各种作诗的俗律、套路，是因为这些作诗的僵法完全忽略了诗歌创作中最重要的因素，那就是创作者的情感。各种俗律、套路、格式、定法都是可以复制的，唯独诗人创作的原动力——情感是他人无法复制、无法相袭的，而这才是诗歌最根本的艺术生命力之所在。

“诗以道情”是王夫之对诗歌创作的最本质的要求，同时其自身诗词创作亦践行着“诗以道情”的情感本体论精神。王夫之一生著述颇丰，不仅是一位伟大的理论家，同时还是从事文学创作的作家。其现存诗作1647首，词作305首（湖南所辑佚作数首尚未计入），二者相加近两千首，如加上佚失之作可能还远远不止这个数。船山代表性诗作有《五十自定稿》《六十自定稿》《七十自定稿》《柳花吟》《落花诗》《分体稿》《洞庭秋诗》《雁字诗》等，词则有《鼓棹初集》《鼓棹二集》《潇湘怨》等。

王夫之诗风慷慨悲壮，遒劲有力，境界扩大，意蕴宽广，是他心志情感的真实产物，同时也反映了他的激愤与豪情，深深体现了“诗以道情”的情感本体论精神。

当代诗人艾青说：“为什么我的眼里常含泪水，因为我对这土地爱得深沉。”这句话用在王夫之身上，再也合适不过。作为深受古代儒家思想浸润的知识分子，王夫之对国家的感情已经刻入肌理、深入血肉、融入生命。这份情感常常蕴含在其诗歌创作中。

王夫之一生诗歌创作颇丰，写下很多忧国忧民、抒发爱国精神的篇章。当他得悉明朝覆灭时，痛哭流涕，数日不食，作《悲愤诗》一百韵。虽然因为失传，我们今天已经无法读到王夫之在那时情境下写就的《悲愤诗》，但他字里行间的悲与愤，我们当不难想象。

其后，南明政权苟延残喘，王夫之为复国积极奔走，百般谋划，却是螳臂当车。现实中救国无望，王夫之把种种悲痛融入在诗词之中。如上书巡抚章旷、请求调和南北共同应对清军无果后，写诗给章旷：

“戎车六月正闲闲，救日朱弓向月弯。铜马已闻心匪石，巴蛇敢恃骨成山。中原冠带壶浆待，闽海丝纶启戟颁。师克在和公自省，丹忱专在念时艰。”

桂王奔逃柳州，王夫之追随受阻时，写诗道：

“我生万历四年秋，显皇膏雨方寸留。圣孙龙翔翔桂海，力与天吴争横流。峒烟蛮雨困龙气，我欲从之道阻修。呜呼一歌兮向南哭，草中求活如蜎缩。”

清顺治十七年（1660），王夫之迁回故里，从此开始学术生涯。然身处江湖之远，仍时刻不忘忧其国与民。清顺治十八年（1661），桂王于缅甸被俘虏，船山知悉，甚是悲痛，乃有《鹧鸪天·杜鹃花》：

锦国春从恨里栽，云安涪万浅深开，
山头万片留芳影，枝上三更结怨胎。
红泪滴，血函埋，他时化碧有余哀。
伤心臣甫低头拜，为傍冬青一树栽。

全诗因情而起，由情而生，又字字含情。王夫之悲痛国之不幸的情感引发创作冲动，这种情感又深深融入了词篇中。

读罢此词，一个为国为民呕心沥血、鞠躬尽瘁的爱国者形象跃然纸上。

眼见山河满目疮痍，而永历政权却贪腐无度之时，王夫之亦在诗中悲鸣：

悲风动中夜，边马嘶且惊。壮士匣中刀，犹作风雨鸣。

飞将不见期，萧条阻北征。关河空杳霭，烟草转纵横。

披衣视良夜，河汉已西倾。国忧今未释，何用慰平生。

对时势的担忧、对国家命运的关切，化为字字句句融通在王夫之的诗歌创作中。因其所处时代和生平遭遇所决定，其诗歌中的爱国之情又突出地表现为亡国之悲痛情怀的抒发。

有人说王夫之“故国之戚，生死不忘”，有人说“忠肝义胆，情见乎词”，有人说王夫之“字字楚骚心”。对于王夫之来说，爱国就像吃饭和睡觉一样，是最基本的事情。

王夫之的诗作既有对国家感情的抒发，也有对亲友感情的抒发。在那个风雨如晦的年代，王夫之无力保全自己的亲友，只能在诗文中表达自己的感情。从各种文献记载中，我们可以看出王夫之是一个非常重感情的性情中人。他对父母长辈、对妻子儿女、对亲朋好友都充满着至真的情感。

在那个乱世，人命如浮萍，王夫之的很多亲朋都遭遇不幸。看着自己最亲最近的人离去，王夫之承受着一次又一次的心灵悲怆。他对亲友的种种情思，悉数化为笔下的种种纪念文字。

王夫之为很多亲人写过诗文，作过回忆录，写过墓表，在那个时代他只能用文字来表达对他们的怀念。

例如，他为父亲王朝聘作《显考武夷君府君行状》，为母亲作《显妣谭太孺人行状》，为叔父王廷聘撰《牧石先生暨灵太恭人合祔墓表》，为长兄王介之撰《石崖先生略传》，等等。

这些怀念亲人的文章，字字真情。比如在为长兄作的回忆录《石崖先生略传》中，王夫之回忆了长兄的处世品格，兄弟的手足之情，感慨兄长在乱世的心灵苦楚，种种深情催人泪下。他还说，我的兄长你之所以先我而去，就是要留着弟弟我来给你写一生回忆录的吗？只有悲痛到极点，才能发出如此泣血的哀鸣。

王夫之对亲人如此，对朋友也是如此。他的《南窗漫记》专门记录朋友的事迹，保存了他们的诗文。这些诗文是王夫之凭着之前自己和朋友交往的记忆而记录下来的，或一首，或一句。他的很多朋友都在那个战乱的年代为国捐躯，王夫之专门撰写《南窗漫记》来存录他们的诗文，这份珍惜和怀念让人动容。

三、学问从来都不是“摇钱树”

因为一切作品都要源自真情实感，所以在王夫之那里，学问和作品从来都不可能是“摇钱树”。

那些用诗文来做“敲门砖”和“摇钱树”的人，王夫之给他们起了个名字，叫“诗佣”。“诗佣”专指为讨好谄媚、摇尾乞怜之作，深为王夫之所不齿。有那么一些门人幕客，“应上官之征索受”，“受主人之雇托”，作诗取悦，哗众取宠，把诗作为谋生的手段。其诗作车载斗量，但都为一些“不得已而为之”之作，毫无真感情，效其成法，千篇一律，在王夫之看来这些都是诗中的垃圾。

王夫之对“诗佣”既然如此深恶痛绝，那么他自己肯定是不会做“诗佣”和“学佣”的。然而，吴三桂却不知道王夫之的这种像牛筋一样的操守，因而在王夫之这里碰了一个超级大的钉子。

清康熙十六年（1677），吴三桂在清兵反攻之下，败走衡州。

第二年春天，吴三桂估摸着形势对自己越来越不利，想着要趁早过一把皇帝瘾，于是赶紧在衡州称帝。当时，花甲之年的王夫之正在衡州过着归隐的生活。

也许是吴三桂自己的授意，也许是吴三桂幕僚的阿谀奉承，总之有人找到王夫之，恳请他写一份《劝进表》。吴三桂想要的这个《劝进表》大概是一个什么性质的材料呢？

原来，吴三桂想当皇帝想疯了，但又怕天下人嘲笑，也怕后世人嘲笑，于是就要为自己寻个由头，找个台阶，想请人写这样一份材料，材料里要说吴三桂功劳盖世，天下人都想要吴三桂当皇帝，吴三桂你就不要推辞了，就顺应了这份民意，赶紧做皇帝吧。

吴三桂虚不虚伪？假不假？简直虚伪到家了。但要肯定的是，吴三桂之流还是有一点逻辑思维的，他们知道这个《劝进表》不能随随便便找个人来写，那样可能会偷鸡不成蚀把米，更遭天下人耻笑，一定要找一个名望高、镇得住台的人来写，这样他当皇帝就没有任何面子上的过不去了。

而王夫之就是他们心中的不二人选。

不用问结果，以我们对王夫之的了解，就知道吴三桂及其幕僚在做一件多么愚蠢、多么不可能的事情！

王夫之是这样对前来的幕僚说的：

某本亡国遗臣，所欠一死尔，鼎革以来，久逋于世，今汝安用此不祥之人哉！

王夫之虽然说自己是亡国的不祥之人，因而怕写这样的材料给吴三桂招来晦气，但我们太清楚不过，王夫之表达的是对吴三桂之流的极端蔑视。我们分明感受到了王夫之骨子里的那份贵气。那是一种绝不把学问当成“摇钱树”和“进爵梯”的贵气。

拒绝了吴三桂之后，王夫之就逃进了深山。可心中的这股不平之气总是按捺不下去，于是洋洋洒洒作了篇《祓禊赋》。该文全文已佚，仅在其子王敔给他作的回忆录《大行府君行述》中存有一段。

但我们不难想象的是，王夫之肯定是通过该文表达了内心深处对吴三桂之流的鄙夷，抒发了自己绝不做“学佣”的凛然大义。

第八章

王船山治学的秘诀

霸蛮、耐烦、吃苦是写进湖南人骨子里的品质。

它们不仅体现在王夫之的为人中，

也深深浸润在他的

为学之中，成为其治学的秘诀。

王夫之是个典型的湖南人。湖南人身上的标签有很多：心忧天下，敢为人先是湖南人的本色；敢爱敢恨，眼里容不下沙子是湖南人的脾气；霸得蛮、耐得烦、吃得苦则是写进湖南人骨子里的品质。湖南人的这些标签王夫之都有，同时这些精神和品质不仅体现在他的为人中，也深深浸润在他的为学之中，成为王夫之治学的秘诀。

一、亲剖鼠口，就得这么霸蛮

王夫之湖南人的性格不仅表现在学术品格里，也表现在治学方法里。且来看看王夫之在治学中是如何地霸蛮。

1. “关雎”到底是什么鸟

《关雎》是《诗经》的开篇。“关关雎鸠，在河之洲。窈窕淑女，君子好逑”是我们再熟悉不过的诗句。可是，《诗经》距今，那么多年过去了，谁能说清楚雎鸠到底是什么样的一种鸟吗？王夫之能。

另外，即使不知道雎鸠到底是什么样的一种鸟，后人也都能感悟诗篇所带给人的美的感受，那么，雎鸠到底是什么样的鸟值得去较真吗？王夫之认为一定要去较真。

是的，他就是有这么霸蛮。

王夫之写了一本专门考证《诗经》中字词涵义和名物解释的书，叫做《诗经稗疏》，其中有一个条目专门研究了“雎鸠”。关关雎鸠，在河之洲，既然在河之洲，我们一般也就认为雎鸠是一种水鸟，王夫之则雄辩地告诉我们不是。

在这本书中，王夫之首先考察了《尔雅》《尔雅注》《说文解字》《匡谬正俗》《禽经》《毛诗草木鸟兽虫鱼疏》《埤雅》这七部典籍中关于“雎鸠”的释义。这七部典籍都认为雎鸠是一种名为“鹗”的鱼鹰。又参考古代有名的训诂学家郭璞、毛公，还有李时珍《本草纲目》的说法，王夫之得出结论：这种鱼鹰虽然食鱼，但却并非水鸟，而是一种山禽。这种山禽有一种非常重要的特点，那就是雄鸟和雌鸟的感情非常好，但不管感情深到什么程度，在公众场合它们从不乘匹而相随，也就是说在公众场合绝不卿卿我我，作出不合礼仪的行为。

因此，用雎鸠鸟来暗合君王和后妃的情谊，再来行民众之教化，简直再熨帖不过。

在王夫之的霸蛮下，雎鸠和全诗的主旨被进行了全新的贯通，读者对诗篇的理解无疑又深了一个层次。同时，我们发现，为了证明雎鸠到底是什么样的鸟，王夫之引用了十部典籍。可能对于今天拥有互联网强大数据库的我们来说，引用十部文献并不太多，但王夫之所处时代，没有互联网，没有数据库，所有引用的书籍，所有引用的材料全部出自于王夫之的大脑。这就厉害了。

其实，不止雎鸠这一个条目，王夫之《诗经稗疏》全书都是动用自己大脑的数据库编写而成的。

再举一个例子。《诗经》中有首诗叫《溱洧》，其中有一句“士与女，方秉蕑兮”，大概意思是青年男子和女子在春天里，拿着“蕑”这种东西出去游玩。“蕑”到底是什么呢？

有人认为是兰草，有人认为是兰花，还有人认为是一种叫都梁香的植物，还有人认为管它是什么根本不重要，能感悟诗中青年男女出游的快乐就行了。

王夫之不这么认为，霸蛮的他又开始较真了。

这次，他动用了大脑数据库中的二十一部典籍，包括《毛传》《荆州记》《毛诗草木鸟兽虫鱼疏》《川本草》《伽蓝记》《潜溪诗话》《本草衍义》《本草衍义补遗》《本草纲目》《周易》《左传》《本草经注》《经验方》《楚辞》《说文解字》《尔雅注疏》《山海经》《春秋穀梁传》《春秋穀梁传集解》《周礼》《风俗通》。

最后的结论是："蕑"非兰草、非都梁香，更非兰花，而为香茅草。

你看，王夫之霸蛮不霸蛮？但同时，我们也发现，霸蛮有时是需要资本的。前面说了王夫之的阅读量是吓人的，是以"十万"为单位的，所以王夫之的大脑就是一个文件数据库。

我们今天"大数据库"的概念非常流行，而王夫之简直就是一个行走的大数据库！

2. 老鼠到底有没有牙

王夫之的霸蛮表现在多方面，有时是依赖于自己强大的大脑数据库，有时则完全是凭着自己的一股蛮劲。

《诗经》中有一篇叫《行露》，其中有这样一句诗："谁谓鼠无牙，何以穿我墉？"大概意思是谁说老鼠没有牙？如果它没有牙，那它是如何穿透我墙壁的啊！意思是老鼠肯定是有牙的，但还有一层潜在的意思是：公众本来认为老鼠是没有牙齿的。

王夫之的诗是反过来说的，你们都说老鼠没有牙齿，那它怎么能穿透我的墙壁呢？那老鼠究竟有没有牙齿呢？

不同的是，这次王夫之没有引经据典，他认为这个问题太简单了，根本就不需要去引经据典。相同的是，他同样霸蛮。他采取的方法是“今试剖鼠口视之”。也就是说，王夫之亲自抓了一只老鼠来，剖开它的嘴巴检查了一下，发现有牙齿。于是，一切质疑不攻自破。

生活中，可能我们每个人也都见过一些霸蛮的人，看过一些霸蛮的事，但是有见过像王夫之这么霸蛮的吗？

3. 做学问，穷天下之理

其实，王夫之的种种霸蛮是在治学上较真，而他的较真是为了求实。王夫之坚信，很多事情要亲历才能作数，而不能只是道听途说，也不能自己想当然。

三国时期有个叫陆玑的学者，写了一本《毛诗草木鸟兽虫鱼疏》。这是一本专门解释《诗经》中草木鸟兽虫鱼的书。

《诗经》中的“蘋藻”，陆玑认为是一种既可以蒸着吃又可以炒着吃的草。让他没想到的是，自己这个释义竟然把一千多年后的王夫之惹火了。

王夫之可能是自己尝了一下这种草，发现此草又粗又臭，根本不能为人所食。他讽刺地说道，到底是你陆玑的口味独特与众人不同，还是你根本就没有自己尝过这种草而是道听途说的啊！

对这种不亲身躬行的治学方式，王夫之可是一点都不感冒。

同样被王夫之嗤之以鼻的，还有“蜉蝣朝生暮死”之说。不知从什么时候开始，大家认为蜉蝣这种小虫子早上出生，晚上就死掉了。众口相传，久而久之所有人都这么认为，从未有人质疑。

王夫之则认为太不可信了。蜉蝣这种小虫子这么微小，人们根本无法饲养它们，也无法从现实生活中去观察它们的生死，那么早上生、晚上死这种说法永远无从证实，又怎么能够让人去相信呢？

也正是这样霸蛮的求实治学风格，使得王夫之对一切虚妄荒诞之说深恶痛绝，他立志要“尽废古今虚妙之说而返之实”。很多古书中说姜嫄因为踩着神的足印而受到了某种神秘的感应，然后怀孕生下了后稷。

王夫之认为这完全是无稽之谈、荒诞之说。如果真有这样的特生之人，那么怎么只有后稷一个，后稷之后千余年，怎么就没有发现第二例报道？

由此，王夫之认为鬼神之说、祥瑞附会，都是某些人对经文的曲解，带着别有用心的目的来蛊惑人心。这和真正的学问之道是完全背道而驰的。做学问和做人一样，来不得半点虚的！

二、如琢如磨，就得这么耐烦

湖南人不仅霸蛮，而且耐烦。王夫之霸蛮的表层下，还笼罩着一颗像珍珠一样细腻玲珑的耐烦心灵。

1. 开黄花的“苕”

《诗经》中有首诗叫《苕之华》。“苕”为何物，引起了一众训诂学家的兴趣。

《尔雅》解释为“陵苕”，郭璞又对《尔雅》的解释进行解释，认为“苕”应该是“陵时”。《广雅》则认为是“蘧麦”，陆玑坚持“苕”是“鼠尾草”。这些名称都是古代的植物名，我们今天听起来很陌生。但很明显的是，每个人的说法都不同，各执一词。

面对前人这么有争议的论题，王夫之显得格外耐烦。在《诗经稗疏》一书中，他对这场争论做了一个总结。他劝大家都不要争了，争来争去没有结果。我们先把争议放一放，来看看《苕之华》的原文。原文里有这么一句话：

苕之华，芸其黄矣。

王夫之的思路是，根据这句话的意思，苕应该是一种开黄花的植物，那么就直接去找开黄花的植物就可以啦。按照这种思路，王夫之最终认定“苕”应为一种叫“王篲”的植物，这种植物在王夫之所处的时代又被称之为地肤子草，它在七月里开黄花。而前面所说的什么陵苕、陵时、蘧麦、鼠尾草啊，你们开的花都不是黄色的，所以就都不要参与争论啦。

瞧，王夫之的这种耐烦是不是不让人服气都不行！

2. 谁说生女儿只能玩纺锤

《诗经・小雅・斯干》是一首篇幅很长的诗。其中有这样两句：

乃生男子，载寝之床。载衣之裳，载弄之璋。

乃生女子，载寝之地。载衣之裼，载弄之瓦。

一般认为，"载弄之璋""载弄之瓦"中的"璋"和"瓦"分别指美玉和纺锤。那么这两句诗的大概意思就是：

如果生了男儿，就把这个刚出生的男宝宝放到檀木雕的大床上睡觉，让他穿非常华美的衣服，弄来精美的美玉给他玩耍。

如果生了女儿，就把这个刚出生的女宝宝放在宫殿地板的边上睡觉，让她裹着小小的褓褓，找些陶制的纺锤来给她玩。

放在今天，这个解释肯定会气坏一众女同胞。但当时，大家确实都是这么理解诗意的，诗意已经有公认。一般而言，对这种学界公认、根据原文这样理解又非常有道理的观点，一般人不会再仔细去研究了。

而王夫之却不同。他耐烦到什么程度呢？他从全诗的创作背景来分析和推测具体语句和字词的涵义。

王夫之说，《诗经・小雅・斯干》是祝贺王族宫室落成的辞。那么，"乃生女子"中的女子就应该指天子之女。谁见过天子之女玩纺锤的吗？天子之女当然不需要接触纺织这样的苦活，哪会一生下来让她去玩纺锤？

再说，纺锤在古代是非常笨重之物，怎么可能会拿来给新生儿玩呢？

种种质疑之下，王夫之再加上自己的考证，认为“载弄之璋”“载弄之瓦”中的“璋”是美玉固然不错，但“瓦”不可能是纺锤，而应该是一种酒器。“弄璋”“弄瓦”应该都是一种“试儿”的仪式，大致相当于我们今天幼儿的“抓周”。幼儿满周岁时，长辈们会将各种物品摆放于小孩面前，让其任意抓取，传统上常用物品有笔、墨、纸、砚、算盘、钱币、书籍等，以其所抓取的物品来预卜婴儿的前程。

王夫之认为诗篇中的“弄璋”“弄瓦”大概就是这样一种习俗。

当然，王夫之这种全新的说法也并非就一定接近《诗经》文本的真实。但他对学问的这种耐烦精神，肯定是值得我们点赞的。

3. 美女为何“颜如舜华”

《诗经·郑风·有女同车》篇中有“有女同车，颜如舜华”句。意思是有位姑娘和我同车，她的容貌美丽得像舜华一样。那么，“舜华”是什么呢？

《毛传》解释“舜华”为木槿，木槿是一种常见的庭院灌木花种。许慎的《说文解字》则说，“舜”在楚地叫做“葍”，在秦地叫做“藑”。孔颖达《毛诗正义》说“舜”是一种木的名称，“此女之美，其颜色如舜木之华”，说这个姑娘美得像舜木一样。

王夫之又发挥出自己无比耐烦的本领，他不同意《毛传》《毛诗正义》的看法，认为舜是一种花草类，而非木类。在许慎的基础上，他进行了更精细的研究。许慎说“舜”在楚地叫做“蕾”，在秦地叫做“蕧”。

王夫之经过大量细致的考证得出，“蕾”和“蕧”也是有区别的，即“蕾花本白，间有赤者则为蕧”。“蕾”是一种白色的花朵，而这种花中也有些品种白色中间杂有红色，两种颜色相融得毫不违和。

然后，王夫之最精妙的分析来了。他说：

以比美女之颜，所谓施朱太赤，施粉太白，在红白之间也。

古代形容人美，曾有“增之一分则太长，减之一分则太短；着粉则太白，施朱则太赤”的经典说法。王夫之说，正是此花两种颜色相融得没有任何违和感，所以能用来比姑娘的容颜。姑娘的容颜也是施朱则太赤，施粉则太白，姑娘就是这么美得恰到好处。

以花比美女之容颜很常见，但以花色之红白相间比美女容颜之恰到好处，真乃巧妙之极。这样的理解为王夫之所首创，虽发前人之从未发，却自有其一番道理，更具一番韵味。可见，王夫之的耐烦，得到了意想不到的效果。

其实，王夫之的耐烦，首先是源于一种质疑精神，这种质疑精神又往往会带来一种创新的效果。对治学来说，质疑和创新都是非常重要的品质。对“坐拥千古之智”的王夫之来说，质疑和创新有多么的困难，就更有多么重要。

“中华文明延续着我们国家和民族的精神血脉，既需要薪火相传、代代守护，也需要与时俱进、推陈出新。”这是中华民族赖以生存的根基。王夫之一生以传承民族文化为己任，更可贵的是，在文化传承的很多方面，他还做到了与时俱进与推陈出新。

三、潜心学问，就得这么吃苦

我们知道，王夫之享年七十四岁。他一生坎坷，历经考场、沙场、官场，最后回归学场。在彻底归隐著述之前，王夫之的很多时间都花在了为国奔走、为民请命上。他曾经在南逃的永历政权中担任卑微的官职，甚至还以文弱的身躯亲自投身起兵的洪流，这些爱国行为虽然成效微乎其微，但王夫之肯定花费了百分之百的精力。我们可以大胆推测的是，即使在这样昏暗无光的岁月里，王夫之也应该坚持着读书。白天在朝廷受排挤的王夫之，晚上肯定在书籍中寻求精神的抚慰；起兵失败九死一生归来的王夫之，肯定也是在书籍中排解现实的忧闷。

虽然王夫之在晚年才最终对时局绝望而归隐山林著述，但其之前的岁月里肯定不曾间断过读书，所以才能成就其以十万为计的阅读量，才能造就他八百万余字的写作体量。最大的刻苦不是短时间内的发狠，而在于日复一日的坚持。

而这种刻苦，当是通向成功的号码牌。

王夫之的很多著作，都是在晚年时期写成的。那时，他的身体状况已不尽如人意。六十三岁那年，一直处于悲愤心境中的他，得了很严重的哮喘，之后一直多病多痛。六十七岁那年，他写了一组诗叫《病起连雨四首》，其三为：

白发重梳落万茎，镫花镜影两湛惊。
水金丹诀闻方士，土木蓡膏累友生。
故国余魂长缥渺，残镫绝笔尚峥嵘。
悬知药力消冰雪，未拟垂杨听早莺。

从诗中可以看出，彼时王夫之的身体状况已经非常糟糕了。但他在衰病的暮年，从来没有放弃过著述，一直写到生命的最后时刻。他的儿子王敔在撰写父亲的回忆录《大行府君行述》时，曾说王夫之“迄于暮年，体羸多病，腕不胜砚，指不胜笔，犹时置楮墨于卧榻之旁，力疾而纂注”，意思是王夫之老年体弱多病，已经到了手腕磨不动墨，手指拿不动笔的程度，但即使这样，他还是把笔墨纸砚都放在自己的卧榻之侧，抓紧每分每秒来著书。

这是怎样的一位老人！这是怎样的一位吃得起苦的学者！

第九章

王船山的朋友圈

如果说爱国是一场漫长的拉力赛，王夫之是一路狂飙的赛车手，他的师长们、朋友们就是始终陪伴在他身边的领航『天团』和『神队友』。无论是求学、科考、结社，还是从军、起兵、入朝，几乎王夫之人生中的每一次重要行动，都有这些良师益友的陪伴。他们高洁的品行、丰厚的学养、报国的热忱，无时无刻不在影响和激励着王夫之奋发前进。

王夫之是一个为明朝打call的“忠粉”，又是一个勤奋低调的超级学霸。试想一下，如果王夫之有微信，他的朋友圈里会有哪些人呢?

一、给王船山建个“微信群”

在崇祯年间，文人结社之风盛行。二十岁的王夫之正是书生意气之时，他与夏汝弼、管嗣裘、唐克峻等人一起结伴到岳麓书院游学。

到了书院，几人放下行囊便迫不及待地参观起来。

正在此时，邹统鲁来了，他拍拍王夫之的肩说：“夫之，总算让我找到你了！”邹统鲁与王夫之本是好友，他听闻王夫之到了岳麓书院，马上赶来汇合。

邹统鲁拉着王夫之去结识在岳麓山游学多年的衡州好友旷鹏升。

旷鹏升见与王夫之意气相投，便拉王夫之进入他组织的“行社”。

这个“行社”就类似于我们今天的文友微信群。聚在“行社”的诗人文友们想要用笔头文章和实践行动来救国，常会发一些文帖或者举办一些文人集会的线下活动。

王夫之兴致勃勃地加入了“行社”，时常与文友们一起谈诗论道，外出游历。

明崇祯十一年（1638），王夫之回到衡阳后，拉上他的好朋友管嗣裘、郭凤跹、文之勇等人说：“此前我们在岳麓书院便加入了‘行社’，现如今大家都回来了，何不延续此传统，再建一个社群？”

众好友听闻，都觉得此提议极好。如果用微信里流行的说法，就是大家都同意给王夫之建个“衡州学子报国群”，由他来做群主。

王夫之认为，社群必须取一个响亮的名字。他提议：“我等读书皆为立志报国，何不取名为‘匡社’？”

文之勇说：“读书人以天下为己任，我们此行结社的目的就是要务实，少说话，多做事。夫之所提的‘匡社’之名甚好！”

众人纷纷赞同，于是紧锣密鼓地组织建立“匡社”。

王夫之对“匡社”投入了极大的热情。就像现在建微信群一样，他设立群口号是“匡正所学”“匡扶社稷”，定下群规要成员按时举办线下活动相互切磋。并且，他还发布了群公告，提出要继承东林书院的传统，匡扶江山社稷，挽救明朝的危难战乱局面。

“匡社”一建立，便吸引了许多衡阳学子。

文之勇提议：“我们应该定时举办会讲，让会讲成为‘匡社’的惯例活动。会讲内容以《大学》《论语》《中庸》《孟子》为主。每次大家根据所学长短，推举一人当会讲人，众人则各抒己见，重在问道与辩论。”

王夫之说：“之勇，除了四书，是否还应多列一些主讲书目？比如《春秋》就理应在列。”管嗣裘说：“报国不能空谈，还要行动，要强健体魄。”

文之勇思索一番，回答道：“不错不错，《春秋》不能少，武术亦不能少。”

于是，大家商定“匡社”第一期的会讲主题为《论语》，推举文之勇为主讲人。

“匡社”一行人在郡学院门前贴了海报，衡州学子看到后皆奔走相告。至此，“匡社”活动就轰轰烈烈地开展起来。王夫之经常给社员们讲自己的想法，就如同在朋友圈发表自己的看法一样。例如，他曾经写了一首名为《匡社初集》的诗，诗云：“我识故人心，相将在一林。以南偕雅籥，意北任飞吟。莫拟津难问，谁言枉可寻。良宵霜月好，空碧发笙音。”王夫之以此诗寄托自己建立“匡社”群来实践报国宏愿的信心。他还经常与群友熊渭公、李云田等积极策划文会活动。

此后，“匡社”群逐渐发展壮大，王夫之、文之勇、管嗣裘、郭凤跹、夏汝弼、李国相、唐克峻、邹统鲁、刘子参等成为“匡社”主力，“匡社”群的成员中涌现出许多爱国志士，成为照亮明末夜空的一抹亮丽光影。

二、最“给力”的兄弟情

在明崇祯十五年（1642）秋闱中，王夫之连同夏汝弼、管嗣裘、李国相、郭凤跹等一同中举。而正是依靠这些志同道合的朋友相互扶持，王夫之与他们结下了深厚情谊。在王夫之的人生路上许多重大抉择关头，都有他这些好朋友的身影。其中，夏汝弼、管嗣裘是王夫之最“给力”的好兄弟。

俗话说：“一个篱笆三个桩，一个好汉三个帮。”王夫之与夏汝弼、管嗣裘相交多年，志同道合，为了复兴明朝相互打call，可谓是“铁三角”组合。

1.“延陵剑”夏汝弼

夏汝弼可以算作是王夫之的“同门”。夏汝弼早年曾求学于王夫之的父亲王朝聘，而王夫之从小就跟从父亲学习，因此夏汝弼跟王夫之见面次数很多。

初见夏汝弼时，他正在抚琴，王夫之心里暗叹：“这个书生琴艺了得！”又听长兄王介之介绍，原来夏汝弼还长于诗文，有报国之志。

于是，王夫之向前问道：“自古书生，说得太多，做得太少。如今国道如斯，不知夏兄有何高见？”

夏汝弼一边弹奏，一边侃侃而答：“读万卷书，行万里路。不出去走走，何以知天下，何以知苍生？”

此话正中王夫之下怀，他此后常与夏汝弼交流学问，切磋诗艺。

后来，夏汝弼又与王夫之兄弟一起避难于莲花峰下，因此夏王二人越发意气相投，友情日渐深厚。他们经常一起结伴外出游历，在王夫之的诗作中，有多首同夏汝弼一起出游的诗。

王夫之与夏汝弼、管嗣裘、李国相等谋划衡山起兵。因为夏汝弼的母亲过世，起兵时夏汝弼没有参加。给母亲料理后事后，他赶来做了许多战后搜救工作，尽力将战争的损失减到了最小。

清军对这些起兵的义士们大力追捕。夏汝弼为躲避清兵，逃到深山老林中，饥饿困顿，又加上病痛折磨，不久便忧愤辞世。夏汝弼去世后，王夫之久久不能释怀，他在《广哀诗》《家世节录》中歌咏夏汝弼的忠义孝廉。

后来，王夫之再次来到莲花峰，重走他们二人少年读书的地方，写下《重过莲花峰为夏叔直读书处》，中有诗云："山河憾折延陵剑，风雨长迷海上琴。"可见，夏汝弼的死对于王夫之是断臂之痛，王夫之叹惋此后他就再也没有这么一个并肩作战的战友了。在王夫之复兴明朝的团队里，夏汝弼就好比刺向清军的一把利剑，而夏汝弼的折戟沉沙，无疑给复兴之路涂上了一层阴霾。

2. "密友"管嗣裘

明代学者苏浚曾在《鸡鸣偶记》中有云："缓急可共，生死可托，密友也。"管嗣裘便是王夫之的密友。

管嗣裘和王夫之是发小，他们一同在乡里长大，经常结伴玩耍。一有什么想法，他们俩都会一起商量决策。后来，二人一同来到岳麓书院游学，同时加入了"行社"，成为了群里的活跃分子。

回到衡阳后，他们一起建了"匡社"，后来两人又一同中举。两个老朋友志趣相投且同时考取功名，揭榜那天二人并肩而走，可谓是意气风发。

明永历二年（1648），王夫之与管嗣裘等人决定在衡山起兵。举大事前，他们想过即使是失败了，也不会为自己的行动后悔。管嗣裘是最懂王夫之的那个人，而王夫之也是最能理解管嗣裘的人，二人惺惺相惜之情溢于言表。

管嗣裘与王夫之在衡山起事失败后，一起商定逃到肇庆为南明政权效力。两人同被安排在行人司就职，又成为了一起工作的同事。

可以说，王夫之生命中干过的那些轰轰烈烈的大事中，几乎都有管嗣裘的身影在侧。人生能得一知己足矣，能得到如此有缘分，又能生死与共的知己更是难上加难。因此，王夫之很看重管嗣裘，许多事都与他交心会谈。

在衡山起兵中，管嗣裘除了他自己和他的一个儿子管永叙逃了出来，其他家人全部遇难。王夫之把管嗣裘视为自己的亲人，把他的儿子管永叙也当作亲人对待。管永叙曾拜王夫之为师，跟从他学习。在王夫之的诗作中，有悼念管嗣裘和管永叙的诗作。在《永历实录》中，王夫之还专门立传，书写管嗣裘可歌可泣的抗清史。

人的一生中，能遇到许多种朋友，比如挚友、诤友、益友、损友……在当代社会，足不出户我们可以认识天南海北的网友，出门远行我们可以认识驴友，甚至因为阅读同一本书、喜欢同一个作家，我们还可以认识书友。有的朋友是一面之交，有的朋友是点头之交，有的朋友是酒肉之交，有的朋友是莫逆之交。

那么，我们该如何树立正确的择友观呢？王夫之与夏汝弼、管嗣裘三兄弟情比金坚。为什么他们能建立如此深厚的友谊？因为他们都有同样的报国之志。古人云："道不同不相为谋。"从相识到相交再到相知，他们三人的友情给予我们最大的启示便是要以“志”择友。选择朋友，要以共同的奋斗理想为基础。只有因为相同的志趣、崇高的目标聚在一起，为共同的事业而奋斗，才能建立最纯、最真、最坚的友谊！

三、We are“伐木累”

王夫之是一个非常重情义的人，对待朋友就像对待自己的家人一样。朋友有难，王夫之会想尽一切办法去营救，他可以为此放弃自己的政治前途，甚至不顾惜自己的生命。朋友遇难，他伤心痛苦，食之无味，思而不寐，为其奔走哭号。如果在王夫之的年代有一场爱国版的《奔跑吧！兄弟》，那王夫之绝对是那个践行We are“伐木累”（网络语言，我们是一家人的意思）的最佳队友。

1. 为严起恒“死诤”

严起恒是浙江山阴人，崇祯辛未年中进士，曾任职广州知府，升迁为衡永兵备副使。永历帝登基后，授予严起恒礼部尚书和东阁大学士的官衔。后来，严起恒追随永历帝到达肇庆，与王化澄、朱天麟一起进入内阁。王夫之与严起恒就是在永历朝廷结为了至交。

南明永历四年（1650），在永历帝朱由榔的授命下，王夫之来到行人司就职，成为了一个行人介子。这个官职是个名副其实的小芝麻官。因为行人介子有机会向皇帝上疏谏言，王夫之来到南明的目的就是为了复兴明朝，而不是为了升官发财，所以王夫之并不在意他的官职大小。

一心要为南明效力的王夫之万万没有想到，他在入朝之后便被卷入了一场勾心斗角的党争之中。

当时，在南明朝堂上刘湘客、丁时魁、蒙正发、金堡、袁彭年五位谏官被“吴党”王化澄、陈邦傅、马吉翔、夏国祥之流构陷为“五虎”。王夫之一心想营救这五位忠臣，帮他们洗清罪名。但现实情况是，他刚入仕途，人微言轻，爱莫能助。

于是，王夫之联合管嗣裘、董云骧等行人介子，向内阁大臣严起恒求助。王夫之等对严起恒说，金堡等人不畏艰险，用身家性命来追随永历帝，却被奸臣送入监牢。锦衣卫将金堡等忠臣打得遍体鳞伤、奄奄一息，这样做等同于寒了所有仁人志士的心。严起恒被王夫之等人说动，打算去向皇上说情。

此时恰逢南雄失守，永历帝乘着船准备逃走。其实，南明朝基本早就被永历帝变成了“船上朝廷”。永历帝将自己的行宫设在船上。只要有一点风吹草动，他便像惊弓之鸟一般逃走，而各个大臣就乘小船追随，可谓是一道“奇观异景”。严起恒欲登上永历帝的御舟请求他为“五虎”开恩，但被人阻拦。于是，严起恒联合一批为“五虎”说情的官员在河滩上长跪痛哭，请求皇帝放了“五虎”。

严起恒因为这件事，遭到了王化澄一党的疯狂报复，他的党羽雷德复列出严起恒二十四条罪状，将严起恒的罪与奸相严嵩相提并论。迫于重压，严起恒向永历帝请辞。皇帝犹豫，迟迟下不了决断。

王夫之见此心急如焚，马上联合董云骧越级上疏皇帝，为严起恒辩护。王夫之为了营救严起恒，竟然不畏权贵，上疏弹劾王化澄。这无异于是以卵击石、飞蛾扑火。由于王夫之的地位在朝堂无足轻重，他的一系列壮举就像一颗小石子投进了大海，没有惊起任何波澜。

此后，皇帝批允了严起恒的辞呈。王夫之欲再为严起恒鸣不平，再上疏弹劾雷德复，并且又将矛头直对王化澄。王化澄对王夫之恨之入骨，想要将他除掉，特意策划了“百梅恶诗案”来栽赃王夫之。

王夫之气得吐血，向皇帝称病请辞，但王化澄依旧揪着王夫之不放。曾是农民军将领又手握重兵的高一功见王夫之性命将不保，在与李元胤、党守素等大将入宫觐见之际，向皇太后说明王夫之的忠义，这才使王夫之脱难。

王夫之之所以三次冒死为严起恒辩护，是他的兄弟义气所使，更是他对明朝的忠诚所使。他本来想营救“五虎”，却不料连带为“五虎”谏言的严起恒都落得职位不保、声名狼藉。他愤恨王化澄等小人，不忍忠良被诬陷，更不愿南明政权由奸人操控，所以愿用自己的性命来谏言，唤醒被蒙蔽的永历皇帝。

最终，由于高一功等人替王夫之说话，皇帝才罢免雷德复的职位，这也算是王夫之为严起恒“死诤”换得的最终结果。人的一生如果能够交到像王夫之这样愿意拿自己的前途和性命来保护朋友的人，也是值得了。

2. 哭方以智

方以智本是崇祯年间的进士。少年时他才华横溢，希望通过自己的才学来报效祖国。在崇祯自缢后，他前去灵前悼唁，被李自成俘虏。后来，他趁机逃走，投奔南明政权。

王夫之便是在南明认识了方以智。他敬佩方以智的才学，和他交往密切。后来，方以智认清了南明飘摇欲坠的局势，也对昏庸无为的永历帝一再失望，便辞官隐退。

明永历四年（1650），方以智被清兵抓获。清兵威胁说："你只有选择出家做和尚，才能留下性命。"方以智想了良久，不得已答应了这个要求。1653年，他遁入空门，法号为弘智，正式成为一名禅宗弟子。

方以智虽然在江西青原隐居佛门，但王夫之与他往来书信频繁，二人经常一起交流学术。其间，他曾多次劝说好友王夫之出家为僧，被王夫之婉拒。

虽然方以智已经出家，但他仍然暗中参与反清之事，后来被清兵俘虏。1671年，方以智在清军押解广西的路上离世。

王夫之听闻方以智死讯后，不禁号啕大哭。后来写诗《闻极丸翁凶问，不禁狂哭，痛定辄吟二章》来缅怀方以智。五年之后，王夫之仍然无法忘记方以智，又作诗《桐城余兼尊昔为青原侍者归素以来崎岖岭外相侑见访为录前寄极丸老人诗仍次原韵赠之》，中有诗云："闲愁杜口从君语，为受青原记莂深。" 可见王夫之虽然与方以智中途分道扬镳，但明白方以智是真心实意为他着想，他一直感念方以智对他的关心和劝慰。

3. 悲李国相

李国相出身于医官世家。他曾经去军队应征，在乘船经过三峡时被巨浪打翻，奋力将母亲救出后，随身携带的功牒也因此掉落水中，于是流寓在衡阳一带。王夫之听说了李国相的故事，对他的孝悌之情感佩不已，于是前往结交。

王夫之之所以看重李国相，一是因为他们是同期的乡试举人，二是因为李国相同他一样，都有一颗为明朝效力的热血之心。王夫之把李国相当作一生中的挚友，两人交往很密切。

早在王夫之与李国相二人中举之后，明朝的政权已经摇摇欲坠。农民军起义如火如荼。当时，农民军领袖之一的张献忠攻占武昌自称“西王”，又因害怕李自成的讨伐，遂放弃湖北阵地转而进军湖南。张献忠一路上烧杀掳掠，又四处搜罗人才。

李国相不愿为张献忠效力，在得知张进入湖南后，竟然自己砍断一支手臂，称自己是个残废人，不堪驱使。由此可见李国相对于明朝的忠贞之情。

明永历二年（1648），李国相在衡山起兵中奋勇杀敌，以残臂抵挡兵强马壮的清军，杀死了不少清兵，可谓是起义军中的孤胆英雄。

衡山起兵失败后，李国相逃到衡山斗岭，过起了隐居生活。他在山上开辟了一处桃园，自称为“桃坞先生”。此后的二十三年，李国相都居住在此。

后来，王夫之四十二岁以后，在衡阳县金兰乡居住，与李国相的居所离得很近。由于当年一起在衡山起兵的同乡夏汝弼、文之勇等好友都英年早逝，只剩下李国相与王夫之相互勉励。他们之间有许多唱和交流的诗作。在王夫之的《五十自定稿》中有三首诗写的是李国相，在《六十自定稿》中有四首诗写李国相。

清康熙十七年（1678），李国相病逝。王夫之得知此消息后悲怆不已，写诗回忆当年一起在衡山起兵的壮举，缅怀他的忠勇报国之情。六年之后，王夫之为李国相校订遗稿，写了一首《为芋岩定遗稿感赋》，中有诗云："应笑船山知己未，鸿踪沙上觅残痕。"

王夫之之所以定在金兰乡居住，李国相起了很大的决定因素。李国相去世后，王夫之感叹自己此后将再无知己，不禁悲从中来。

纵观王夫之这些亲如家人的朋友，当他们遇到困难时，王夫之有"该出手时就出手"的义气与豪迈，有志不同但相互理解的豁达胸襟，有几十年如一日、细水长流的深情与温情。从王夫之的交友故事中，我们可以得知，如何做一个好朋友，如何建立一份长久的友谊，是一门需要不断修炼的学问与人生课题。

反观当下，云南大学的"马加爵事件"曾轰动一时，"谢室友不杀之恩""友谊的小船说翻就翻"更是成为一种网络调侃。王夫之在《读通鉴论》中说："君子所望于人者，以礼相奖、以情相好已耳。"他认为，对待朋友应该要以礼相待，用真情来维系。

虽然，王夫之的时代与我们相隔了四百年，但是他对待朋友的行动准则放到当代也同样适用，我们应从中汲取营养。人不能因为朋友之间的名利、财富、地位不同，而对友情有所区分，更不能因为朋友的功过而嫉妒、记恨，甚至做出报复、伤害行为。只有这样成长出来的友谊之树，才是一棵健康的树，一棵充满希望的树，一棵生命力持久的树。

四、亦师亦友亦知音

王夫之在朋友圈中特别关注了几位大咖。这几位大咖既是王夫之人生中的老师，又是他的知心朋友。虽然王夫之与他们见面相交次数并不频繁，但由于性情相投、志同道合，王夫之时常会在朋友圈默默关注他们的动态。在兵荒马乱的年代，各自奔忙，相互挂念，便是最真切、最舒适的师生友情。

1. “峨山先生”章旷

章旷是王夫之科举时的监考官。王夫之在科考之后，章旷便与蔡道宪一起结交王夫之，将王夫之引作自己的知心朋友，并一同以报国忠义相互勉励。

在农民军起义之时，王夫之曾向章旷献计。他在《盛夏奉寄章峨山先生湘阴军中》一诗中写道“克师在和公自省，丹忱专在念时艰”，提出目前最好的办法是劝何腾蛟与堵胤锡结盟。但是，章旷由于忌讳何腾蛟与堵胤锡的关系，没有采纳王夫之的建议，导致后来战局溃败。在王夫之的儿子王敔所作的《大行府君行述》以及王夫之的《广哀诗》中均有记载此事。

明永历元年（1647），清军趁南明政权刚刚建立，根基未稳，向南明发起了全面攻击，湖南便首当其冲。

清军用强兵利炮攻入湘阴，章旷奋力死守。清军从东面、西面、北面包抄夹击，一枚枚重炮射向城楼，城内已是火光四射。章旷在城头坐镇，临危不惧。将士们看到章旷有如定海神针一般巍然不动，便士气高涨。大家同仇敌忾，誓与湘阴共存亡。

眼看城墙就要被炸得坍塌了，章旷悲喊一声："城在我在，城亡我亡！今日湘阴城，是我章旷的棺材啊！"他手下的将士不忍心看章旷被重炮轰炸，强行将他拖走，一路带到长沙。

而此时长沙的局势也非常危急，何腾蛟与清军交手节节失利，他与章旷退守到衡阳，遭到清军大部队的追击。何腾蛟奔赴广西请求援兵，而章旷带着不足一千名的士兵退守到永州。

此时，章旷忧心于战况，身体与日俱下，呕血严重。他拖着病体主持军中大事，对手下说："大明朝最后一寸山河土地还在，我就是病了也定要守住它。"

夜深人静的时候，章旷望着天空中摇摇欲坠的孤星，预感自己将不久于人世。他深知，在这么危急的关头，军中不可一日无人主事。于是，他将军务托付给他的得力干将蒙正发。他又写下临别诗给蒙正发自勉，诗中有云："血为水火心作炉，熔铸湖南土一块。指心誓日与子期，死报君恩身不爱。"

蒙正发看后眼眶湿润，沙哑着声音说："我定誓死不负所托，您要保重身体啊！"

章旷回复道："别人的病是身病，我的病是国病。只要能保住国土，我的病自然就好了。"

此后几天，章旷粒米未进，心力交瘁。临死前，他对蒙正发等将士说："你们为大明效力，如形影一般追随了我三年，如今我被鬼催命，只能阴阳相隔了。"

蒙正发以及众将士听闻皆悲泣哽咽。章旷又说："不要做小儿女态哭泣，你们还有更重要的事要做。"说罢，他高呼三声："圣上何在！"便气绝身亡，逝世时年仅三十六岁。

王夫之得知章旷殉国的消息悲痛万分，久久难以抒怀。后来，王夫之将章旷的儿子章有谟带在身边五年，悉心辅导他的学业。王夫之将章旷的忠义作为自己的表率，多年以后他再次路过湘阴，看到章旷曾在潼溪血战的指挥部旧址，不禁掩面落泪，写下《夜泊湘阴追哭大学士华亭伯章文毅公》，中有诗云："……云闪灵旗魂四索，波摇旅梦月三更。愁中孤掌群眉妒，身后伤心九庙倾……"王夫之感佩章旷的忠义，将他的抗清事迹写到《永历实录》中，让后世永远铭记。

2."吾师"高世泰

高世泰相当于王夫之的导师。

在王夫之中举时，高世泰是湖广督学。在王夫之的考卷上，他将其列为一等，专门写下了"忠肝义胆，情见乎词"的评语。

在乡试之后，高世泰由于赞赏王夫之的忠义，成为了王夫之亦师亦友的知音。他时常教导王夫之："读书，不要掉书袋，不要做书虫，要时刻谨记文事与国事相连。""读书者，当明天下之大道，做天下之学问，怀天下之雄心，遂天下之民意。”高世泰的话如同洪钟一般，时刻警醒和鞭策着王夫之，以至于影响了王夫之一生的道路选择。

晚年时期，高世泰以发扬东林学派的治学之路为己任。王夫之非常敬佩高世泰的做法，曾在《莲峰志》中多次提到他。在所有的师长之中，王夫之独独把高世泰称作“吾师”，由此可见他在王夫之心目中的地位。他在《南窗漫记》中专门记录了高世泰，称其“敦友谊，薄荣名”。可见王夫之很称赞高世泰的品行，并将他作为自己学习的榜样。

3.“举主”欧阳霖

欧阳霖是王夫之参加科举乡试时的总房师，也就是主考官。他很赞赏王夫之在“春秋学”上的学术造诣，称其“字里行间，微言大义”，封他为《春秋》经魁。

在科考后，欧阳霖勉励王夫之：“你是有宏才大略之人，日后应潜心磨练。”

看到王夫之似不明白他说此话的深意，便毫不避讳地直言：“原本，以你之才可位列前三甲，但是在语言上还是锋芒太露。我深知你的报国之志，但世道险恶，你应切记立志成大事勿要冲动鲁莽。”

王夫之听后甚为感动，当即对欧阳霖行叩拜之礼。他深知，能遇上一个如此直言不讳、对自己推心置腹的老师实在太难得。

此后几日，王夫之都去向欧阳霖问学求教，欧阳霖也知无不言，对他多有指点。

欧阳霖离开衡阳之际，他勉励王夫之说：“眼下大明正需要有才之人，你要好好准备，勿要虚度光阴，争取在会试上取得好成绩。”还嘱咐王夫之有机会到南昌一定要去他家作客。

明崇祯十六年（1643），王夫之和长兄王介之准备参加会试之前，专门到南昌去拜访欧阳霖。

欧阳霖为两兄弟分析时局道：“如今战事纷飞，春闱不知是否会如常举行，你二人此行北上恐不安全。”

当时李自成已经控制了鄂北，张献忠挟持赣北。王夫之两兄弟若再北上，很有可能会被农民军捉去。二人在衡阳专心准备春闱，消息闭塞，竟不知时局已发展至此，见欧阳公言辞恳切，定然不会有假。

欧阳霖看到他们两兄弟的神情怅然若失，安慰说：“现下局势不仅你俩到不了京师，全国大部分考生都无法到京师，春闱延期的可能性很大。国家正是用人之际，你们有如此才华，定能寻到报国之途。”

于是，王夫之兄弟二人作揖道别，从南昌折返。王夫之将欧阳霖奉为“举主”，认为他是自己的伯乐，常感念他的知遇之恩，于是写下《上举主欧阳霖》一诗相赠，诗云：

明堂玉简从封禅，方今圣人待者谁？

九韶再奏两阶羽，孤鸟有情唯凤知。

在王夫之的人生道路上，欧阳霖多次鼓励他。王夫之在衡山起兵失败后，曾在永新县的石角山寺庙偶遇欧阳霖。他见到欧阳霖，肚子里似有说不完的话要倾诉。他想到自己这几年的经历，眼泪几乎夺眶而出。欧阳霖见到王夫之也触动颇深，二人长谈了两天两夜。

1679年，王夫之从一位江西来客口中得知欧阳霖已经逝世有三年多了。回想上次在石角山相遇，欧阳霖勉励王夫之时的音容笑貌犹在，没想到那竟是两人的最后一次会面。王夫之回忆起来忽然觉得异常的孤独和寂寞，感叹“后此遥天真寂寞，寒山掩泪凝霜髭”。

4. “知交”蔡道宪

蔡道宪是王夫之科考的分房阅卷老师之一。在王夫之科考中举之后，蔡道宪感佩于王夫之的爱国忠君之义，与王夫之成为朋友，彼此约定要救国报国。

紧接着农民军起义，以张献忠为首的农民军攻打长沙，湖广巡抚王聚奎弃城带兵逃走，导致长沙溃败。蔡道宪时任长沙推官，级别与县令同级。他准备独守孤城，与张献忠军队决一死战。

张献忠派部下绕城大声呼喊，让蔡道宪认清明朝已没落的局势，保住自己的性命。蔡道宪派箭法精准的校尉一箭射死劝降士兵。蔡道宪守城三日，孤立无援。长沙城内的总兵尹先民出城作战失败，逃回城内时遭敌军追击而投降。张献忠部下将领俘虏了蔡道宪，劝其投降。蔡道宪高声辱骂劝降将领，将领看蔡道宪软硬不吃，只好采取手段威胁他。如蔡道宪不投降，长沙城内百姓都将被尽数杀害。蔡道宪听后激愤而哭，大喊：“逆贼，速杀我，勿害我民！”将领遂将其杀害。蔡道宪死时才二十七岁，长沙人民为了纪念他修建了蔡公祠。

当王夫之从黑沙潭出来后，听闻蔡道宪的死讯悲痛万分。他感叹曾与蔡道宪互诉忠义报国之愿，没想到命运弄人，才一年时间便与蔡道宪阴阳相隔。过了很多年，蔡道宪与他互勉的情景一直在王夫之心中挥之不去。

清康熙十四年（1675），王夫之在躲避吴三桂叛军时，颠沛流离来到长沙，还专门去祭拜蔡道宪，写下《拜蔡公祠》。他忆及蔡道宪的点点滴滴，扼腕叹息他英年早逝。蔡道宪为国捐躯的高蹈大义之举与祠堂内杂草丛生的荒芜景象形成鲜明对比，不得不让王夫之触景伤情，悲恸泣下。

俗话说："近水知鱼性，近山识鸟音。"王夫之感慨，在人生路上能遇到与自己志趣相投的良师益友是一大幸运。如果说爱国是一场漫长的拉力赛，王夫之是一路狂飙的赛车手，那么他的师长们、朋友们就是始终陪伴在他身边的领航"天团"和"神队友"。无论是求学、科考、结社，还是从军、起兵、入朝，几乎王夫之人生中的每一次重要行动，都有这些良师益友的陪伴。他们高洁的品行、丰厚的学养、报国的热忱，无时无刻不在影响和激励着王夫之奋发前进。任凭狂风骤雨或大雾弥漫，他们指引、助力王夫之穿越荒凉而陡峭的人生。

第十章

如果船山先生有公众号

船山先生，让我们为您开个公众号吧！让我们把您曾经

写在账单背面的思想，写在公众号里吧，

写在互联网上吧，写在代代中华儿女的心坎上吧！

『六经责我开生面，七尺从天乞活埋』

是您公众号的个性签名，

您自题的墓志铭是公众号对关注者的自动回复。

您的公众号将永远不愁粉丝和推文！

王夫之的儿子王敔在撰写父亲的回忆录《大行府君行述》时，提到王夫之治学著书之路的艰辛。具体艰辛到什么程度呢？王敔写了这样一个细节。

在那个战乱的年代，王夫之颠沛流离，非常穷困，他想写书，想把自己的思想写下来，竟然穷到没有纸张。于是，王夫之就跟自己的亲戚、朋友甚至学生借来一些纸，这些纸有的还是用过的账本，王夫之就在背面写下自己的思想。跟大家借纸的王夫之又很不好意思，他觉得自己没有什么好偿还这些亲朋和学生的，于是又把这些满载自己思想的纸张送给借纸给他的人，以示回赠。

就这样，这些写在借来的纸张上的文字，这些写在账本背面的文字，成为中华民族宝贵的思想文化遗产，成为传承民族文化的火种。王夫之借纸著书，不由得让我们想起了周总理开国大典让飞机飞两遍的那段心酸历史。

2015年9月3日胜利日大阅兵之后，有网友发了一条“这盛世，如您所愿”的微博。这条微博是为我们敬爱的周总理发的：

开国大典的时候飞机不够，您说飞两遍，现在再也不需要飞两遍了，要多少有多少。这盛世，如您所愿吧，山河犹在，国泰民安。当年送您的十里长安街，如今已是十里繁荣。

这条微博不知戳中了多少中华儿女的泪点。看到这里，我们想到了王夫之，也就是亲爱的船山先生，他一生的所作所为，我们也忍不住落泪。我们想说：

船山先生借纸著书，同样戳中无数后人的泪点。先生，如今我泱泱中华国泰民丰，先生您要是能看见当今的盛世繁华，多好！

船山先生，您一生惦记的国家如今繁荣昌盛，您一生惦记的民族文化在文化自信的时代背景下薪火相传！先生，如今盛世繁华，您再也不用到处去借纸写书了！

船山先生，让我们为您开个公众号吧！让我们把您曾经写在账单背面的思想，写在公众号里吧，写在互联网上吧，写在代代中华儿女的心坎上吧！

那么，如果船山先生有自己的公众号，他会怎么设计自己的公众号呢？

一、公众号的名称

船山先生会给自己的公众号取个什么名字呢？

如果让我们来取，我们可能会有以下思路：

大气一点，思想巨人？学术大咖？

新潮一点，乱世学霸？学霸中的巨无霸？

高级一点，一代大儒？南岳惊雷？

而船山先生一生爱憎分明，又淡泊名利，这些名称肯定都不符合他自己所想的吧。我们无法推测他会给自己的公众号如何命名，世人尊称他为船山先生，那我们就叫“船山先生的公众号”吧。

二、公众号的头像

公众号还需要一个头像。船山先生的公众号应该以什么样的图片作为头像呢？

我们想到了他的小像。刘思肯曾经为船山先生画过两幅小像。一幅是在清康熙十四年（1675），那时五十七岁的王夫之乘船来到长沙，刘思肯特意到船上来给他画小像。王夫之看着自己的这幅小像，感慨不已，题诗：

老觉形容渐不真，镜中身似梦中身。

凭君写取千茎雪，犹是先朝未死人。

清康熙二十八年（1689），王夫之七十一岁的时候，刘思肯又特地跑到衡阳湘西草堂来看望王夫之，又为他画了一幅小像。这次，王夫之自题了一首《鹧鸪天》词：

把镜相看认不来，问人云此是薑斋。

龟于朽后随人卜，梦未圆时莫浪猜。

谁笔仗，此形骸，闲愁输汝两眉开。

铅华未落君还在，我自从天乞活埋。

我们还想到了石船山的图片。王夫之之所以被后人尊称为船山先生，是因为他隐居在石船山。这座山之所以叫石船山，是因为山崖上有块像船一样的大石。王夫之说这是一块顽劣的石头，山就以它来命名了。石船山光秃秃的，树木也不茂盛，草木总是一副无精打采的样子。可是王夫之说：

然而予之历溪山者十百，其足以栖神怡虑者往往不乏，顾于此阅寒暑者十有七，而将毕命焉，因曰："此吾山也。"

王夫之说：自己经历的山水千千万万，其中风景优美可以颐养精神的地方还当真不少。可是我在这石船山度过了十七年的时光，并且还将在这里度过我生命的剩下时光，所以这船山就是我的山啦！船山虽然风景不美，却是王夫之所珍爱之山。所以，我们想王夫之的公众号头像是否可以采用石船山的图片。

最后，我们想到了王夫之心心相念的故国，并且一想到就决定不改了。王夫之爱国家胜却爱惜自己的生命，所以我们觉得用大明宫殿作为公众号的头像，应该更能get（英文单词，领悟、理解的意思）王夫之心意。

三、个性签名

公众号的头像和名称下面，还有一个说明性的文字，是公众号的个性签名。王夫之公众号的签名，很有可能是“六经责我开生面，七尺从天乞活埋”。

这是船山先生湘西草堂书斋的对联，是他晚年定居这里之后题写的，是他自己的人生宣言，也是其一生为人、为学的最好总结。用来做公众号的签名，想来再合适不过。

四、公众号的自动回复

关注一个公众号之后，公众号都会自动发出一条信息，有的介绍公众号的内容，有的为表达对读者关注的欢迎和感谢。公众号的自动回复，可以看成是公众号的运营者最想对读者说的话。那么，船山先生最想对后世读者说的是什么呢?

王夫之曾经自己给自己写过一个墓志铭，并交待自己的两个儿子王攽、王敔说，我去后你们可以不立墓石，也可以立，这个你们兄弟俩看着办。但如果要立的话，我自己写的这个墓志铭，你们不能随意增减任何一个字。所以，王夫之自己写给自己的墓志铭肯定也就是他最想对后世读者说的话。王夫之极其看重的这个墓志铭内容如下：

有明遗臣行人王夫之，字而农，葬于此。其左则其继配襄阳郑氏之所祔也。自为铭曰：抱刘越石之孤愤，而命无从致，希张横渠之正学，而力不能企。幸全归于兹丘，固衔恤以永世。

这段话大概意思为：明朝遗臣王夫之葬在此地，左边葬的是我的第二任妻子。我自己给自己写好了墓志铭：我终生想效仿刘越石那样的忠心去为国捐躯，命运没有赋予我这样的机会；我一生都希望发扬光大横渠先生的正统之学，可惜自己的力量有限而没有完成这个愿望。万幸的是，我保全自己的发身归于这抔黄土，希望后世的来者能怀有与我一样的悲悯，将民族文化和民族精神世代相传。

五、公众号的推文和粉丝

很多公众号都发愁自己推文的数量，而对于拥有近一千万言著作的王夫之来说，其学术公众号将永不愁推文。我们就把他的那些著作贴上来吧。

王夫之生前寂寞孤苦，逝世后两百年间他的思想也长期不为人所知。如果王夫之有自己的公众号，那么在他逝去之后的一两百年间，关注他公众号的人是非常少的。但王夫之肯定是不会急的，一来他生性淡泊名利，二来生前他就说过我的书要在两百年后才能显于世。但即使在这两百年里，仍然有着一位王夫之的超级铁杆粉丝。他的名字叫刘献廷。

刘献廷生于清顺治五年（1648），清康熙三十四年（1695）

去世，享年四十八岁。他比王夫之小二十九岁，比王夫之晚去世三年。作为王夫之同时代的人，他堪称王夫之最早的粉丝和知音。

和王夫之一样，刘献廷的一生也是跌宕起伏。青年时期经历“三藩之乱”，大范围的战火使得刘献廷只能躲入太湖的洞庭山中，一心读书和治学。“三藩之乱”平定后，他出山到处游览，广交朋友，不断增长自己的见识。四十岁那年，经人引荐，回到京城参与编写《明史》和《大清一统志》。四十三岁那年离开京城，返回到自己青年时期居住的江苏吴县。

第二年，也就是清康熙三十年（1691）的冬天，刘献廷来到了衡州，在衡州司马家过年。而那年的冬天，王夫之正在衡州湘西草堂的火炉旁写着自己生命中最后的诗歌。

清康熙三十一年（1692）的正月初二，王夫之逝世于湘西草堂。正月十八，刘献廷与友人同游南岳衡山。他想起王夫之生前的种种，感慨王夫之“所学无所不窥，于六经皆有发明”，并评价“洞庭之南，天地之气，圣贤学脉，仅此一线耳”。这是同时代人对王夫之极高的评价。和王夫之一样，刘献廷也主张做学问要经世致用，要利济天下后世。正因为他们的学问和灵魂都有着相似，所以刘献廷能成为王夫之同时代的知音人。

刘献廷之后，王夫之庞大知音群和粉丝群的形成，历经了百余年的漫长时光。王夫之是非凡的预言家，两百年后关注他的粉丝络绎不绝，成为当之无愧的“流量担当”。

两百年后，关注王夫之公众号的都有谁呢？首先是刊刻船山书籍的那批仁人志士，如邓显鹤、曾国藩、彭玉麟等。

湖南新化人邓显鹤首次大规模组织刊刻《船山遗书》，把王夫之提到和顾炎武、黄宗羲并列的地位。船山其人其学之所以能够显扬于世，邓显鹤先生功不可没。他被称为“楚南文献第一人”，梁启超更是称他为“湘学复兴之导师”。

曾国藩也是船山先生的超级粉丝。他的湘军每攻克一城一地，都会遵照他的指令尽力地去搜罗船山先生的著作。生性节俭的曾国藩，一次性捐俸禄三万金大批量印刷《船山遗书》。

必须承认，曾国藩对《船山遗书》非常重视，他要求用最好的八分厚的正红梨木板刊刻，并且亲自挑选写、刻俱佳的匠人来负责此事。同是晚清名臣的彭玉麟则捐出俸禄一万二千两白银兴建了船山书院。他们都是王夫之最忠实的粉丝。

不仅大批量粉丝关注船山先生的公众号，还有诸多人在公众号里留言。

清代名臣郭嵩焘留言道：

盖濂溪周子与吾夫子，相去七百载，屹立相望，揽道学之始终，亘湖湘而有光。

清代学者刘献廷留言说：

王夫之学无所不窥，于六经皆有说明。洞庭之南，天地元气，圣贤学脉，仅此一线。

曾国藩的留言是：

博文约礼，命世独立之君子已。

谭嗣同激动地写下：

万物昭苏天地曙，要凭南岳一声雷！

梁启超说：

浏阳谭氏谓五百年来学者，真能通天人之故者，船山一人，非过言也。《读通鉴论》《宋论》两编，史识卓绝千古，其价值至今日乃大显。

章太炎留言称：

当清之季，卓然能兴起顽懦，以成光复之绩者，独赖而农一家而已。

在辛亥革命取得胜利后，章太炎又跑来船山先生的公众号里留言说：

船山学说为民族光复之源，近代倡义诸公，皆闻风而起者，水源木本，瑞在于斯。

杨昌济也留言说：

王船山一生卓绝之处，在于主张民族主义，以汉族之受制于外来民族为深耻极痛。此是船山之大节，我辈所当知也。

船山先生的公众号也不乏国外粉丝，苏联人弗·格·布洛夫留言道：

研究王船山的著作是有重要意义的，因为他的学说是中世纪哲学发展的最高阶段……他是真正百科全书式的学者。

…………

我们新中国党和国家的领导人，也非常喜欢和重视王夫之的思想。毛泽东同志在出差的时候，特意嘱咐行李中一定要带王夫之的书。

毛主席研究了王船山的很多作品，并且研究得非常深入。

习近平总书记《在哲学社会科学工作座谈会上的讲话》中说：

中华文明历史悠久，从先秦子学、两汉经学、魏晋玄学，到隋唐佛学、儒释道合流、宋明理学，经历了数个学术思想繁荣时期。在漫漫历史长河中，中华民族产生了儒、释、道、墨、名、法、阴阳、农、杂、兵等各家学说，涌现了老子、孔子、庄子、孟子、荀子、韩非子、董仲舒、王充、何晏、王弼、韩愈、周敦颐、程颢、程颐、朱熹、陆九渊、王守仁、李贽、黄宗羲、顾炎武、王夫之、康有为、梁启超、孙中山、鲁迅等一大批思想大家，留下了浩如烟海的文化遗产。

在历数古代思想大家的时候，习总书记就点到了王夫之。不仅如此，习总书记在各类讲话中亦引用王夫之的思想。

例如，2014年9月，《在庆祝中国人民政治协商会议成立65周年大会上的讲话》中引用王夫之《思问录·外篇》中的“名非天造，必从其实”之句来说明民主的实质；

2015年10月，在十八届五中全会上引用王夫之《张子正蒙注》中的“理者，物之固然，事之所以然也”来说明新发展理念对于经济社会发展的重要性；

在2017年的新年贺词中，总书记亦引用王夫之《尚书引义》中“新故相推，日生不滞”表达对新年的新期许。

这些都充分说明，王夫之的学术思想是我们民族宝贵的文化遗产。

2019年是王夫之诞辰四百周年。王夫之在中华儿女的心中活了四百年，并且还要活很多很多个四百年。船山先生的思想和精神，将立于万世而不朽！

第十一章

王船山的长寿密码

正是因为王夫之以民族精神为根脉，将眼光放到国家兴亡、百姓安危的大格局中，他才能在人生接连不断的灾祸和困境中锻炼出超乎常人的应变调适能力，他才能练就屡败屡战、滴水穿石的坚韧心性，他才能获得顽强不息的生命力。

纵观王夫之的一生，基本没有过丰盈的享乐生活，大部分时间都在颠沛流离中度过。如果用现代的标准来衡量王夫之，他不仅属于没车、没房一族，甚至连过上基本的温饱生活都成问题。在物质贫乏、时局动荡和接连的命运打击之下，王夫之却活了七十四岁，寿命远远高于同时代的人，不得不说是一大奇迹。那么，王夫之的长寿密码又是什么呢？

一、苦难浸泡的“大心脏”

要说苦难，谁都比不上王夫之。似乎他生命的大部分时间，都处在“水逆”期。而其中最难以承受的痛苦，便是亲人的离世。从妻儿到父母再到兄弟再及亲人，在王夫之的一生中，竟送走了三十多位亲人。如果要加上王夫之故去的好友、师长以及他们的至亲，王夫之大大小小经历了百余场生离死别。其中，有许多都是白发人送黑发人之痛。我们不禁感慨，王夫之究竟有着怎样一颗强大的心脏？

1. 爱妻才去，儿子又亡

王夫之在十九岁时是一个玉树临风的儒雅书生，那年他娶了千户之女陶氏。陶氏便是传说中的“白富美”，而王夫之又是远近闻名的大才子，他与发妻陶氏在众人眼中可谓是郎才女貌，非常般配。

虽然在古代，婚姻都是父母之命、媒妁之言，但陶氏很幸运，她嫁给了爱情。街坊邻里都说，陶氏是一个好妻子。而陶氏也确实对王夫之用情至深。她抛弃了千金小姐的生活，甘愿与王夫之一起过贫苦日子，甚至还变卖了娘家给她傍身的嫁妆，为王夫之购买书籍。王夫之嗜书如命，经常深夜读书忘记了时间，陶氏陪伴在侧，为王夫之添衣送茶。

在张献忠率领农民军进军湖南之时，王夫之被迫与陶氏分离，陶氏食不下咽。清顺治三年（1646），衡阳战乱，陶氏的父亲被杀，亲弟弟被抓走，丈夫又在流亡逃命。陶氏经受不住打击大哭七日，悲伤而死。

王夫之回忆起与陶氏生活的点点滴滴，自觉对陶氏亏欠甚多，哭得像一个泪人。他后来写了《悼亡诗》寄托对妻子深深的思念，有诗句云："闲福易消成旧憾，单衣愁绝晓禽啼。"可见陶氏的逝去对王夫之打击颇大，他由于思念过切，时常彻夜难眠。

王夫之和陶氏育有一个儿子，他们希望儿子健健康康地成长，便给他取名"勿药"。不幸的是，王勿药出生不久便身患重病，王夫之把他带在身边求医治病，但一直无法根治，离世时小勿药才五岁。爱妻才去，儿子又亡，短短一年里王夫之承受了至亲离世的双重打击。此时他所心念的家已经不像家，而国也不再是国。

三年后，王夫之遇到了他的第二任妻子郑氏。郑氏是明朝吏部尚书郑继之的曾侄孙女，她的父亲郑仪珂也是朝中官员，可以说郑氏是个"官二代"。她嫁给王夫之时，正处在十八岁的花样年华。

郑氏是王夫之的生命挚爱，陪王夫之度过了他最为颠沛流离的人生之路。两夫妻逃亡途中几经生死，有过差点被洪水冲走丧命的经历，有过食不果腹的饥荒生活，更多的是被清兵追杀的逃亡生涯。患难见真情，王夫之与郑氏相濡以沫。无论有多大的苦，多难挨的痛，两人都相互勉励、不离不弃，建立了深厚的感情。

明永历十四年（1660）春，王夫之的三儿子王勿幕因病夭折。王勿幕乃郑氏所出，她遭遇丧子之痛，再加上生活凄苦飘摇，在儿子夭折不久就去世了，时年二十九岁。失去至亲和挚爱，这对王夫之来说是极大的打击。郑氏去世后，他经常在家恍惚还能看到郑氏的身影。在王夫之最为艰难的日子里，郑氏一直不离不弃照料他，与他同生死、共患难。王夫之一时间不能承受郑氏的离去，为郑氏写下了许多悼亡诗作，还嘱咐后人在自己死后要将遗体与郑氏合葬，可见情之深切。

2. 流年不幸，亲人纷崩

明崇祯十六年（1643），在张献忠攻打湖南之际，湖南四处硝烟弥漫，王夫之一家饱受战乱之苦，王夫之的姨娘被乱军杀害。

明永历元年（1647）是王夫之的不幸之年，王夫之家族中接连有七位亲人过世。春末，大儿子王勿药不堪重病而夭折。

六月五日，小叔王家聘病故，小婶因为悲痛过度相继去世。

八月十四日，二哥王参之因染上瘟疫而病亡。

十月，二叔王廷聘逝世，二婶吴氏也因伤心欲绝，没撑过几天便随二叔而去。而此时，王夫之的父亲王朝聘承受不住这么多至亲过世，也已病入膏肓。

王夫之为躲避清军搜捕，本已逃入山中，听到亲人纷崩的消息如晴天霹雳，又得知父亲病危的消息，便急急忙忙赶回家，希望能陪伴父亲度过生命最后的时光。

王夫之跪在父亲的病床前痛哭道：“父亲，家中这么多亲人过世我竟不知，还没能见到二哥最后一面，孩儿不孝啊！”

王朝聘看到王夫之回来了，连连摇头悲泣道：“我之前托信给你让你好好在山中躲避，你这一回不是来给清兵送命的吗？”

王夫之说：“父亲，家中有难，我岂敢独自在外偷生？二哥身体一向健朗，怎会遭此不测？”

王朝聘答：“清兵在衡阳城大开杀戒，导致尸横遍野、血流成河，天气又闷热多雨，导致城内瘟疫肆虐。你二哥照料了几位得疫病的乡民，结果自己也染上了瘟疫。”

王夫之听罢落泪道：“二哥心善，他本就身子骨弱，如何能扛得住疫病啊！”一屋子人忆及王参之，响起此起彼伏的呜咽声。

为保王夫之和王介之两兄弟安全，父亲带他们逃往衡山躲避战乱，于十一月八日病逝于衡山山顶。虽然两兄弟早已料到父亲即将灯尽油枯，但真正到了这一刻时，还是无法承受的悲痛。

南岳之巅狂风肆虐，王夫之感到一种彻骨的寒冷。他在心里疑问：“如今国已不国，家不像家，我到底还要不要继续忍受下去？”几乎整整一年，王夫之都浸泡在苦涩的药味之中，笼罩在至亲离世的悲伤阴影之下。他的儿子、兄长、父亲以及族中亲人接连去世，王夫之仿佛感觉天都要塌下来了。但是，他知道自己不能倒下去，他还有更重要的事情没有完成。

明永历二年（1648），王夫之承父亲遗愿，将所有的痛苦化为力量，与管嗣裘、李国相等人在衡山起兵。衡山起义损失惨重，他逃到广东。

1649年之后，王夫之追随南明永历帝，奔波于广西、广东一带。而他的母亲在衡阳饥不果腹，只能以野菜、草根为食。1650年八月二日，他七十四岁高龄的母亲最终忍受不住磨难去世。母亲逝世时，王夫之没在身边。直到一年多以后，王夫之才知道母亲已去世。这对王夫之无疑是晴天霹雳，他失声痛哭，陷入了深深的自责中。

明永历八年（1654）八月，王夫之从耶姜山出来后，他让侄儿王敉回家照料兄长王介之。不料王敉被乱兵杀害，王夫之悲痛欲绝。

王敉是王夫之最疼爱的侄儿，他在衡山起兵时跟随王夫之一起抗清，起义失败后他一直陪伴和照料王夫之的起居。在耶姜山，王敉寻采黄姜、查探消息、险处探路，是王夫之的左膀右臂。在他二十五年短暂的生命中，有七年时光是与王夫之相依为命度过的。王敉死后，王夫之懊悔不已，他在心里责问了自己千万遍，为什么当初要让王敉留在衡阳。如果继续让王敉跟随自己逃亡，也许王敉也不会被乱兵杀死，横尸于大路边。

清康熙二十五年（1686），王夫之的长兄王介之去世。长兄曾多次与王夫之有过患难与共、生死相依的经历，一直是王夫之人生路上的老师。王介之不仅在学术上给予了王夫之多方面的指导，使他深得“春秋学”之精髓，而且在王夫之许多重大抉择中，长兄的支持成为他最大的精神依靠。王夫之一直敬佩长兄不屈不挠的意志和坚守民族气节的大义。得知长兄病逝后，王夫之悲痛欲绝，写下《孤鸿赋》。长兄的一生虽是孤苦，但却绽放出了最绚丽夺目的光彩。王介之病逝后，他的儿子王敞因过度悲伤，再加上病痛缠身，不久也郁郁而终。

王夫之接连经受亲人离世的打击，身体境况越来越差，后一年便双耳失聪。即使在这样凄惨的境遇下，他仍不忘自己立下的宏愿。“志在国、志在民、志在世界”。这便是王夫之在经历三十多位亲人离世后，依然顽强生活下去的最大信念。王夫之用一颗坚强的“大心脏”支撑着自己，这一颗心便是报国之心，便是为苦难中死去的亲人鸣不平之心，便是解救人民于水深火热的仁爱之心。

王夫之在苦难中浸泡的“大心脏”对于治愈当代青年的“玻璃心”无疑具有强大作用。如今的年轻人生活在和煦的微风下，没有经历过暴风骤雨的吹打，因此有一些人心理极度敏感脆弱，扛不住压力。习近平总书记对青年人寄予厚望，他鼓励青年要保持初生牛犊不怕虎、越是艰险越向前的刚健勇毅，勇立时代潮头，争做时代先锋。一切视探索尝试为畏途、一切把负重前行当吃亏、一切‘躲进小楼成一统’逃避责任的思想和行为，都是要不得的，都是成不了事的，也是难以真正获得人生快乐的。反观王夫之苦中作乐的人生经历，面对困难和悲痛始终秉持积极乐观的人生态度，生活在和平时代的青年一代还有什么资格自怨自艾、顾影自怜？当代青年应该磨砺内心，要把“自信人生二百年，会当水击三千里”当做自己的人生信条，将“迷茫”“佛系”“丧”从青年文化的代名词中剔除。

王夫之将爱国热忱和报国之志当做他前行路上的灯塔。灯塔不灭，心中的梦不灭。纵观中华民族的历史长河，千百年来有多少像王夫之一样的仁人志士没有被苦难打垮，没有被悲痛击垮，没有被困境难倒，他们昂扬的斗志推动了我们民族精神、意志、力量一次次蜕变和升华。当下青年应从这些英雄身上汲取精神养料，而不是一心想着喜提“锦鲤”，要从“小我”的圈子中走出来，将视野放到更广阔的格局之中，把国家和民族复兴当做自己的使命，以不畏艰险的担当精神去攻克难关、勇斗风险。

二、颠沛流离照“初心”

纵观王夫之的人生之路，可谓荆棘丛生。他少时投奔报国激流，失败后历经了十年的流亡生涯；此后他归隐衡阳，依然仗笔直言；后来，他又再次出山为故国奔走；暮年时期，他片瓦孤灯，绝笔峥嵘。王夫之历经蹉跎，总是能从挫折中不断奋起、永不气馁，这都要源于他一颗“初心”的照耀。

1. 疲于奔命，流亡亦安

明永历二年（1648），衡山起兵失败后，王夫之逃隐到耒阳、兴宁，又到桂阳、浈江、清远、肇庆等地。

明永历三年（1649），王夫之辗转奔波于衡阳、桂林、肇庆三地之间。一方面，他的母亲、长兄等亲人在衡阳，王夫之心里挂念他们的安危。另一方面，他又对永历政权怀抱热望，要为永历朝廷而奔走。

明永历四年（1650），清军攻陷韶州，永历帝被迫逃到梧州。王夫之娶了第二任夫人郑氏后，又跟随永历帝至梧州，接受了行人介子的官职，为南明效力。不料不到半年时间，王夫之因为卷入党争，不得不离开永历朝廷。

之后，王夫之来到了桂林，不到一个月清兵攻占桂林，王夫之又举家逃往到永福。中途，他们遭遇了一场连下了六十天的大雨，四处洪灾暴发。逃难过程中，王夫之一家被困在一个水边的栅栏里四天四晚没有吃东西，几乎全家被饿死。此后，王夫之几经颠簸，明永历五年（1651）才回到衡阳。

明永历八年（1654），清军再次攻陷湖南，四处追击南明余党。王夫之又再次开启了举家逃亡之路。他和妻子郑氏以及侄子王敉被迫逃至耶姜山，靠采食野姜活命。

从耶姜山出来回到衡阳后，王夫之将王敉留下照料长兄王介之，又带着妻子混迹于湘南零陵、常宁、桂阳一带长达三年有余。他们先是隐匿于零陵北洞钓竹源以及云台山的荒郊野岭之中。后来，他又改名换姓，扮成瑶族百姓居住在山区中的瑶族部落中。当时正是寒冷的冬天，王夫之身上只剩下残破的棉袄和麻衣，生活非常艰苦。此后，因为有学生来山上向王夫之请教学问，王夫之的住处被清兵查探到。王夫之又急忙辗转逃到常宁的西庄源，依靠教书谋生。再后来，他又迁到兴宁，在一处僻静的庙中居住，偶尔给香客讲学。

1657年，王夫之回到莲花峰下，隐居于续梦庵，结束了湘南的逃亡生涯。

从明永历二年（1648）衡山起兵后，王夫之颠沛流离的逃亡之路近十年。这一路上，他时刻担心自己的行迹被清兵发现，查探路线躲避清兵抓捕。贫乏的物质生活让他经常捡拾野菜野果充饥，常常是吃了上顿没有下顿，靠着破烂的棉袄在山上挨过寒冷的冬季。一方面，他疲于奔命，但另一方面，对于自我的坚持与笃定又让他内心安宁。在如此艰苦的条件下，王夫之没有被饿死、冻死，也没有被清兵抓捕杀害，甚至还完成了《周易外传》《老子衍》《黄书》等著作，这全都源于他内心坚定的信念。

起兵失败后，王夫之意识到自己缺乏作战经验，从军之路无门，又转作为行人介子冒死进谏；王夫之在遭遇党争构陷后，言官之路无门，又在流亡途中用笔书写报国赤忱和传扬文化。从《黄书》中我们可以看到"杠精"王夫之怼天怼地，猛烈抨击秦朝的暴政、宋朝的苛刑，深刻揭露明朝末年的政治经济问题，书写流亡途中所见的民间疾苦。所以，他把自己的报国理念全部化成文字，在黑暗的山洞中，在寂寥的旷野上，在片瓦孤灯下，全是他奋笔疾书的身影。"爱之深，责之切。"正是王夫之最初的那一颗爱国忠心照耀，才支撑起他一条路走到底，笑对世间磨难。

2. 归隐衡阳，初心不改

王夫之归隐衡阳后，依旧热切地关注南明的消息。永历帝被吴三桂绞杀，李定国战死沙场，李来亨被清军围困投火自尽……这些人的离世让他痛哭不已，王夫之写下了许多缅怀诗作，后来又想为他们写史立传。

尽管清朝自“庄廷鑨明史狱”后大兴文字狱，但王夫之依旧坚持民族大义，不顾性命地写下《永历实录》二十六卷，可见其人虽隐，但其心依旧。

后来，南明旧友方以智不忍看到王夫之像个拼命三郎般地去牺牲，他再三劝慰道：“夫之兄，你不要再为这没有结果的事劳心伤神，不如像我一样归隐佛门不问世事。”

王夫之一直把方以智当做好朋友，方以智不理解自己，他曾有过些许失落。他理解方以智的良苦用心，以诗婉拒了方以智的劝告。

王夫之不管身在朝堂还是匿于乡野，他的一颗心始终死死地系在明朝身上，无论是谁都无法改变他。正是这“犟驴”一般的个性，使得王夫之的生命力像野草一般旺盛。风一吹，草儿的初心不改，又要漫山遍野地发芽。

3.“三藩之乱”，“死心复燃”

在清朝撤销三藩制度后，吴三桂打着“反清复明”的口号正式与清朝决裂。王夫之得知吴三桂攻入湖南，他内心本已熄灭的复兴大明的希望，此刻经由“三藩之乱”又再次点燃。

他在湘乡、长沙、岳阳、湘阴、萍乡等地多次奔走，准备再次投入复兴明朝的事业中。但在逐渐了解中，他才发现被吴三桂蒙骗，便打消了加入吴三桂阵营的想法，拒绝与他同流合污。

清康熙十八年（1679），为了躲避清军和吴三桂两方的追捕，王夫之和儿子王敔躲到栌林山中的一个麋鹿洞中。王夫之感慨："天地广阔，我到处奔波，竟然无法寻得一方容身之所！"父子二人遂决定在麋鹿洞中住下。起初，王夫之不太习惯麋鹿的鸣叫，他不断地调整自己的心态，汲取庄子的哲学精神，久而久之便获得了心灵解放。短短一个夏季，王夫之便完成了《庄子通》这一著作，实力诠释了道法自然的精神。

4. 画中"鬼影"，人老如柴

清康熙十四年（1675），王夫之途经长沙，他的学生刘思肯前来拜见。师生二人相谈甚欢，刘思肯请求为老师画一幅肖像画。王夫之欣然应允。大约过了一刻钟，刘思肯收笔，小心地将画作呈给老师。王夫之看到画上的这个头发花白、面容憔悴的老头子，出神了半天，竟许久没有说话。王夫之看到画像的一刹那才恍然发现，他已经过了多年颠沛流离的生活，很久没有好好的端详过自己的面容了。画上的那个老头子竟然是自己，原来自己早已不是那个精气旺盛、意气风发的潇洒少年了。于是他在画像下题诗：

老觉形容渐不真，镜中身似梦中身。

凭君写取千茎雪，犹是先朝未死人。

王夫之虽然知道自己已经老了，但他忠于明朝的心依旧未改变。他为明朝出走半生，归来后依旧是那个不忘梦想、不忘初心的少年。因此，他沉默良久后，尝试去接纳自己物理世界的老去，青年时的血性方刚与永不凋零的报国斗志却在精神世界里驰骋。有道是，“好看的皮囊”虽已逝去，“忠烈的灵魂”却能永生。

清康熙二十八年（1689），刘思肯拜访王夫之，又再次为老师画了一幅画像。王夫之从房间里找出了在南明朝廷任职时的行人司官服，穿戴梳洗整齐。时隔十四年后，王夫之此时看到自己的画像已没有当年的惊诧，他已经能坦然面对“时间都去哪儿了”，接受满头的银丝和布满皱纹的容颜。但是，他对生命的乐观自信态度以及报效国家的赤诚忠心依旧未曾改变分毫。他又为自画像题了词：

孤灯无奈，向颓墙破壁为余出丑。
秋水蜻蜓无着处，全现败叶衰柳。
画里圈叉，图中黑白，欲说元无有。
只应笑我，杜鹃啼到春后。
当日落魄苍梧，云暗天低，准拟藏衰朽。
断岭斜阳枯树底，更无行监坐守。
勾撮指天，霜丝拂项，皂帽仍粘首。
问君去日，有人还似君否？

王夫之自知生命将老，把刘思肯此次的作画当作自己的遗像。他回顾一生，一直苦苦追索报国之路，只剩下一身枯骨。可以问心无愧的是，他的黑色皂帽还牢牢地戴在头顶，他的不屈意志永远高悬头顶。他不禁发问，后世是否还能出现像我这样坚守忠义之人？是否也有人不畏艰难困苦，效仿我这样的人生？王夫之感慨自己的生命之余，又作《鹧鸪天》一词，更是发出了“铅华未落君还在，我自从天乞活埋”的豪言壮语。复兴中国的壮志雄心是王夫之永葆青春的强力马达，他为国家、为百姓奔走一生，奋斗直至自己生命的最后一刻！

“踏平坎坷成大道，斗罢艰险又出发。”永久奋斗，是王夫之留给我们的精神启示。为什么王夫之会有如此强劲的奋斗动力，这是源于他无论何时都没有忘记自己的初心。那么我们当代人的初心又在哪呢？你是否还记幼年时，用稚嫩的笔体写下的“我的理想”？你是否也曾怀想“恰同学少年，风华正茂；书生意气，挥斥方遒”时的情景？你曾经许下的诺言，现在已经实现了吗？我仿佛看到王夫之带着花白的头发走到了当代，向青年问出了这一连串振聋发聩的问题。对于我们新时代的中国青年，不忘初心就是要不忘革命先烈浴血奋战的苦难岁月，就是要实现中华民族伟大复兴的初心与使命。

王夫之之所以能够练就一颗“大心脏”，是他早将个人的得失成败置之度外，始终以天下人之心为心，以天下人之愿为愿。

“以百姓心为心，与人民同呼吸、共命运、心连心，是党的初心，也是党的恒心。”时代物换星移，但是人民对于理想的热望未曾改变。我们只有将人民作为出发点，不忘初心，牢记使命，才能在高速变换的社会节奏与时代洪流中砥砺前行，开创美好未来。

三、野性生命力与永不言败的生命观

王夫之获得长寿的秘诀，既来源于他野性的生命力，又来源于他永不言败的生命观。细而思之，为什么他在战乱年代，会获得如野草一般肆意茂盛生长的生命力呢？这是因为他选择不屈就于他人，活出自我；这是因为他珍视生命，不服从于命运的安排。那么，一介书生王夫之又为什么会有如此豪迈气概，选择永不言败作为自己的人生信条呢？这是因为他坚信，立志是立人之本。

1. 我就是我，不一样的烟火！

“一个人知道自己为什么而活，就能够忍受生活。”王夫之长寿的原因之一就是知道自己为什么而活。无论遇到何种艰难的人生抉择，无论遇到何种威逼或利诱，他都选择遵从自己的本心，坚定地去做自己。正是因为如此，他才能忍下那么多的苦痛和折磨，他才能每一次都逃出险境，他才能像野草一样获得蓬勃的生命力。

为什么王夫之能够坚定地做自己呢？

这一方面源于他的家庭熏陶。他的父亲王朝聘为了不让王夫之和王介之两兄弟做违背自己意愿的事，宁愿一死了之，使他们不受张献忠的威胁。

王夫之之所以能坚定地做自己，也与他的金钱观有关。尽管王夫之的家境并不宽裕，他的母亲却从不吝啬钱财，经常做善事接济族人。在这种言传身教下，王夫之养成了不被外物所累的坚韧心性。他把钱财看做身外之物，不仅接济他人，甚至把全部家当拿出来筹兵起义，都没有丝毫的心痛。如果王夫之把钱看得比命还重，汲汲于富贵名利，那就不可能忍受饥苦的流亡生活，也不可能练就豁达之心，更不可能获得长寿了。

王夫之一家人都淡泊名利，选择为自己的本心而活，所以他的家人几乎都能不为外物所牵绊。他的父亲王朝聘活了七十八岁，母亲活了七十四岁，长兄王介之活了八十岁。对于生活在动荡的战乱时期的人们来说，这都是难得的高寿了。

王夫之能够坚定地做自己，更重要的还是来源于他对自我生命的认识与自信。正如尼采所说："你要搞清楚自己人生的剧本——不是你父母的续集，不是你子女的前传，更不是你朋友的外篇。对待生命你不妨大胆冒险一点，因为好歹你要失去它。如果这世界上真有奇迹，那只是努力的另一个名字。生命中最难的阶段不是没有人懂你，而是你不懂你自己。"

作为哲学家，王夫之很懂自己，明白自己内心真正想要追寻的东西。所以在时局举步维艰之时，面对好友方以智几次劝他皈依佛门，他都选择了拒绝。不管多苦多累，他都愿意去承受。因为这些在他看来都是皮肉之苦，只有做自己、活出自我，才会获得心底的快乐。

2. 钢铁是怎样炼成的?

作为一个典型的湖南汉子，王夫之有"吃得苦""霸得蛮""耐得烦"的个性。对于命运，他骨子里有一种不服输、不认命的倔强。他认为，"知天命"并不是为了一味地去服从命运的安排，而是为了可以更好地调动自己的主观能动性，去掌握自己的命运，去创造自己的天地。

当然，王夫之所提倡的不是藐视“天命”。他对于“天”怀有敬畏和尊重。但是在天人关系上，他大胆地提出了与天争胜、依人建极的观念。这是一种积极自信的人生态度。

纵观王夫之颠沛流离的一生，是不服输的一生，是不怕苦的一生，是不断为达成自己的意志而努力的一生。他认为，所有的苦难积累到一定阶段一定会往好的方向转化。他始终相信“穷必变”，“变必通”。

“宝剑锋从磨砺出，梅花香自苦寒来。”一场接连一场的天灾人祸没有把王夫之压垮，王夫之练就了一颗坚韧的“大心脏”。正是因为他不服从命运的安排，在明清交替的茫茫暗夜中摸爬滚打、百折不挠，才使得他的生命谱写出最绚丽的华章。

在《钢铁是怎样炼成的》一书中，作家奥斯特洛夫斯基笔下的主人公保尔·柯察金曾说过这么一段话：“人，最宝贵的是生命。它给予我们只有一次。人的一生，应当这样度过：当他回首往事时，不因虚度年华而悔恨，也不因碌碌无为而羞耻；这样在他临死的时候，他就能够说：‘我已经把我的整个生命和全部精力，都献给了这个世界最壮丽的事业——为了人类的解放而斗争。’”

无疑，王夫之就是明朝的钢铁战士。他所追求的人生，是以天下之兴亡为己任的人生。

王夫之认为，“义”有三种：

第一种是古往今来所有人都公认的正义；

第二种是一个人的正义；

第三种是一时的正义。

一个人的正义和一时的正义都不能违背所有人的正义。而他所认同的“义”就是为天下人的“公义”而奋斗。那么，这一追求对他的生命又有什么样的影响呢？王夫之认为，生命与义是相辅相成的。

在这一思想之下，王夫之认为人首先便要珍惜生命、珍爱生命。只有让生命活下去，才有可能去实现自己的梦想。所以王夫之无论物质多么贫乏，生活多么困难，内心多么悲痛，他都告诉自己不能放弃自己的生命，不要做无谓的死亡和牺牲。这并不是说王夫之害怕死亡。

王夫之提出，生死不是从“无”中被创造出来又消灭于“无”，而是时间流程中隐与显两种状态。生的现象比死更为根本，它不仅仅包括生理学的新陈代谢、个体的在世过程，还包含文化传统意义上的世代生成。如何死的问题，就是如何生的问题。以时间性的方式对待生死，也就是超出个人性的视野，在世代生成性中推陈致新，参与文化传统的延续和再生。正是由于生命的诞生与死亡不断地轮回交替，才造就了宇宙世界的生生不息。他认为，只有正视死亡，才能更加珍惜生命。

在此基础上，王夫之又提出要把握“今日”，珍惜当下的每一刻。“今日”是昨日的终点，是明日的起点。人的生命如白驹过隙，一晃即逝。“每一个不曾起舞的日子，都是对生命的辜负。”所以，一定要在最大的生命限度里，做有意义的事。而这件事，便是王夫之所坚持的天下人之“公义”，即为国家、为民族而奋斗。可以说，正是王夫之的这一追求，才成就了王夫之的生命观，才使王夫之在战乱和忧愤中能够获得野性的生命力。

3. 志之所趋，无远弗届

在乱世之中，王夫之没有选择碌碌无为地过一生。因为家学渊源，他从小便对历史、政治颇感兴趣，树立了远大的人生志向和目标。明清之际的时代格局，让王夫之自觉地寻找到了自己的历史使命。

王夫之认为，立志乃立人之本。“志”与“念”不可混为一谈。只有持之以恒地去坚守和践行心之所念，才能成为志。立志要“守恒”“成纯”，也就是强调志向的坚定性、一贯性、纯洁性。王夫之在立定远大的报国志向后，终其一生都在践行自己的人生理想。

从科举应试到投身行伍，从衡山起兵到南明入仕，从反清复明到著书立说，王夫之都在不断地勇敢探索报国之出路。他在自己的墓志铭中写道：“抱刘越石之孤愤而命无从至，希张横渠之正学而力不能企。”

这是王夫之对自己一生的总结，其中当然有自谦的成分，但也说明了他满腔的报国热忱和思想追求。

“志之所趋，无远勿届，穷山距海，不能限也。志之所向，无坚不入，锐兵精甲，不能御也。”立志对于人的一生尤为重要。“天下古今之人，未有无志而建功成事者。”一旦志向立定，无论多大的困难，都要迎难而上。只有这样才能练就无坚不摧的拼搏与奋斗精神，最终登上成功的巅峰。

王夫之所强调的立志对于当代人，尤其是青年人，具有重要意义。“青年志存高远，就能激发奋进潜力，青春岁月就不会像无舵之舟漂泊不定。正所谓‘立志而圣则圣矣，立志而贤则贤矣’。青年的人生目标会有不同，职业选择也有差异，但只有把自己的小我融入祖国的大我、人民的大我之中，与时代同步伐、与人民共命运，才能更好实现人生价值、升华人生境界。离开了祖国需要、人民利益，任何孤芳自赏都会陷入越走越窄的狭小天地。”

新时代新青年之梦，就是要实现中华民族伟大复兴的中国梦，就是要实现国家富强、民族振兴、人民幸福。这“既深深体现了今天中国人的理想，也深深反映了中国人自古以来不懈追求进步的光荣传统”。要立志实现中国梦，并不是空喊几句口号，而是应该像王夫之一样，将自己的志向作为一生的行动目标，为之不懈奋斗。

纵观王夫之的一生，他立定的报国之志是以中华民族精神为依托的。同样，作为新时代奋进的中国人，中国梦的树立是以中华民族精神作为强力支撑的。“实现中国梦必须走中国道路、弘扬中国精神、凝聚中国力量。核心价值观是一个民族赖以维系的精神纽带，是一个国家共同的思想道德基础。”

正是因为王夫之以民族精神为根脉，将眼光放到国家兴亡、百姓安危的大格局中，他才能在人生接连不断的灾祸和困境中锻炼出超乎常人的应变调适能力，他才能练就屡败屡战、滴水穿石的坚韧心性，他才能获得顽强不息的生命力。2019年，是王夫之诞辰四百周年。时间的淘洗证明，王夫之的精神在今天依旧焕发出夺目的光彩。他对于生命存在意义的探索与追寻，对于我们当代人的生活方式和人生追求具有极为重要的启发意义与现实作用。

四、我思故我在，我写故我生

王夫之之所以长寿，除了在时代的动荡和人生的艰难中锻造出来的强烈生命韧劲和强大心理素质外，还有一个非常重要的秘诀，那就是：在他人生的后半生，他找到了自己生命的最佳存在方式——写作。

法国著名的哲学家、数学家、神学家、物理学家笛卡儿，曾经提出著名的“我思故我在”的哲学命题。它可以浅显地理解为：我思考时，我就已经存在。思考是我存在的方式和状态。类似于又有别于笛卡儿的“我思故我在”，王夫之的后半生完美地诠释了“我写故我生”。

在科举失败、沙场受挫、官场失意之后，王夫之找到了自己生命的最佳存在方式，那就是著书立说，传承民族文化，为万世谋基业。

王夫之有近千万字的传世著作，其中大部分是在人生的晚年完成的。可以说，王夫之的后半生，不是在写作，就是在为写作做准备。写作已经与他的生命完全融为一体，变成个人生命的存在状态。

晚年王夫之沉心于写作，整个生命焕发出一种前半生从未有过的活力。写作成了他生命的自觉，成了他生命的修行。

我们常说，无聊是人生最大的杀手。王夫之在晚年，因为以写作为生命常态，内心充实，所以无聊、空虚等完全不可能出现在他的生活之中，他完全远离无聊这个人生杀手，开掘着人生灿烂辉煌的篇章。

写作不仅充实了王夫之的晚年时光，更为他提供了精神食粮。在对前人经籍孜孜不倦的攻读中，在“六经责我开生面”的强烈使命感的鞭策之中，王夫之的晚年生命焕发出蓬勃的力量。人的精神意念，是一种超物质的力量，有时它可以无坚不摧。

王夫之治学著书是走一条曲线的报国路，是为了寻求民族振兴和国家富强的良方。支撑王夫之写作的是一种强大的精神意念，是一股永不枯竭的巨大动力。所以，王夫之能把写作与生命融为一体，一直写到生命的最后时光。

从某种意义来说，写作著书不仅拓宽了他生命的宽度与深度，也助力了他生命的长度。写作充实了王夫之的后半生，为他提供了精神食粮和灵魂补给。我写故我生，写作亦是王夫之长寿的重要秘诀。

第十二章

从湘西草堂到世界名人堂

船山先生生不逢时，他只能在黑暗中摸索、
在寂寞中打拼。
寂寞让他的思想沉淀，思想让他的寂寞开花。
他成了孤独的圣贤。倒下之前，
他是一个湖湘人；倒下之后，他成了湖湘的魂。
从湘西草堂到世界名人堂，
当黑格尔、贝多芬、凡·高和卡夫卡遇见王船山，
将会产生怎样的奇缘，碰出怎样的火花？

一、汗牛充栋的著述

湘西草堂并不在现在地理位置上的湘西，而是坐落在南岳之南、湘江之西的一座峻峭的山脚下，那半山腰上有一块巨大的石头，像一只搁浅的船，底部朝天，倒立着，孤零零地望着苍天，仿佛在倾诉什么。因为这块石头，当地人把这山叫做石船山。

清朝初年，离石船山不远处有一栋低矮的茅房里，里面住着一位瘦骨嶙峋的老人。他将自己的住处叫做“湘西草堂”。

这个人不是别人，他就是满腹经纶的王夫之，是百科全书式的学问大家王船山先生。

作为江西人和湖南人，我们和船山先生都算得上是同乡。我们的家离湘西草堂并不远。打从读书识字后，我们每每接触到先生的大名，听人谈及先生的轶事、诗文，慢慢地，先生的形象就一天天活跃在我们的脑海里。成长、生活与工作在湖湘大地，在读书、写作、教书和公务之中，我们无时无刻不感受到船山先生对湖湘文化的影响。生活在这位文化巨人的光与影里，我们敬畏他，推崇他，感恩他。我们想深入了解他，了解他的孤独，他的坚持，他的信仰，以及他书生报国的大志等一切的一切。

船山先生诞辰四百年了，他的湘西草堂早已不见踪影。要真正了解他，不仅要读他的著述，还要储备一系列相关知识。

首先，是船山先生自己的著作。这些著作结集出版始于康熙，其子王敔刊刻《王船山先生书集》，收录其著作十余种。道光年间湘潭王氏守遗经书屋刊印《船山遗书》，收录经部著作十八种、一百五十卷。清同治四年（1865），曾国藩、曾国荃兄弟刊印之《船山遗书》，收录经、史、子、集四部著作五十六种、二百八十八卷。民国二十二年（1933），上海太平洋书局刊印的《船山遗书》，收录著作七十种、三百五十八卷。岳麓书社的《船山全书》则从1982年开始编辑，1988年开始出书，至1996年十六卷全部出齐，2011年再版，又有补缺和拾遗。而这些似乎还只是管中窥豹，海峡两岸各出版社出版先生的著作不知其数。

说实在，阅读、梳理和消化这汗牛充栋般的著作是头等大事，一时半刻是做不到的，甚至可以说，穷我们一生，也很难读完船山先生著述的十分之一。

其次，船山先生著作所涉猎的古代典籍众多，某种意义上来说，读船山先生，就是读他之前的所有经史子集的论著，就是读他所读过的书，就是读老庄孔孟、屈子楚辞、太史公《史记》、魏晋文章、唐诗宋词、宋代理学、司马光《资治通鉴》、明代理学等，这个体量实际上更庞大。以《周易》为例，上参远古伏羲、周文王，中参诸子百家，下参历代《易经》解读版本；以《春秋》为例，船山先生三本《春秋》之书，实际上是对孔孟学说以及不同时代不同人近百种《春秋》的解读，船山先生用了一生的时间读尽了天下之书，我们该用多少时间呢？

最后，是关于船山先生著作的解读与先生思想的论著。1962年，中国大陆召开纪念王夫之逝世二百七十周年学术研讨会，这是关于船山先生学术研讨的第一次盛会，与会者有李达、潘梓年、吕振羽、嵇文甫、冯友兰等国学大师。

中国台北则于1972年王夫之逝世二百八十周年时，成立了船山学会。萧天石在《“中国船山学会”缘起》中，对船山先生的思想和学术地位做了很高的评价：“明末清初大儒王船山先生，为近代世界学术史上少数之伟大学人。”

自此之后，船山先生学说成了国际学术热点，各种研究性论著不断出现。

据不完全统计，自1982年以来，仅湖南或湖南籍学者出版的研究专著就有上百种之多，大陆其他省市学者的研究专著也有几十种，港台学者的研究专著有十几种，国外学者的研究专著也有多种，相关的论文更是多如牛毛、数不胜数了。尤其最近十年，“船山学”仿佛成了显学，有关船山先生的各类研究成果更是呈井喷状涌现。寂寞一生、九泉之下的先生一定没有想到，他的身后竟是如此的热闹。这似乎不符合他的性格，可他又怎么管得着呢。

二、寂静开放的花朵

要读的书委实太多，但越是深入了解他，越是更加敬佩他，感激他，崇拜他：船山先生是一个有信仰的人，执着的信念，支撑他完成了别人无法完成的事情。这种坚定的信仰，这种信仰的力量，对于今天特别是当下的知识分子来说十分重要。

阅读船山先生，我们常常会想到屈子。和屈子一样，船山先生是孤独的圣贤，他生活的时代，是中国最坏的年代之一，特殊的历史造就了他平凡而又不平凡的一生。如果大明王朝还在，历史很有可能不会出现这样一位大儒，而只是多了一个无关痛痒的官吏。大明王朝灭亡，一介书生的他成了亡国孤民，他也心甘情愿做明朝最后一位遗民。

船山先生出生于1619年，即明万历四十七年；卒于1692年，即清康熙三十一年。纵观其一生，他的生活轨迹并不复杂。东方最远抵达江西吉安，南方最远抵达广东肇庆，西方最远抵达湖南武冈，北方最远抵达武昌、南昌。他的核心生活区域就在老家衡阳一带，包括南岳衡山，以及山上的续梦庵、湘西草堂等。

七十四年之中，船山先生的前半生在求学，为了报效大明，这是他追梦的时期；中间他仅到广西南明永历朝廷做了一个名义上的准八品小官。大明虽灭，南明却还苟延残喘，他在续梦。他的后半生则是隐居，梦断南国，但是，作为亡国孤民，他一生忠于大明，躲进深山，孤独地生活，留着满头长发，誓不入清为官，也不承认是清朝子民。七十四年间，他绝大多数时间都用在写作上，除了各类论著，还有上千首诗词歌赋。

有限的地点，无限的时间，平凡的生活，超凡的思想，这是一个极具韧性和有着强烈野性生命力的人。我们常想，船山先生漂泊一生，流离失所，穷困潦倒，却享寿七十四岁，在那个年代算是长寿了。而他的晚辈曾国藩，尽享荣华富贵，且极为严律，擅养生之道，却活了不到六十一岁。上苍执意留下先生，难道是想让他给人间多贡献一些智慧么？

更重要的是，活着的时候，船山先生只是一个平凡人，死后多年，才慢慢被世人发现他的价值。活着之时，他远离政治权力中心，甚至远离学社思潮中心，他的生命也不像众多名人那样千回百转、波澜壮阔。他的生活圈子和交际圈子都有限，他接触的人鲜有历史上的大名人，其个人经历之中也少有改变历史乾坤的壮举。

他更像一朵花，为了活着的生命，为了他的春天，他寂静地开放。

三、艰难的朝圣之旅

船山先生一生可以分为求学起兵、避乱奔波（反清复明）、灰暗仕途、党派之争、傲对吴三桂、孤清著述等主要阶段，是地地道道的坎坷曲折，九死一生。

“吾道南来，原是濂溪一脉；大江东去，无非湘水余波。”这里说的是湖湘文化与中华优秀文化的关系，同时表达了湖湘文化的博大精深。很大程度上，是船山先生的智慧、学问和哲学上的高度，为湖湘文化的博大精深奠定了自信。

在湘西草堂，船山先生对老师吴道行讲的不可一世的宋明理学产生了怀疑，这是不是中国道德的一块玫瑰色的遮羞布呢？在对切身感受到的亡国史和明代兴衰史进行深刻反思后，他写出了《读通鉴论》《宋论》《张子正蒙注》《读四书大全说》《老子衍》《庄子通》和《薑斋诗话》等一百多种著述，四百多卷，包含文学、史学、哲学、美学、逻辑、经济、教育等领域，其一字一笔，既是智慧的流淌，更是心血的见证。

翻开一页页书稿，字里行间，流露出的不只是对异族的仇视，更多的是对本民族文化的反省；表现的也不只是对朱家王朝的眷恋，更多的是对汉文化的哀挽。王船山探究传统文化尤其是离自己最近、与自身关系最密切的传统文化的得失，并进行了重新诠释和改造。

值得一说的是，船山先生的诗文歌赋崇尚古风，行文与用词晦涩深奥，臧否历史与人物多用春秋笔法，言此意彼，处处设障，且讽喻多多，十分不利于阅读理解。即便是先生诗文中那些咏物抒情之作，抒写的大多是生活和情感的小片段，也往往隐含着个人对于历史和历史人物的遣兴与寄寓。

因此，要深入了解船山先生，我们得详细查阅各种资料，反复比对，深入辨析，比如人物、事件、环境等，再对应时代背景，以及船山先生情感和思想的发展变化，可以说，整理、消化、考证和萃取资料就成了我们面对的头等大事，也是十分头痛的难事。这项工作，几乎就像是在一条河里捞出一些细小的沙粒，再从这些细小的沙粒中，找出一颗颗闪光的贝壳，没有任何捷径可走。

从东到西，从春到秋，从湘西草堂到船山书院，我们沿着船山先生的足迹、气息、血络和大量的文字暗号，一次次山穷水尽，又一次次柳暗花明。挫折与成功交织，沮丧与欣喜博弈，悲伤与欣喜相撞。

某种意义上说，这更像一次精密、精细的考古发掘，考验的不仅是阅读能力，还有耐心、细心和意志力。与其说，这是一次探险之旅、朝圣之旅；毋宁说，这是一次致敬之旅、发现之旅；抑或说，这是一场当代与历史的对话，也是一场后学与圣贤的对话。特别是，当这种阅读、思考及其之后的写作，要基于科普式的通俗化，要怀着向普通受众传播的责任与使命，这种书写之旅的压力就更大了。

四、孤独的圣贤

我们无法找到当年先生居住的湘西草堂，但无数次在梦里，我们见到了幽灯深处的船山先生。他还是那般不喜不悲、一脸漠然的表情，仿佛这大千世界与他并无关联。

此刻，已是午后，静谧无声。我们从梦里的湘西草堂来到现实中的船山书院，并在堂前徘徊了很久。阳光和阴影互不相让，紧紧跟随，我们突然感觉到前所未有的虚空，一股发烫的力量从胸口涌出。船山书院早已变样，不再是当年的泥土草房，而是白墙黛瓦，肃穆威严。

看着船山先生的黑白画像，清瘦的，黝黑的，坚毅的，愁绪的。一介书生，满腹经纶，千秋文字，令人景仰。

谭嗣同评价：“万物昭苏天地曙，要凭南岳一声雷。”

章太炎称：“当清之季，卓然能兴起顽懦，以成光复之绩者，独赖而农一家而已。”

船山，“南岳雷”，而农，皆王夫之、船山先生之谓也。

学界认为：船山先生的学说是中世纪哲学发展的最高阶段；他是中华文明史中真正的百科全书式的学者。

面对这样一位思想巨擘和同乡前辈，我们只能以虔诚之心前来寻访。一次又一次，在衡阳的船山书院，在船山先生的故土王衙坪，在他终生流连的南岳圣地，以及他写出旷世巨著的隐居之地金兰乡。

然而，除了蝉鸣，寂静之中再无其他声音响起。虽然远处很喧嚷，但属于先生的却是寂静。也许这遂了先生的本意，他生前的绝大部分日子不都是这么寂静的吗？但是，在后辈的我们看来，这种令人发慌的寂静难免悲凉。

我们陷入了船山书院的寂静之中，不远处，渺远的人声和寥落的人影仿佛只是幻境，与我们无关，与船山先生无关，与那段血雨腥风的历史无关，与泱泱大国经历的五千年文明无关。奈何这个院落仿佛炙热天地下的一个摆设？一只蝉似乎比人更有人情味，听到我们的脚步，立即作出礼节性的嘶鸣。

当一对男女终于姗姗而来，嬉笑着进入堂内，勾肩搭背，对着船山先生画像指指点点，不时发出浅薄的评价，我们更觉得失望。他们不来还好，这里不是哗众取宠与谈情说爱的地方，船山先生更不应该是后人用手指指点点和用眼睛调侃的对象。

人们怎样对待这位清瘦的先贤，就是怎样对待自己的内心。或许是我们对世人太自信，于是，落得一个笑话。其实，这个世界，谁还会与你谈及如何审视自己的内心呢？且不论人们知不知道船山先生是否为圣贤，只怕世人进了这草堂，都不知道船山先生是何人。

转念又想，寂静也好，不要来打扰船山先生的沉思罢。他不再挣扎，不再纠结，不再书写，只是一味地沉睡。他沉睡，只是因为太疲惫。

船山先生生在大明衰亡之际，死在大清繁盛之时，一生国仇家恨，颠沛流离，居无定所。时间过去了，无人问津是先生的不幸，无人问津亦是先生的大幸。孤独才会安稳，即便风餐露宿，食不果腹，至少可以平安地活着。孤独才会思考，即便伤痕累累，苦不堪言，但内心反而会更丰富，思维也会变得比任何时候更敏锐、更清晰、更深刻。

回顾历史，我们不幸于船山先生没有安身立命、飞黄腾达；我们更庆幸于没有错失一位伟大的思想家和一位正直的知识分子如何在逆境中百炼成钢。虽然船山先生并非越王勾践，卧薪尝胆，重拾旧山河，但他的人生遭际与寂寞中取得的巨大成就可以比肩历史上众多的英雄好汉。若历史给他机缘，他一定可以成为岳飞，成为文天祥。

很可惜，船山先生生不逢时，只能在黑暗中摸索、在寂寞中打拼。寂寞让他的思想沉淀，思想让他的寂寞开花，最后，他成了孤独的圣贤。

五、“卑贱”的逃难者

王夫之，船山先生，作为“孤独的圣贤”，他穷其一生，并没有走出多远！

今天，从衡阳到南昌，坐高铁只需两个半小时，而这两个半小时距离，却是先生一生到过的最远的地方，用时几个月。从衡阳到肇庆，没有高铁，坐普通列车，最多只需八个小时，而船山先生却经历了百转千回、九死一生，那是他最辉煌和最失落的地方，在近一年的时光里他度日如年。

船山先生的一生以衡阳为中心，踟蹰徘徊，来来回回，始终没有离开南岳群山和双髻峰。今天，我们甚至不能确切地指认双髻峰到底是哪座山，因为，它未名列于南岳七十二峰之中。

是的，这座山后来就成为了无名的山，被人们遗忘。而正是那样一座不起眼的山，先生一生上上下下，数以千次，走了上万里山路，不变的是风景，变化的是光景与人心。若以当下人一生行走的足迹分析，船山先生连最最普通的山民都算不上。

然而，人的视野不是行走的距离所能决定，船山先生一生没有走多远，可是明明又走得很远很远，远到看不见尽头，远到超越所有同时代的人，超越了时代和王朝，超越了华夏与海内，也超越了他自己。

孤独的圣贤穷其一生并没有爬多高！

船山先生自小在书香门第成长，他聪颖过人，学富五车，却只参加过乡试，且中第五名。他本想进京赶考，誓要闯出一番名堂，安身立命，报效大明。可是，明朝已亡，他报国无门。但虽说无门报国，他仍旧以身报国；南明苟延残喘，他怀着一腔热血，飞蛾扑火，义无反顾地投奔而去。

在腐朽混乱的小朝廷内，他恪守忠诚和正义。你可以说他愚忠，可以说他糊涂，可以说他不识时务。不错，他就是这个性格。他十分纯粹，忠君爱国，这个国自然是大明，他甘愿做马前卒，在朝廷走动，做一个品阶都无的官场中人，并且越级谏言，以卵击石，头破血流，最终，仓皇逃出宫廷。

吴三桂先是扶清灭明，后又反清复明，如此不忠不孝不仁不义的无耻之徒，在衡阳建国要过皇帝瘾，竟然想请先生撰写《劝进表》，以昭告天下。这本是平步青云、扶摇直上的好机会，然先生嗤之以鼻："某先朝遗臣，誓不出仕，素不畏死。"他宁愿做一个"卑贱"的逃难者，也不愿做一个"高贵"的叛逆者。

大清盛世，船山先生颇有声名，朝廷几次请其出山，他不为所动，他宁愿做一个落魄的隐匿者，留着孤独的辫子，也不愿做大清的高官。你可以说他不识抬举，可是，他认定自己"生是大明的人，死是大明的鬼"，到死，他的长发还倔强地留在他不屈的头颅上；到死，他都是一介穷困潦倒的书生。

若以世俗的眼光分析，船山先生爬得真是不高，但是，人的高度岂是头顶的乌纱所能决定的！他一生没有在世俗的道路上爬得多高，可是他又爬得很高很高，因为孤独而纯粹，才让他高过一切，高过两个交替的王朝，也高过很多靠出卖灵魂而权倾一时的显赫者。

六、湖湘的魂

一间草堂，笔墨纸砚，一盏油灯，泥墙断瓦，看庭前花开花落，听屋后雨落雨歇，竹子四季常青，河水经年不枯。

船山先生的心灵则是通透的，自由的，他天生有发光的羽翼，艰难困苦折不断他的翅膀，他越飞越高，走出了他从平凡到伟大的道路，完成了他那卷帙浩繁的著作中的绝大部分。

倒下之前，他是一个湖湘人；

倒下之后，他成了湖湘的魂。

以品性而论，他可以媲美屈子，如芳草，若幽兰，所思所想所写，不是《离骚》，胜似《离骚》；

以学识而论，他可以比肩张轼，经天纬地，笑傲中华，不是理学，胜过理学。

于是，很多人将船山先生看作湖湘文化的核心，少了他，就没有“湖湘”这个响当当的文化流派，甚至连湖湘的山水也会黯然失色。

比如，世人称颂的“潇湘八景”就是他留给后世的礼物，众多湖湘精英都毫无例外地视他为自己的精神导师。

为了秉承船山先生讲学著书传道授业的精神，后世建立了船山书院，在清末民初之年，这座小小的学院撑起了湖湘学派的大旗，风头盖过了千年学府岳麓书院。大儒王闿运是首任院长，杨度这位帝王之师则是学生中的佼佼者。

时间一晃百年，如今，船山书院旧址只剩下一片残墙旧瓦。

百年的时间仍旧在院内久久不散。孤独者走来走去，却无立足之地，玻璃碎了一地，屋檐坍塌，烟熏的痕迹处处可见，这并非时间的过错，这也并非孤独者的过错，时间和孤独者一直都在那里，形影不离和形影相吊，难道圣贤的后世也注定孤独？

其实，遗忘也罢，记住也罢，于船山先生而言，都无所谓了，无论生前身后，于他，都是孤独的凭吊。

一介书生，一名圣贤，他能得到的只有一抔黄土，比别人不多也不少。当时间白发苍苍，天地跟着茫茫，书生与圣贤也在人间正道里变得更加苍茫。

夕阳西下，晚岚四起。

我们慢慢地走出船山书院，突然一阵钟声传来，恍惚间，我们依稀看到一个清瘦老人临终前仍要努力睁开双眼，仍要倔强地昂起头，仍要执拗而孤傲地看看这个世界……

七、当黑格尔遇见王船山

原本，王船山从未想到会进入世界名人堂，就像他从未想象自己会彪炳千秋一样。王船山有可能想到会进入以他的名字命名的船山书院，但绝对不会想到有朝一日自己会进入世界名人堂。

事实上，王船山进入世界名人堂，跟孔子、屈原、李白等中国优秀历史文化名人进入这个殿堂一样，是非常自然也非常自信的一件事，王船山的进入，只会让这个名人堂更加熠熠生辉，更加让世人景仰。特别是互联网时代，随着王船山的宝库的逐步开放，他的形象更为高大，影响更为深远。

当然，世界名人堂并没有一个确切的地址，就像联合国总部位于美国最大城市纽约市曼哈顿区东侧的大楼一样，但在世界人民的心目中，是有一个光芒万丈的名人堂的，里面有着来自世界各地和各个民族的伟大先锋和杰出人物。比如，黑格尔、贝多芬、凡·高和卡夫卡等人就理所当然地居住其中。

那么，当这些伟大人物在互联网之翼和历史穿越的策划下，他们神奇地遇见了，将会产生怎样的奇缘，碰出怎样的火花呢？

1770年八月二十七日，在王船山逝世七十八年之后，哲学天才黑格尔诞生于德国南部的一个小镇。作为德国十九世纪唯心论哲学的代表人物之一，黑格尔的思想标志着德国唯心主义哲学运动达到顶峰，其对后世哲学流派，如存在主义和马克思的历史唯物主义都产生了深远的影响。

大家知道：现代新儒家的重要代表人物之一牟宗三在《黑格尔与王船山》一文中指出：王船山虽然没有像黑格尔表现为“辩证的综合”那种系统性，但他比黑格尔更为纯正。黑格尔论史证明人类历史并非无上帝，故曰历史即是“神统记”。而王船山论史，则曰：“道无方，以位物于有方；道无体，以成事之有体。”即史不离道，道即在史，虽无一成之例，而却不能须臾离道。一个重唯心，一个偏唯物，中西两位哲学大家表面上显得格格不入，其实诸多地方还是相通的。

当黑格尔碰上王船山，两位哲学大家，将会碰撞出怎样的思想火花来?

我们不妨来设想他们遇见后的对话或辩论吧:

黑格尔向王船山请教:“船山先生，存在即合理。这是我提出的重要命题，您觉得对吗?为什么?”

“私欲之中，天理所寓。”王船山微微颔首，道，“存者，存其理也，存学、问、思、志所得之理也。”

黑格尔又问:“我通过研读发现，历史总是惊人的重演。船山先生对此有何高见?”

王船山淡然道:“无他，在知其人之言，而不知古今先哲之言也。”

黑格尔玩味了王船山的回答，又突然道:“纪律是自由的第一条件。船山先生，难道不是吗?”

“君子之道，有必不为，无必为。”王船山看了看黑格尔，又朝天空看了看。

黑格尔点点头，也望了望天空，自言自语道:“世上不是缺少美,而是缺少发现美。”

“诚则斯言。”王船山回过头来，赞赏似的道，“景者情之景，情者景之情也。此之原由矣。”

“一个深刻的灵魂,即使痛苦,也是美的。”黑格尔望着王船山，似乎并不需要他的回答。

然而，王船山却若有所思，轻声道:“君知否?雁字云沉，难写伤心句。”

黑格尔垂下头，片刻后，又抬起头，他要抓紧时间向这位中国先贤求学问道：“我有一个论断：方法不是外在的形式,而是内容的灵魂。船山先生对形式与内容的关系是如何看待的？”

王船山脱口答道：“洒扫应对，形也。有形，则必有形而上者。精义入神，形而上者也。然形而上，则固有其形矣。”

黑格尔想起王船山种种经历，而做出如此巨大成就，不禁喃喃道：“假如没有热情,世界上任何伟大的事业都不会成功。”

王船山颇为欣慰，点头道：“含情而能达，会景而生心，体物而得神。”

“一个民族有一群仰望星空的人，他们才有希望。”黑格尔忽然提高声音道，“船山先生，您所处的时代，有这样的一群人吗？”

王船山叹了一口气，转移话题道：“侈口安危，则信其爱国；极陈利病，则许以忧民；博征之史，则喜其言之有余；杂引于经，则羡其学之有本。”

黑格尔细细体味王船山的话，觉得他以别样的方式回答了自己的问题，一如他著作中一贯的委婉含蓄。他不想触及王船山的创痛，便笼统地说了一句：“当人类欢呼对自然的胜利之时，也就是自然对人类惩罚的开始。”

“缘者何也？”王船山顺着黑格尔的话，道，“自然者天地，主持者人。所谓人定胜天，必引天怒而自食苦果矣。”

通过上述对话，黑格尔更加被王船山的学识和人格所折服，望着瘦得不像人样却擎着精神火炬的中国大师，黑格尔以总结似的方式说出了这么一段话：“如果你生活在一种无法抗拒的、无法改变的痛苦里，那么这种痛苦将是你的幸福！给自己一个希望和勇气，大喊没有什么大不了的！慷慨的说句‘大不了就是一死’！”

王船山听了，难得地笑了那么一笑，也客客气气道：“求夫所谓忾乎有闻，惝然有见，洋洋如在而绥我思成，皇皇如有求而不得，充充如有所穷，往如慕而反如疑者，我有以知其必不能也。”

这样的对话或这样的遇见，当然不能，但透过两位的文字，却分明感受到他们的精神脉动和思想火花是如何穿越历史，照亮过去、今天和未来。

请设想吧，假如黑格尔当年不因碰壁而离开新闻岗位的话，可能他就无法把他的辩证法研究出来了!就像王船山如果在一个安逸的朝代当上小官，他那博大精深的思想体系也就无法建构一样。

但黑格尔不是王船山，王船山也不是黑格尔，他们有相似的思想，更有不同的行为。记得有一次，黑格尔家中不慎失火，仆人急匆匆闯进书房，对着黑格尔大声嚷道：“先生，不好了！家里起火了!”黑格尔闻讯，看了仆人一眼，淡然道：“跟你说过很多次了，家里的事问我太太，让她来解决，难道你总是记不住吗？”

这种事情如果发生在王船山身上，他一定会冲出去先救火。因为任何事情都有轻重缓急。火烧眉毛，当然是急事。急事就要急处理，而不是任性地按自定的法则来行事。王船山的认知是：“耳限于所闻，则夺其天聪；目限于所见，则夺其天明。”也就是说，这一把火表面上看起来只是烧掉了一些家具杂物，可是，耳目所及是有限的，如果火势大，烧掉的可能就是家里的人。如果人都不在了，还研究什么人类哲学？

当然，王船山与黑格尔在人际交往方面却有许多相似的地方。比方，有一次，黑格尔在台球厅不小心撞到了一个人，这个人脾气暴躁，大声喊道:“你怎么搞的，长眼睛了吗？”

黑格尔为了让对方镇静下来，便礼貌性地答道:“我把您当做一个有教养的人，一个和我一样对争吵没有兴趣的人。”

谁知这个人并没有领会黑格尔的善意，继续粗声恶气地吼道:“你再怎么装，在我眼里也只是个粗鲁的人!”

“哦，那真很遗憾。”黑格尔微笑而委婉地答道，“看来，我们两个人都弄错了。”

王船山遇到这种事情，做法很可能与黑格尔一样。因为他信奉“言饰于外，志藏于中；言发于先，行成于后”。在王船山看来，“夫欲使天下之无小人，小人之必不列于在位，虽尧、舜不能”。跟小人去谈修养，无异于对牛弹琴。虽如此，自己还是要有应持的礼仪。

八、当贝多芬遇见王船山

在王船山逝世七十八年之后，德国波恩又迎来了一位天才的降生，他的名字叫贝多芬。贝多芬跟黑格尔同岁，他只比黑格尔小四个月，他生活的悲惨遭际与命运的奋力抗争，与王船山颇有一比。

法国著名作家、诺贝尔奖文学获得者罗曼·罗兰曾经用这样一段话来形容一个人："物质生活的窘迫毫无改观。他贫病交加，孤立无援，——但他却是个战胜者：——人类平庸的战胜者，他自己命运的战胜者，他的痛苦的战胜者。"

罗曼·罗兰笔下的"他"指的是伟大的音乐家——贝多芬。罗曼·罗兰怀着崇敬的心情写下《名人传》，生动地讲述了贝多芬不凡一生。

贝多芬的父亲是宫廷唱诗班的男高音歌手，喜怒无常的一个人；他的母亲是一位厨司，心地善良，性情温和。贝多芬音乐天赋极高，八岁首次登台，即获得巨大成功，被视为莫扎特再世。十一岁发表第一首作品《钢琴变奏曲》。十三岁参加宫廷乐队，任风琴师和古钢琴师。不久，贝多芬的命运开始转变，他的耳朵聋了。对于一个音乐家来说，没有比失聪更可怕的事情了。

1801年，贝多芬爱上了奇丽爱太·吉却笛，他把《月光奏鸣曲》献给她。但是奇丽爱太无法理解贝多芬的灵魂，两年后与他人结婚，贝多芬感到绝望，他曾写下遗书。

自杀未成，贝多芬重拾自信，从灰暗中走出来，写出了明朗乐观的《第二交响曲》。紧接着，《第三交响曲》（英雄）、《第五交响曲》（命运）、《第六交响曲》（田园），以及一批优美动听的小提琴协奏曲、钢琴协奏曲和奏鸣曲相继创作出来。1823年，贝多芬完成了最后一部巨作《第九交响曲》（合唱）。四年后，他在暴风雪中离开人世。

贝多芬终身未婚，享年五十七岁，却完成了一百多部作品，为德国赢得了全世界的尊敬。而他的励志故事和伟大的音乐更是感染了一代又一代人。贝多芬身前遭际及死后殊荣与王船山何其相似啊。

贝多芬在给朋友的一封信中曾经写道："我要扼住命运的咽喉，不容它毁掉我！"这样的声音，在王船山生命中也反复出现。如果不是扼住命运的咽喉，王船山就不是今天大家看到的百科全书式的王船山。

贝多芬的高贵是天然的，而这种天然恰恰被世俗所不容。记得有一次，当贝多芬与歌德一同散步时，迎面撞见了皇后、太子和一群权贵们。面对这些王侯将相和达官显吏，歌德立刻让路，而贝多芬则不然，他站在路中央，坦然道："让路的应是他们，而不是我们！"

歌德虽然觉得贝多芬说得有理，但还是摘下礼帽，躬身立在路旁。然而，贝多芬我行我素，他背着双手，阔步向前。

结果太子认出迎面而来的是贝多芬，他连忙脱下礼帽致意，其侍从们也毕恭毕敬地分列两边，目送贝多芬昂首而过。

贝多芬真正感到了做人的尊严。歌德肃然起敬，感动不已。

王船山的人格也有着同贝多芬一样的高贵，正因为此，他才不愿意为吴三桂出关，更不愿违心地写《劝进表》，劝吴三桂老贼去做皇帝。不仅如此，他一辈子都坚持自己的信仰和承诺，即便已是大清王朝数十年了，他还自认是明朝遗臣，与时代保持刻意的疏离。

假如贝多芬遇见了王船山，他会说什么呢？也许，他会说："那些立身扬名出类拔萃的，他们凭借的力量是德行，而这也正是我的力量。船山先生，您九死一生，依凭的究竟是什么？"

王船山一定会握住贝多芬的手，微笑道："乃居德于弘，则正心诚意之不讲，而天下之大本以遗；自谓无疑于道，则格物致知之不用，而天地之化育，其日迁于吾前者，具忘之矣。"

贝多芬听了十分高兴，当被问及如何于困苦中坚持创作而不受干扰时，贝多芬道出了他成功的秘密："我的箴言始终是：无日不动笔；如果我有时让艺术之神瞌睡，也只为要使它醒后更兴奋。"

王船山闻言，将贝多芬的手握得更紧了，颇有相见恨晚之感，道："此亦老夫数十载如一日坚守之道也！"

九、当凡·高遇见王船山

贝多芬逝世后的二十六年，也是王船山逝世后的一百六十一年，天才画家凡·高诞生在荷兰南部小镇的一个牧师家庭。

1922年丰子恺先生在《谷诃生活》一书中曾这样描写

凡·高："他背脊上负着极大的画布，摇摇摆摆地在田野中步行……他又屡屡遗弃画布在地上，自己完全不介意。他并不想从这等作品获得什么利益，已经描出了，就不顾它。有的时候他画毕了一幅画，就把它遗留在写生的场所，独自回家。"

凡·高曾经说过："痛苦将永存。"很可惜，凡·高三十七岁就死了，他死得太早了。如果他能遇到王船山，感受王船山的精神，兴许他会活得长一点。凡·高的主要作品都是在生命的最后几年完成的，他在最有希望完成更多作品时离开人世的，这不是他个人的损失，而是一个国家、一个民族或世界文化的损失。

1884年夏天，凡·高认识了邻居贝格曼小姐，并与之谈起了恋爱。很奇怪，这次恋爱遭到双方家庭的强烈反对，贝格曼小姐在绝望中服毒自杀了。凡·高无法保护心爱人的生命安全，这对于他的打击可想而知。这一点，王船山从没有在个人情感上遭受到巨大挫折，他在该结婚的时候结婚，虽是媒妁之言，父母之命，但不用想什么事情。最后一次婚姻，王船山是自己做主，也挺不错。

初恋不成，凡·高把精力转向绘画。在这一时期，他完成了早期代表作《吃土豆的人》。这幅油画展示了艰辛中的怜悯，体现了画家对荷兰农民群体的生活和悲惨情景的一种社会批判。

跟王船山有一个好兄长王介之一样，凡·高有一个好弟弟。没有这个弟弟，凡·高可能一事无成；没有弟媳，凡·高也不会有后来的名气。凡·高的弟弟叫提奥，是一个对艺术有着敏锐嗅觉和鉴赏力极强的人，他不断地帮助着凡·高。因为凡·高的生活能力实在太差了，也许天才的艺术家都有这个毛病吧。

1886年二月底，四处漂泊的凡·高离开比利时，连房租都没有付清……他在日记中写道："我并非自己选择成为一个冒险者，是命运使然，也是自己在故土家乡中却感到流离失所的感觉使然。"

十九世纪八十年代初，提奥每月定期从自己的工资中拿出一部分供凡·高生活。提奥深爱着他的哥哥，相信他的才华，哪怕别人不相信，他相信哥哥是画界天才，因此他有责任有义务帮助凡·高，使他成为他心目中的那个人。

凡·高的成功，很大程度上要归功于弟弟提奥，以及后来提奥的遗孀乔安娜。凡·高的天才是在提奥慷慨无私的支持下得以缔造的。兄弟俩在巴黎一起生活时并非没有争执。两人争吵过，有时甚至吵得很凶。但事后，都是提奥选择让步和原谅。去跟一个天才计较，有必要吗？何况这个天才是自己的哥哥。

1887年十一月到十二月，凡·高在一家餐厅里组织了一次画展。保罗·高更是看过这次展览的艺术家之一。作品很好，但无人问津。这就是艺术与现实的矛盾。凡·高心烦意乱，总有一种冲动要去砸碎什么东西。两年过去了，巴黎的美梦幻灭了，凡·高沮丧不已，就像当初王船山在桂林的沮丧一样，那是一种对时局的绝望。

“有时候我似乎觉得，我的血液多少就要重新流动起来了，最近在巴黎可不是这样，我再也忍受不了了。”巴黎有着世故的社交圈子，巴黎也充斥着无尽的噪声，这种现实与凡·高的艺术追求截然对立，他必须离开巴黎。

可是，离开巴黎，是不是有一种更好的地方可去呢？好像也没有。看来，凡·高唯一想去的地方，是天堂。因此，他三十七岁就死了。在最不该死去的时候死的，这是凡·高的命。然而，让凡·高没有料到的是，他的弟弟提奥不久也死了。

凡·高死后，提奥不胜哀伤，加上久病，不到半年就追随哥哥去了天堂。留下二十九岁的妻子乔安娜和未满周岁的男孩小文生。乔安娜嫁给提奥不到一年半，与凡·高相处只有短短的五天。她深爱丈夫，也被丈夫的这位苦命的哥哥所感动。家中挂满、堆满哥哥的画。为了排遣对丈夫的思念，乔安娜逐一展读凡·高写给提奥的五百封信。乔安娜在震惊和感动之余，她决心要实现丈夫未遂的心愿：让全世界看到凡·高的画。

诚如诗人余光中所讲：“凡·高生前，世界待他太薄，凡·高死后，世界待他像宠爱。历史的补偿凡·高不会知道，也不会知道他欠弟媳妇多深，只知道他欠弟弟太多，无以回报。”

实际上，凡·高已经充分报答了家人。他一生给许多人画过像，例如给农夫艾思卡烈、邮差鲁兰、诗人巴熙、中尉米烈、医生嘉舍等人都画过，唯一的遗憾是，他没能为弟弟提奥这恩人一样的亲人留下一幅画像。

王船山一生只让朋友给他画过一幅肖像，遂不让人再画。而作为画家的凡·高，他一生中画了很多自己的自画像，不同时期的画像，代表不同时期的创作风格与不同时期对生活、对艺术、对生命的看法。在凡·高看来，画笔是镜面，自画像是镜子里的人像和艺术颜料融为一体，形成一个全新的他。镜里的凡·高是虚幻的，这全新的凡·高也是虚幻的。只有提着画笔的他才是真实的，痛苦的，流泪的。而这个他，凡·高无法完整地呈现出来。

就这样，不理解凡·高的人看见的是镜子里的凡·高，是人们心里猜测或想象的，他们无法触摸到真实的凡·高。真实的凡·高被生活消融，成为青山绿水的一部分。

有人说凡·高的耳朵是自己割掉的，有的说是在他和高更起冲突时被高更割掉的；有人说他被割掉的是右耳，因为画里的他是右耳被白布包裹着的；也有人说是割掉的左耳，因为凡·高是对着镜面画出了自己。即便是这样一个简单的事实，人们都无法形成一致的看法，更何况绘画本身所彰显出来的艺术张力。

换句话说，凡·高和世人隔着一面镜子，明明他抬起的是左手，世人看到的却是右手。明明他画出来的是价值连城的艺术品，可世人看到的是不值一文的东西。从这个意义上讲，凡·高割下了自己的耳朵，血流一地，世人没有感觉到痛，感觉到痛的只有弟弟提奥。

如果王船山知道，一定会劝凡·高：“立圣人之言于此以求似，无不可似也。既成，何弃命焉？”意思是，要想流芳百世，受点苦不算什么，只要做到创新、做到有价值就行。你既然做到了，又何必这样不顾命呢？

当然，凡·高对生命有自己的看法，他会坚持自己的做法，并告诉王船山：“绝不要以为故去的人永远逝去，只要有人活着，故去的人就永远活着，永远活着。”

“正邪存乎人，是非存乎言，功罪存乎事。”王船山明白凡·高话中的意思，也知道凡·高对绘画的自信，更知道一个人的生命，特别是一个优秀艺术家的生命不是以肉体的长短为限，而是以作品的流传为本，这恰恰也是王船山的追求所在，想到此，遂答道：“博学而切问，则事之有其理者可得而见矣。”

凡·高知道王船山是中国一位有名的哲学家，生前也经历了无数的磨难，在湘西草堂那样一个简陋的地方，生活数十年，这样的毅力和疼痛非常人可及，于是道：“我越来越相信创造美好的代价是努力失望以及毅力。首先是疼痛然后才是欢乐。它是我的生命——创造的力量。船山先生，作为前辈，您说说看？”

王船山慨然有声：“人之所以异于禽者，唯志而已矣！”在王船山看来，所谓毅力，所谓疼痛，所谓创造的力量，说到底，都是因为有志，按现在的话讲就是有梦想，因为有志或有梦想，一切遭遇都能忍受。

凡·高听了一颤，像是遇到了知音，激动道：“每个人的心里都有一团火，路过的人只看到烟。但是总有一个人，总有那么一个人能看到这团火，然后走过来，陪我一起。我在人群中，看到了他的火，然后快步走过去，生怕慢一点他就会被淹没在岁月的尘埃里。我带着我的热情，我的冷漠，我的狂暴，我的温和，以及对爱情毫无理由的相信，走得上气不接下气。我结结巴巴地对他说：你叫什么名字。从你叫什么名字开始，后来，有了一切。”

王船山安抚着凡·高，轻声道：“夫读书将以何为哉？辨其大义，以修己治人之体也，察其微言，以善精义入神之用也。”言毕，又轻轻地拍了拍凡·高，然后从容地走向面前的草地上，并缓缓地坐了下来，仰望星空。

此时，朗朗清辉，一轮残月挂在空中，恰似凡·高笔下的画。

十、当卡夫卡遇见王船山

就在凡·高逝世进入天堂后的三十年，也就是王船山驾鹤西去的一百九十一年，奥匈帝国首府布拉格一个犹太商人家庭，迎来了日后注定要进入世界名人堂的文学天才：卡夫卡。这真是一个漫长的等待。但为了这一刻，等待是值得的。

卡夫卡不像凡·高那样，他从来不把创作看成是纯美学的事，相反，把它当成一种生存方式，一种生命燃烧的过程。他在日记中写道：“我内心有个庞大的世界，不通过文学途径把它引发出来，我就要撕裂了！”这种自觉意识比王船山对创作的追求有过之而无不及。

卡夫卡原本可以进入体制化世界，过上体面的中产阶级生活。比起王船山数次赴考不中，他的求学经历一帆风顺，并最终获得法律博士学位。按理，他的面前是一条光明大道，可不知为何，生活拐了弯。毕业后，卡夫卡在保险公司任职，深感无味。他经历三次订婚，又三次退婚，终身未娶，四十一岁时死于肺痨。这一点，跟凡·高极其相似。

与王船山一样，卡夫卡一生中很长一段时间都生活在强大的父亲影响之下。但不一样的是，王船山的父亲王朝聘是一个恩威并重的人。这是典型的中国式父亲，中国式家庭，培养的也是中国式的精英。王船山虽有压抑，有苦痛，却远远不是父亲本身带来的。卡夫卡不是。他很长时间与父亲势如水火，父亲的强势使他的生活了无生机。关于这一点，我们从他的小说《变形记》的开头就能够感觉到："当格里高·萨姆莎从烦躁不安的梦中醒来时，他发现自己变成了一只大甲虫。"由于沉重的肉体和精神上的压迫，格里高失去了人的本质，异化为非人。小说描述了人与人之间的孤独感与陌生感。变形后被世界遗弃是格里高的终极命运。这种触目惊心的文字，读后脊背发凉啊。

卡夫卡以怪异的方式进入世界名人堂，他对世界文学的贡献极大，对中国当代作家的影响尤其深远。而在中国普通读者心中，他最好的小说是短篇小说《万里长城建造时》，因为作品写的是中国的事情。

卡夫卡在这篇作品中写到，中国百姓被驱赶去建造长城，年复一年，可他们连哪个皇帝当朝都不知道；由于信息闭塞，许多旧闻变成新闻，人们照样奔走相告。“皇帝身边云集着一批能干而来历不明的廷臣，他们以侍从和友人的身份掩盖着艰险的用心。”卡夫卡还煞有介事地写道：“那些皇妃们靡费无度，与奸刁的廷臣们勾勾搭搭，野心勃勃，贪得无厌，纵欲恣肆，恶德暴行就像家常便饭。”

小说中，有一句话特别与王船山的不谋而合：“在我看来，恰恰是有关帝国的问题应该去问一问老百姓，因为他们才是帝国的最后支柱呢。”

王船山道：“论天下者，必循天下之公。鉴观四方,求民之莫。”他提出“平天下者，均天下而已”。这种民本思想，比卡夫卡早了近二百年啊。

有意思的是，卡夫卡生前只出版了七本小说的单行本和集子，在生命垂危之时，他给好友布劳德留下遗言“将我的一切手稿销毁”。但布劳德不忍这样做，遂违背他的遗言，替他整理遗稿，出版了卡夫卡的三部长篇小说，以及书信、日记，并替他立传。

在这一点上，卡夫卡与王船山相类似。王船山生前很少出版自己的著作，虽然有一些学生替他吆喝，但真正做成并非易事。王船山后来的声名是特定的机缘所致，就像布劳德不忍销毁卡夫卡的手稿一样，王船山的手稿也被完好地保存下来。

卡夫卡将巴尔扎克手杖上的“我能摧毁一切障碍”的格言改成了“一切障碍都能摧毁我”。有人说，卡夫卡的卓越成就不是因袭前者，再去描绘丑恶的客观生活内容，而是逃避现实世界，追求纯粹的内心世界和精神慰藉。而那种陌生孤独、忧郁痛苦以及个性消失、人性异化的感受，正是当时社会病态的反映。

基于此，美国诗人奥登说："如果要举出一个作家，他与我们时代的关系最近似但丁、莎士比亚和歌德与他们时代的关系的话，那么人们首先想到的也许就是卡夫卡。"

关于艺术与生活，卡夫卡有许多话想说。假如遇见王船山，他一定会说："如果没有这些可怕的不眠之夜，我根本不会写作。而在夜里，我总是清楚地意识到我单独监禁的处境。"

王船山则答道："自致与尽己不同。尽己者，尽己之所当尽也。自致者，尽乎用情之极致也。"换言之，王船山将生活，自致和艺术，尽己很好地作了区分。在王船山看来，无论是贝多芬、凡·高还是卡夫卡，他们都把艺术和生活等同起来，在这一点上，作为哲学家的黑格尔似乎与王船山更能达成一致的意见。

黑格尔认为："美就是理念的感性显现。"即一切艺术，其主要任务就在于用感性形象来表现理念，以供直接观照，而不是用思想和纯粹心灵性的形式来表现。如果把生活本身艺术化，那不仅是生活的灾难，更是艺术的灾难。

当然，卡夫卡有自己的看法，他对王船山说："此生的快乐不是生命本身的，而是我们向更高生活境界上升前的恐惧；此生的痛苦不是生命本身的，而是那种恐惧引起我们的自我折磨。请问船山先生，对此有何高见？"

“鸿雁几时到，江湖秋水多。”王船山意味深长道。但考虑到这话不好理解，于是略作解释：“天有成象，春其春，秋其秋，人其人，物其物，秩然名定而无所推移，此其所昭示而可言者也。”

卡夫卡被王船山说得云里雾里，他想起世界名人堂里的两个大人物，遂借此发表看法道：“陀思妥耶夫斯基的《罪与罚》其实也是一部侦探小说。莎士比亚的《哈姆雷特》呢？那也是一部侦探戏。中心情节是：一个秘密逐渐被揭开。但是，还有比真理更大的秘密吗？文学创作向来都只是对真理的一次探索。船山先生，您赞同我的话吗，您能用通俗一点的话给说说吗？”

一向严肃的王船山此时突然笑了，他觉得自己无论说话还是为文，都是通畅明白的，虽然喜用春秋笔法，毕竟中国人大多看得懂。而在卡夫卡面前，自己竟要用通俗一点的话来解释，真是有意思得很。于是，他不紧不慢，道：“情之所至，诗无不至；诗之所至，情以之至。”言毕，从容而去。

卡夫卡望着王船山的背影，发现这个充满中国神秘和智慧的瘦小的背影，竟然变得越来越伟岸，越来越高大……

参考文献

[1]聂茂著，《天地行人——王夫之传》，作家出版社，2016年。
[2]萧萐父、许苏民著，《王夫之评传》（上下本），南京大学出版社，2002年。
[3]王立新著，《天地大儒王船山》，岳麓书社，2017年。
[4]张怀承著，《王夫之评传——民族自立自强之魂》，广西教育出版社，1997年。
[5]朱迪光著，《王夫之诗歌创作考论》，中国社会科学出版社，2017年。
[6]罗正钧、李柏荣著，《船山师友记·魏源师友记》，岳麓书社，2010年。
[7]周发源、刘晓敏、王泽应著，《船山学刊百年文选·船山卷》（四册），岳麓书社，2015年。
[8]孙庆著，《明代遗民：顾炎武 王夫之 黄宗羲》，中州古籍出版社，2015年。

[9]孙钦香著，《王夫之》，南京大学出版社，2015年。
[10][明]王夫之著，穆军全编：《力行而后知真：王夫之励志文选》，中华工商联合出版社，2015年。
[11]徐仪明著，《王夫之的自然世界》，海天出版社，2015年。
[12]彭靖编撰，彭崇伟整理，《王船山词编年笺注》，岳麓书社，2004年。
[13]季蒙著，《主思的理学——船山先生的四书学思想》，广东高等教育出版社，2005年。
[14]杨儒宾、祝平次编著，《儒学的气论与工夫论》，台湾大学出版中心，2005年。
[15]周兵著，《天人之际的理学新诠释——王夫之〈读四书大全说〉思想研究》，巴蜀书社，2006年。
[16][日]小野泽精一、福永光司、山井涌 编，李庆译，《气的思想——中国自然观与人的观念的发展》，上海人民出版社，2007年。
[17]刘梁剑著，《天·人·际：对王船山的形而上学阐明》，上海人民出版社，2007年。
[18]乔治忠、李征夫著，《船山先生》，新蕾出版社，1993年。
[19]章启辉著，《旷世大儒——王夫之》，河北人民出版社，2001年。
[20]萧萐父、许苏民著，《船山先生评传》，南京大学出版社，2007年。
[21][明]王夫之著，船山全书编辑委员会编，《船山全书》（全

十六册），岳麓书社，2011年1月。
[22][明]王夫之著，舒士彦点校，《读通鉴论》，中华书局，2013年3月。
[23][明]王夫之著，张问陶点校，《船山诗草》，中华书局，1970年1月。
[24][明]王夫之著，《读四书大全说》（全二册），中华书局，1978年9月。
[25][明]王夫之著，《张子正蒙注》，中华书局，1978年9月。
[26][明]王夫之著，舒士彦点校，《宋论》，中华书局，2003年11月。
[27][明]王夫之著，《周易外传》，中华书局，1977年12月。
[28][明]王夫之著，陈书良点校，《唐诗评选》，上海古籍出版社，2011年7月。
[29][明]王夫之，《王船山诗文集》，中华书局，1962年11月。
[30][清]张廷玉等著，《明史》（1-28册）（二十四史繁体竖排），中华书局，2013年7月。
[31]郗秋丽、金开诚著，《中国古代哲学的总结者——王夫之》，吉林文史出版社，2011年5月。
[32]袁愈宗著，《王夫之〈诗广传〉诗学思想研究》，中央编译出版社，2012年3月。
[33]罗正钧纂，《船山师友记》，岳麓书社，1982年9月。
[34]朱迪光著，《王船山研究著作述要》，湖南大学出版社，

2010年1月。

[35]陈来著，《诠释与重建：王船山的哲学精神》，生活·读书·新知·三联书店，2010年11月。

[36]王立新著，《从胡文定到王船山理学在湖南地区的奠立与开展》，中国社会科学出版社，2014年6月。

[37]彭大成著，《船山思想与湖湘文化研究论集》，湘潭大学出版社，2012年11月。

[38]招祥麒著，《王夫之〈春秋稗疏〉研究》，上海古籍出版社，2010年5月。

[39]谢发平著，《湖湘文化十九讲》，世界图书出版公司，2012年10月。

[40]崔海峰著，《王夫之诗学思想论稿》，中国社会科学出版社，2012年12月。

[41]萧萐父、许苏民著，《王夫之评传》，南京大学出版社，2010年4月。

[42]王兴国主编，《王船山学术思想讨论集》,湖南人民出版社，1984年。

[43]王泽应著，《船山伦理与西方近代伦理比论》，国际展望出版社，1991年。

[44]牟宗三著，《生命的学问》，广西师范大学出版社，2005年。

[45]汪毅著，《王船山的社会思想》，人民出版社，1958年。

[46]汪学群著，《王夫之易学——以清初学术为视角》，社会科学文献出版社，2002年。

[47]李守庸著，《王船山经济思想研究》，湖南人民出版社，1987年。
[48]李季平著，《王夫之与读通鉴论》，山东教育出版社，1982年。
[49]林安梧著，《王船山人性史哲学之研究》，东大图书公司，1987年。
[50]周兵著，《天人之际的理学新诠释——王夫之〈读四书大全说〉思想研究》，巴蜀书社，2006年。
[51]季蒙著，《主思的理学——王夫之的四书学思想》，广东高等教育出版社，2005年。
[52]胡发贵著，《王夫之与中国文化》，贵州人民出版社，2000年。
[53]夏剑钦著，《卓越的思想家王夫之》，上海人民出版社，1987年。
[54]陆复初著，《王船山沉思录》，云南人民出版社，1991年。
[55]张西堂著，《王船山学谱》，台湾商务印书馆，1972年。
[56]张立文著，《船山哲学》，台北七略出版社，2000年。
[57]许冠三著，《王船山致知论》，香港中文大学出版社，1981年。
[58]陶清著，《明遗民九大家哲学》，台北洪叶文化公司，1997年。
[59]陈祺助著，《王船山“阴阳理论”之诠释》，复文图书公司出版社，2003年。
[60]陈赟著，《回归真实的存在——王船山哲学的阐释》，复

旦大学出版社，2002年。
[61]陈远宁、王兴国、黄洪基著，《王船山认识论范畴研究》，湖南人民出版社，1982年。
[62]曾昭旭著，《王船山哲学》，远景出版社，1983年。
[63]黄明同、吕锡琛著，《王船山历史观与史论研究》，湖南人民出版社，1986年。
[64]黄懿梅著，《王夫之》，台湾商务印书馆，1999年。
[65]嵇文甫著，《船山哲学》，开明书店，1936年。
[66]乔治忠著，《中华历史名人——王夫之》，新蕾出版社，1993年。
[67]熊考核著，《王船山美学》，中国文史出版社，1991年。
[68]蒙培元著，《理学的演变——从朱熹到王夫之戴震》，文津出版社，1990年。
[69]萧起来等主编，《船山思想探析》，国际展望出版社，1991年。
[70]萧萐父著，《船山哲学引论》，江西人民出版社，1993年。
[71]萧汉明著，《船山易学研究》，华夏出版社，1987年。
[72]罗光著，《王船山形而上学思想》，辅仁大学出版社，1993年。

后记

湖湘气派与船山思想

王夫之，也就是船山先生，这个生前寂寂、身后煌煌的衡阳汉子——船山先生，不只是世界上著名的思想家、哲学家，更是湖湘文化的精神标杆和闪亮灯塔。

船山先生青少年期间饱学诗书，多次会考，最终与兄长一起同时中得举人。张献忠攻陷衡州后，他藏匿到南岳衡山山中，张部抓住他的父亲作为人质，王船山自施苦肉计，让人抬着去换他的父亲，张献忠手下见他受了重伤，就放过了他。船山先生与父亲悄悄回到家中，然后开始了逃亡生活。南明王驻兵桂林，大学士瞿式耜推荐他，被授予行人介子职务，一个准八品的小吏。当时国势迫近危险，诸臣仍然每天如水火般相斗。船山先生劝说严起恒搭救金堡等，又三次越职弹劾权重一时的王化澄，这样以卵击石的“蠢事”也只有船山先生做得出来。王化澄怒火中烧，欲借刀杀人，灭了他。亡命途中，船山先生听说母亲病了，他便从小道艰难到家，很快遭劫。明朝灭亡后，船山先生心灰之余，埋头学问，守护文脉并发扬光大，终以留芳百世。

瞧，一个人的一生，哪怕这个人是王船山，写下来，也就是三百多字能够概括。然而，对于船山先生深邃的思想和伟大的精神，却是一千万字也写不完的。船山先生终其一生，与当时朝政采取的是反抗与不合作的态度。作为一个充满政治理想和有信仰、有抱负的文人，船山先生一生的主干属于文化。他经受了事业的巨大挫折，又感悟到人生的痛苦。壮士拂剑，浩然弥哀，他身同槁木而心未死，仍在恶劣的环境中坚持斗争，以自己的不屈坚贞，留住人间一点春色。

这点“春色”，就是湖湘气派，就是船山先生引以为自豪的民族文化传统，他要通过自己的顽强努力，播下民族文化的优良种子，以期在将来盛开出满园的春光。而这，恰恰也是船山思想的精髓所在。

于是，一间草堂，著书立说，长歌当哭，尽情挥洒情感和思想，用文字来填补心灵中伤痛，吟咏华章，激扬文字。

一个人的选择，也许由于时代的局限，你未必同意，但只要这种选择是为了一个伟大的目标，哪怕像堂吉诃德冲向风车或西西弗斯推巨石上山那样，你也要对这样的选择给予足够的尊重。

改革开放以来，船山先生的思想光芒越来越得到学界的重视，相关研究成果层出不穷。值得一提的是：《新华文摘》2003 年第 2 期从《船山学刊》转载了湖南文化学者王兴国先生的宏文《船山学研究 40 年之回顾》，该文详细介绍了海内外学者研究王船山的情况。

从2003年到今天，又过去了十六年，王船山本人的著作（包括评点和解读等）出版得越来越多，尤以岳麓书社历时十四年于1996年推出的《船山全集》（全十六册）最为完备。而有关王船山研究的论文、专著更是层出不穷，以王船山为研究对象而作博士、硕士和学士毕业论文的不胜枚举，王船山也越来越受到海外学者的关注和研究，船山先生从默默无闻的隐士到“船山学”慢慢成为一门显学，既反映了船生先生学问的价值，也从一个侧面印证了船山先生生命的意义。

我们注意到，著名历史学家葛兆光先生写了一篇《一个思想家的历史沉思录：读船山先生〈读通鉴论〉》的文章，衡阳师范学院教授萧平汉先生2009年7月21日在《光明日报》上发表的《船山先生的史论研究法》，都颇有创见。2017年1月19日《湖南日报》发表湖南师范大学周秋光教授和他的硕士生撰写的《王夫之思想与习近平传统文化观》的文章，在学界引起广泛关注，文章认为“总书记在多种场合、多个方面都援引了王夫之的名言警句，体现了对王夫之思想的推崇”。同年3月23日，《湖南日报》发表记者奉清清对湖南师范大学教授、《船山学刊》执行主编王泽应的专访《船山思想有超越时空的神韵和魅力》，也是一篇重要文章。

2003年以后，有关王船山的研究成果有许多。但绝大多数论文或专著，都是从学术上探讨了王船山思想、文化和哲学等方方面面，受众主要限于学界，普通大众的读者很少。

2010年，导演李作楠拍了一个26集历史古装电视剧《南岳奇人王船山》，拍出后，由于戏说和假想成分较多，反响甚微。

传记方面也出版了一批，王立新的《天地大儒王船山》应该是较为厚重的一本，但这种传记带有浓厚的学术评传色彩，离大众还是有些距离。

目前，船山先生的“真面目”还更多地停留在学界和知识界，对于普通大众来说，他还是那样模糊，那样抽象，那样漂渺，那样想接近却无法接近，想阅读却无法深入阅读。有感于此，我们想写一本能够让大家想看（因为看得懂）、爱看（因为看得有味）、看过之后有所收获（因为有新的发现）的小书，并很快付诸实践。

为了褪去王船山在历史与学术典籍著述中的“高冷”与严肃面孔，本书选择将船山先生的故事与时下青年的阅读喜好、流行文化、网络语汇、时代精神巧妙融合，以此塑造出一个比以往读者心目中更生动鲜活、更接地气、更有温度的王船山。正是基于这样的创作目标，本书的撰写难度颇大。

全书构思新颖，用十二个章节，将船山先生的精神宝库中抽象、宏大、厚重的部分用一个个可读性强的故事、情节来形象化、具体化，将丰沛的情感投射和亲切自然的叙述风格灌注到字里行间，全面立体、生动具象地描就了船山先生曲折丰富的人生旅程。

本书的最大亮点是将船山先生的人生经历、学术史料与当下青年的流行表达融会贯通，打造出了船山先生的科普化、流行化和通俗化读本特色，在众多已出版面世船山先生的研究和创作中独树一帜。特别是最后一章《从湘西草堂到世界名人堂》以穿越的方式，将世界名人黑格尔、贝多芬、凡·高和卡夫卡等遇见王船山将会发生什么颇为新颖的解读形式，让原本深奥、晦涩的船山先生，首次以大众文化、流行文化的方式与当代青年读者们来一次深情拥抱。

岳麓书社获悉后，高度重视，以最快的速度报送选题，组织编辑、排版和付印等工作。他们的专业精神、大局意识和高度责任感，令人动容。

2019 年是船山先生诞辰四百周年，本书选择在这一时间节点上推出，既承载了传播中华民族优秀传统文化的初心和使命，也是为新时代新青年树立精神楷模的顺时应势之举。船山先生的一生，是历经磨难的一生，是坚韧不拔的一生，更是催人奋进的一生。“六经责我开生面，七尺从天乞活埋。”船山先生以强烈执着的爱国主义精神、批判创新的治学精神、广博深邃的知识学养和心忧天下的侠骨柔情，给我们后人留下了丰富的精神遗产。

知屋漏者在宇下，知政失者在草野。本书使用了许多网络语言，这既是一种书写特色，又是为了与广大青少年进行“无障碍交流”的一次尝试，书中的网络语言最为鲜活也最接地气。因为，互联网让“居庙堂之高”者和“处江湖之远”者消除等级、尊卑、偏见，握手言欢。正如习总书记说的那样：“互联网让世界变成了‘鸡犬之声相闻’的地球村，相隔万里的人们不再‘老死不相往来’。换言之，世界因互联网而更多彩，生活因互联网而更丰富。”可以说，无论是经济改革、管理创新，还是文艺作品的创作与传播都离不开互联网，互联网是时代之翼，是革新之光，它不仅“深刻改变着人类的思维、生产、生活、学习方式，深刻展示了世界发展的前景”，而且“代表着新的生产力、新的发展方向”。新时代的中国无疑把握住了这一历史机遇，实现了互联网领域的跨越式发展。本书的出版，也再次证明了互联网的魅力以及强大的野性生命力。

特别鸣谢：本书的写作得到了四位青年才俊的无私帮助和鼎力支持，她们是：青年作家、湖南中医药大学张觅博士，青年诗人、湖南工商大学贺予飞博士，青年学者、长沙学院周阿红博士，湖南某省直机关公务员刘欢硕士。没有这四位才女的智慧、汗水和心血，就不可能在短时间内完成这样一本书。她们不计辛劳，克服种种困难，义无反顾地投入到赓续弘扬中华优秀文化、传播船山先生思想的团队中，这样的热爱、气派和友情，令我们感动和铭恩。

由于船山先生的人生经历丰富，在哲学、史学、文学、美学、诗学、伦理学等多个领域均有丰富的学理建树，本书的写作犹如在沙海拾贝，加之时间仓促，不足之处和疏漏之虞一定不少，敬请广大读者批评指正！